8전 8승
이시종의 비결

오직 일로써 승부하다

8전 8승 이시종의 비결

초판 1쇄 인쇄일 2022년 6월 10일
초판 1쇄 발행일 2022년 6월 17일

지은이 이시종
펴낸이 양옥매
디자인 표지혜 송다희
교 정 조준경

펴낸곳 도서출판 책과나무
출판등록 제2012-000376
주소 서울특별시 마포구 방울내로 79 이노빌딩 302호
대표전화 02.372.1537 **팩스** 02.372.1538
이메일 booknamu2007@naver.com
홈페이지 www.booknamu.com
ISBN 979-11-6752-160-6 (03300)

이시종 도지사
공직 50년 실록

8전 8승
이시종의 비결

책과나무

'충북 사랑의 절정'을 드러내는
한 편의 드라마

정초시 충북연구원장

이시종 도지사를 생각하면 떠오르는 이미지가 있다. '마음씨 좋은 동네 어르신, 믿을 만한 사람'. 그러나 한 걸음만 더 들어가 보면, 현 시대를 꿰뚫는 냉철한 시대 인식과 올바른 판단력, 그리고 지역 사회에 대한 한없는 사랑을 느낄 수 있다. 가까이에서 본 그는 단 한 번도 사적 이익을 위해 의사결정을 내린 적이 없다. 그래서 이시종을 잠깐이라도 만나면 그의 친구가 되지 않을 수 없다. 그의 이러한 매력은 대체 어디서 오는 것일까?

그는 정치의 수사학을 사용하지 않는다. 말만 번지르르하게 화려한 수사를 사용하여 상황만을 넘기려 하는 흔한 정치인의 모습을 체질적으로 가지고 있지 못하다. 오히려 그는 간단명료한 말과 자신의 말을 실제적 행동으로 이뤄 내는 실사구시(實事求是)의 철학을 자기 삶에 체질화시켜 온 사람이다. 그가 많은 사람의 신뢰를 받을 수밖에 없는 이유다.

저자는 23년의 임명직 공무원과 27년의 민선 정치인으로서의 삶을 마치 독자와 대화하듯이 담백하게 기술하고 있다. 특히 그가 공직을 포기하고 충주시장 출마를 결심할 때 출마 이유로, "자신이 설계했던 지방자치제가 제대로 착근하는지 몸소 실험하고 구현하려 출마했다."는 대목은 그저 다른 정치인들의 변명처럼 들린다. 그러나 이후 충주시장과 국회의원, 충북도지사의 과정에서 그가 충북의 발전을 위해 생애를 걸고 논리를 세우고 설득하며 때로는 싸워 왔던 시간을 이해하면서, 그의 진정성을 다시 확인하게 된다.

많은 사업이 이루어지는 과정을 들여다보면, 기록되지 않은 행간의 고뇌를 엿볼 수 있다. 365일, 24시간을 오직 국가와 충북 발전을 위해 바쳤던 이시종 지사의 고된 흔적을 기록하려면 한 권의 책으로는 어림없으리라! 그가 이뤘던 모든 일들을 전부 기록하지 않고 행간의 여백으로 남겨 둔 이유는 그의 겸손함 때문일 것이다. 그러나 이 책을 통해 충북도민들은, 민선 12년의 지사직을 마감하며 떠나는 이 지사의 겸손함과 충북도에 대한 사랑을 가슴으로 느낄 수 있다.

우리 사회는 마치 좌표를 잃고 표류하는 배처럼 보인다. 비전의 상실, 사적 이익에 묻혀 무너지는 공동체적 가치, 이익집단 간의 망국적 갈등, 목전의 이익에 매몰된 의사결정 등 우리가 해결해야 할 과제는 너무나 무겁다. 이러한 상황에서 이 지사의 50년간 경험은 지사 개인의 성과라기보다는 우리 사회가 공유해야 할 공적 자산이다. 그래서 이 지사의 경험은 우리 모두의 경험이어야 하는 것이다.

이 책을 추천하고 싶은 사람들이 있다.

첫째, 정치에 입문하거나, 혹은 정치에 이미 몸담은 사람들이다. 긴 호흡으로 보았을 때, 신성성은 말보다 국민에 대한 사랑과 행동에 의해 결정되기 때문이다.

둘째, 전국의 공직자들이다. 이 책은 이시종 지사의 치적을 자랑하고자 집필되지 않았다. 오히려 그의 생애를 통해서 그가 겪었던 고난과 굽힘, 그리고 좌절과 극복 등의 스토리는 '나라와 지역 사랑의 절정'을 드러내는 한 편의 드라마요, 현대판 목민심서와 같다. 이 지사처럼 전 생애를 걸고 나라와 지역을 사랑한 사람이 얼마나 될까? 이 모든 것을 전국의 공직자들이 공유하기를 바란다.

셋째, 충북도민을 포함한 일반 국민들이다. 지독히도 가난했던 자신의 젊은 시절의 경험을 자랑하지도 열등감에 사로잡히지도 않으면서, 오히려 가난을 자산으로 생각하며 국가와 충북 미래 발전의 내적인 에너지로 승화시켰다는 점이다.

이제 이시종 지사는 이 책을 통해 영원히 우리의 친구로 남을 것이다.

공직 50년(선거직 27년)을 마치며

'진실이 최대의 무기다'라는 신념 아래 오직 '일'로써 승부하다

1971년 10월 충청북도 사무관으로 공직에 입문하여 2022년 6월 충북도지사를 마지막으로 퇴임할 때까지 만 50년, 반백 년을 줄곧 나는 공직(임명직 23년, 선거직 27년)에만 몸담아 왔다. 그중에서 선거직만 27년으로 충주시장 3번, 국회의원 2번, 충북도지사 3번을 하며 8전 8승의 기록을 세웠다. 아마도 이는 대한민국 공직 및 선거직 사상 전무후무(?)한 기록일 것이다. 옛날식으로 표현하면, 나는 국가의 녹(祿)을 가장 오래 받아먹은 사람인 셈이다.

임명직 23년, 선거직 27년 동안 내가 겪은 군정 · 시정 · 도정 · 중앙 행정 그리고 정치의 경험들이 비록 역사에 남을 만한 뚜렷한 업적은 아니더라도, 많은 청소년과 후배 공무원들, 그리고 선거를 준비하는 정치 지망생들에게 다소나마 참고가 되기를 바라는 마음에서 이 책을 썼다. 이 책은 나의 공직 생활을 중심으로 쓴 지방행정실록 내지 백서

이자, 그 이면에 담긴 비사(비하인드 스토리)들을 한데 묶어 만든 자전적 이야기책이다.

그러다 보니 이 책에 기술된 나의 주장들은 역사적 고증이나 객관적 사실 또는 논리적 평가에 기반을 둔 것이라기보다는, 나의 경험에서 나온 단편적 생각들을 정리한 것이기에 다소 왜곡되거나 과장된 표현들도 있을 수 있다. 따라서 이 책은 독자들에게 참고서가 될 뿐, 교과서나 교본은 아니라는 점을 분명히 밝힌다.

가끔 나는 주변 분들로부터 임명직 23년, 선거직 27년의 비결이 무엇이냐는 질문을 받곤 한다. 그럴 때마다 나의 대답은 딱 하나다. "비결은 없다. 있다면 첫째 하늘이 도와준 것이고, 둘째 '진실이 최대의 무기다'라는 신념 아래 열심히 일한 것뿐이다."라고. 나는 정말 주변 분들의 도움을 많이 받았다. 그분들이 나의 은인이자 곧 나의 하늘이라고 생각한다.

나는 평소 선거운동보다는 일을, 정치보다는 행정을 우선시했다. 그리고 일하는 방식도 이념보다는 실용을, 현재보다는 미래를, 명분보다는 먹고사는 문제를 더 고민하면서, 이를 위해 끊임없이 개혁하고 새로운 일을 찾아 도전해 왔다.

이러한 내 생각들이 1995년 민선 지방자치의 뿌리를 만드는 데 기여했다고 생각한다. 또한 도시 발전 기틀이 거의 전무하다시피 했던 과거의 충주시를 오늘날 현대 산업도시로, '농업도'를 크게 벗어나지 못했던 과거의 충북도를 '생명과 태양의 땅 충북'이란 기치 아래 오늘날 '신성장 산업도'로 탈바꿈하는 데 일부나마 원동력이 되었다고 생각한다.

그 결과 최근 충북이 GRDP 증가율 전국 2위, 특히 바이오·화장품·태양광·이차전시·반도체 등 미래 신성장산업 생산규모에서 전국 1~2위를 달리고 있다는 사실에 나는 뿌듯하고 자랑스럽기도 하다.

이 책에 나오는 많은 분의 이야기 중 혹시 잘못 기술된 부분이 있다면 사과드린다.

끝으로 무려 반백 년인 50년을 공직에 머물 수 있는 운명을 주신 하느님과 건강을 주신 부모님, 그리고 힘과 사랑을 보태 주신 주변 분들과 가족에 감사드리고, 이 책이 나오기까지 도움을 주신 모든 분들과 도서출판 책과나무에 감사드린다.

2022년 6월

이시종

차 례 ········

제 1 부

공직에 첫발을 내딛다

꿈을 그리며

꿈 찾아 방황하던 소년기

국민학교 졸업 후 농사꾼을 꿈꾸다

억척스런 어머니와 병약했던 아버지

지금은 충주시 주덕읍이지만 옛날엔 중원군 주덕면 덕련리라는 산골에서 나는 빈농의 아들로 태어났다. 부모님은 위로 딸 넷에 마지막 아들 하나 건진 게 나였으니, 나는 어릴 적 부모님과 누님들의 극진한 보살핌 속에서 자랐다. 아버지는 타고날 때부터 병약하셔서 얼마 안되는 농사를 짓는 데도 힘에 부치셨다. 그래서 어머니가 집안 식구들 먹여 살리느라 늘 동분서주하셨다.

어머니는 비교적 힘도 좋고 억척스러운 성격이라 무슨 일이든 마다하지 않으셨다. 농사일부터 보따리 장사, 광산을 상대로 한 식료품 장사, 서울에서의 식당 일 등으로 우리 집은 겨우 입에 풀칠하는 정도는 되었다. 어릴 적 엄마가 일에 나가거나 장에 갔다 늦으면 밤길에 누나늘 따라 마중 가기 일쑤였고, 서울에 돈 벌러 가면 명절 때나 오는 엄마를 기다리다가 지쳐서 잠이 들곤 했다.

빈농이라 누나들은 제대로 학교도 못 다녔지만, 그래도 막내로 태어난 아들만은 공부시켜야 한다는 생각으로 부모님은 나를 국민학교 졸업까지 허락해 주셨다. 얼마 안 되는 농사일도 벅차 하시는 아버지 일손을 거든다고 나는 국민학교 4학년 때부터 지게질을 시작했다. 지게 목발을 질질 끌어가면서 가끔 볏단, 보릿단, 나뭇단을 져 날랐다.

그런 탓에 나는 친구들처럼 국민학교를 졸업하면 으레 농사짓는 걸 당연하게 여겼다.

우리 집을 찾아온 뜻밖의 손님

국민학교 6학년 졸업을 얼마 앞둔 어느 날이었다. 지구가 평평해서 멀리 가면 그 끝은 낭떠러지일 것이라고 생각했던 시절, 우리집으로 뜻밖의 손님이 찾아오셨다. 김영삼담임 선생님이셨다. 선생님은 아버지께 "시종이는 글재주가 있어 중학교에 꼭 진학해야한다."며 국비로 학교에 다닐 수 있는 충주사

김영삼 선생님

범병설중학교를 추천해 줄 테니 중학교를 보내라고 말씀하셨다.

그때 아버지는 많이 당황해하시면서도 국비라는 말씀에 솔깃하셨는

지 선생님의 말씀에 선뜻 나를 중학교에 보내는 데 동의하셨다. 당시는 국민학교 졸업도 특권이라 생각했던 터라 중학교 진학은 내게 엄청난 사건이었다. 결국 김영삼 선생님은 나를 중학교로 인도해 주셨고, 이는 내 인생의 커다란 갈림길이 되었다.

나는 충주사범병설중학교를 거쳐 사범학교까지 앞으로 6년만 더 다니면 국민학교 선생님이 된다는 꿈에 부풀어 있었다. 당시 국민학교 선생님은 누구에게나 선망의 대상이었고 엄청난 출세였다. 그래서 당시 충주사범병설중학교는 시골에선 가난하지만 공부 잘하는 학생들이 입학하는 곳이라고 소문나 있었다.

충주사범병설중학교에 합격하자, 동네 사람들은 우리 마을에서 드디어 선생님이 나오게 된다며 누구나 할 것 없이 칭찬을 쏟아 냈다. 나는 결국 선생님 덕분에, 그리고 동네 사람들의 환호 속에 충주시내 사범병설중학교에 입학하는 영광을 안게 되었다.

충주시내에 모처럼 가 보니 역시 내가 촌놈인 것은 분명했다. 시내 도로변에 '상수도 공사 중'이란 팻말이 세워져 있었는데, 나는 상수도 개념을 몰라 한참을 고민했고, 이를 이해하는 데도 상당 기간 걸렸던 기억이 지금도 생생하다.

나를 위해 희생한 우리 가족들

아버지는 평생에 고기 한번 제대로 못 드시고 초근목피로 연명하시다 환갑 되던 해에 돌아가셨다. 지금도 고깃집에 가서 식사할 때면 아버지 생각에 마음이 걸리곤 한다.

어머니는 억척인 데다가 음식 솜씨, 옷 솜씨 등 다방면에 재주가 있으셔서 우리 동네는 물론이고 이웃 동네 잔칫집, 상갓집까지 불려 가 과방(果房) 역할을 자주 맡았다. 잔칫집이나 상갓집의 떡, 청포, 술뿐 아니라 혼례복, 상복 만드는 일을 진두지휘하셨다. 그래서 나는 어머니가 잔칫집에서 가져온 떡과 부침개 등을 자주 얻어먹곤 했다.

4녀 1남의 막내로 태어난 나는 부모님께는 희망이었겠지만 누나들에게는 계륵과도 같은 존재였을 것이다. 부모님은 누나들은 항상 뒷전이었고, 맛있는 음식이 있으면 아들 먼저 챙겨 주고 학교도 나만 제대로 보내셨다. 부모님은 누나들을 마치 아들을 위해 무한 희생해야 하는 존재로 생각했던 것 같다.

그런데 누나들은 그러한 부모님의 생각을 큰 거부감 없이 흔쾌히 받아들인 것이다. 시집간 누나들도 어려운 형편이었음에도 불구하고 돌아가며 나의 대학 등록금을 대 주었고, 나는 철없이 누나들은 나를 위해 당연히 희생해도 되는 것처럼 생각했다. 나에게 큰 기둥이자 자산인 누나 네 분 중 두 분은 이미 세상을 뜨셨다.

장에 간 엄마 마중

어둠이 깔리는데 장에 간 엄마가 아직 안 온다.
저녁 밥솥에서 끓는 구수한 냄새가 마당 가득한데…
꼬르락거리는 배를 움켜잡고 누나랑 마중 나간다.

달도 없는 시골길은 온통 까맣다.

고무신 속으로 눈 밟는 소리 뽀드득 들려온다.
발자국 뗄 때마다 솔은(살짝 언) 땅 부서지는 촉감이
소록소록… 발바닥이 간지럽다.

저 멀찌감치서 인기척이 들려온다.
그런데 엄마가 아니다.
밤길엔 산짐승보다 무서운 게 사람이라던데
나도 헛기침으로 말없이 교감(소통)한다.

공동묘지를 지나는데 갑자기 바람소리가 쌩하다.
귀신인가 무서워 누나 뒤를 바짝 쫓는다.

한참을 가니 아낙네들 웃음소리 까르륵~
먼발치에서 들려온다. 엄마 부대다!
장 본 물건들 가득 담은 광주리를 머리에 인
동네 엄마들 수다 소리가 반갑다.

누나가 얼른 엄마 광주리를 받아 이고 되돌아온다.
난 엄마 치마폭을 잡고 엄마 냄새 풀풀 맡으며
졸졸 따라 집으로 온다.
까맣던 밤이 다시 하얗다.

어머니

청주로의 고교 유학과 아버지의 작고, 그리고 방황

중학교 때는 비교적 공부도 잘되고 생활도 안정되었다. 그런데 중학교 3학년 때인 1961년, 5·16 쿠데타가 일어나면서 내 인생에 질곡과 시련이 싹트기 시작했다.

5·16 군사정부는 곧바로 당시 국민학교 교사가 되는 과정인 사범학교와 사범병설중학교를 없애고 청주에 교육대학을 설립했다. 또 공업화 정책에 따라 충주농업고등학교를 충주실업고등학교로 바꾸어 산업의 역군이 될 전기과·화공과·토목과·건축과 등을 개설했다. 이러한 학제 개편은 나에게는 청천벽력이었다. 사범학교에 들어가 이제 3년만 더 다니면 국민학교(초등학교) 선생님이 될 수 있었건만, 나는 아쉽게도 그 꿈을 접어야 했다.

충주실업고등학교를 들어가 바로 취직하라는 아버지의 강력한 권유를 뿌리치고 인문계인 청주고등학교에 억지로 간 것이 소년 이시종에겐 엄청난 시련과 질곡의 시작이었다. 무작정 청주로 유학은 갔지만 하숙비와 학비를 댈 돈이 없는 터라 나는 막막했다. 당시 청주시 운천동 6·25 피난민 수용소에 사는 백창기 형네 집에서 한 달에 쌀 서 말을 주고 하숙했다. 판자촌 형태의 수용소이다 보니 오죽했을까? 공중상수도, 공중화장실에서 사람들이 줄지어 기다리는 모습은 진풍경이었다.

객지는 역시 외로웠고, 난 늘 배가 고팠고, 공부도 잘되지 않았다.

시련은 한꺼번에 찾아온다더니, 1학년 7월 초 들려온 아버지의 갑작스러운 부고는 나를 더 방황하게 했다. 평소 엄한 성격의 아버지셨지만 막상 돌아가시니 의지할 곳이 없어진 느낌이었다.

아버지의 장례를 치른 후 나는 그길로 휴학하고 고향에서 농사일을 하였다. 그해는 너무 가물어 몇 마지기 되지 않는 천수답이 딱딱하게 굳어 호미도 괭이도 들어가지 않았다. 그래서 끌 위를 망치로 때려 간신히 구멍을 내고 그 위에 물을 부어 벼를 심는 소위 '꼬챙이모'를 뒤늦게 심었는데, 계속 가물다 보니 나중엔 모가 빨갛게 말라 죽었다. 마치 어린 자식이 빨갛게 타 죽어 가는 걸 목격하는 부모의 심정 같았다.

그해 우리 동네에선 모를 제때 못 심다 보니 노인들이 화병이 생겼는지 17명이 돌아가시는 이상한 일들이 발생하였다. 당시 17살이었던 나도 상부상조한다는 차원에서 상여를 멘 적이 여러 번 있었다.

그해 11월 타작을 끝내고 지붕에 새 볏짚으로 이엉 마름해 씌운 후, 돈 벌기 위해 비장한 각오로 이웃에 있는 노은면 금광산(태창광산)을 찾았다. 둘째 매형 밑에서 3개월간 열심히 금을 캤는데, 그때 번 돈으로 이듬해 다시 복학하니 1년 치 등록금과 하숙비를 내고도 남을 정도였다.

복학하여 1학년은 공부를 열심히 했지만, 2학년이 되면서 돈이 떨어지자 다시 방황하기 시작했다. 공부가 될 리 없었다. 참외 장사도 해 보고 청주역에 가서 짐꾼 노릇도 해 봤지만 여의치 않았다. 한번은 익지 않은 참외를 떼어 팔다가 몽땅 손해를 본 적도 있었고, 청주역 앞에서 짐꾼 노릇을 하다가 그곳 터줏대감들한테 들켜 쫓겨난 적도 있었다.

3학년 2학기 되면서 나는 학교를 끝내 포기하고 고향으로 다시 돌아가 농사를 지을 수밖에 없었다. 3학년 2학기 때는 학교에 전혀 다니지 않았다. 그런데도 학교에서 졸업장을 주었으니 얼마나 다행이었나? 요즘 같으면 상상도 못 할 일인데….

한 통의 편지로 다시 시작한 서울살이

고등학교 3학년 2학기 때 다시 고향에 간 나는 두어 달 동안 부농발전 5개년 계획을 2차에 걸쳐 수립하였다. 향후 10년 내 충주에서 제일가는 부자가 되는 꿈을 꾸었다. 마차와 소를 사서 시내에 나무를 내다 팔아 밑천을 마련하고 다시 하천변에 나무를 심은 다음, 야산에 대규모 소목장을 만든다는 다소 엉뚱한 계획이었다. 그 계획이 끝나는 10년 후에는 당시 2,000만 원 정도의 재력가가 되는 것이었다. 나는 이 계획을 추진하고자 만반의 준비를 해 나가고 있었다.

그러던 중 1966년 5월 서울대에 입학한 이규황 청주고 동기로부터 한 통의 편지가 날아왔다. 왜 시골서 썩고 있느냐며, 당장 올라와 재수해서 서울대에 가라는 것이었다. 이 편지를 받고 나서 나는 깊은 충격과 고민에 빠졌다. 친구가 보낸 한 통의 편지가 갑자기 나를 온통 뒤흔들어 놓은 것이다. 일주일간 밤을 새우며 많은 고민 끝에 결국 나는 부농발전 5개년 계획을 포기하고 재수하기로 마음을 고쳐먹었다. 그리고 무작정 상경했다.

밤을 새우며 많은 고민 끝에 서울 가는 노잣돈은 시집간 막내 누나 금반지를 팔아 마련했다. 숙소는 셋째 누님네 홍제동 집과 선배 자취방, 그리고 종로5가 상록학원 옆 독서실에서 해결했다. 책은 상록학원에 다니는 박충근 등 고교 친구들에게 빌려서 공부했다.

그러나 공부는 뜻대로 잘되지 않았다. 고 2, 3학년 때 제대로 못한 공부가 갑자기 잘될 리 만무했다. 더구나 평소 66kg이던 몸무게가 57kg으로 줄어들었고, 비탈길을 오를 때면 숨이 차서 쉬어 가야 할 정도로 몸이 쇠약해져 갔다. 상경한 지 2개월여 만인 8월, 모든 걸 포기하고 고향으로 내려가 다시 농사를 짓고 있었다.

그런데 신의 도움이 있었던 걸까? 시골 동네 부잣집에서 서울 자기 집에서 초·중학교에 다니는 아이들을 숙식하며 돌보라는 제안이 들어온 것이다. 나는 얼마나 감사한지 즉시 수락하고 다시 서울로 올라갔다.

나의 딱한 사정을 전해 들은 이광련, 이조훈 등 친구들이 독서실 비용을 대 주었다. 또한, 상록학원에 다니는 박충근을 비롯한 고등학교 동창들이 학원장을 반 협박하다시피 하여 나를 9월부터 상록학원에 장학생(공짜)으로 다닐 수 있게 해 주었다. 대신 학원 측에서는 반드시 서울대에 간다는 조건을 내걸었다.

그 이후 나는 정말 열심히 공부했다. 천신만고 끝에 1967년 서울대(문리과대학 정치학과)에 들어가는 행운을 거머쥐었다. 정말 기적이었다. 몇 달 공부해서 서울대 들어간다는 것은 상식적으로는 거의 불가능한 일인데, 합격한 걸 보니 하늘의 도움이 절대적이었다고 생각했다.

친구 박충근 변호사

결국 나는 고등학교 입학 후 5년 만에 간신히 대학에 들어가는 늦깎이 대학생이 되었다.

대학 시절, 운명처럼 찾아온 기회

대학 2학년, 서울에 자가 주택을 마련하다

1967년 서울대에 입학은 했지만 마땅한 거처가 없었다. 누나네 집과 독서실을 전전하며 풍찬노숙하다시피 했다. 주로 시골에 와서 농사를 거들며 중간고사, 기말고사 볼 때만 상경해 시험만 치르는 소위 '날라리 대학생'이었다. 그래도 평균 B학점 이상은 받았으니 교수님들이 많이 봐준 것이다.

계속 풍찬노숙할 수도 없어서 나는 서울 한복판에 아예 내 집을 짓기로 마음먹었다. 홍제동 안산 중턱에 무허가 판잣집을 짓기로 하고, 대학 2학년 여름방학 때 이철원, 박충근, 배규룡, 배규태, 이치훈, 손병관 등 친구들을 불러 시멘트 블록 800여 장을 찍었다. 9월 어느 금요일 오후부터 공사를 시작해 단 사흘 만인 일요일 저녁에는 장판을 깔고 잘 수 있는 판잣집을 완성했다. 구청의 단속이 소홀한 주말을 이용하여 무허가 판잣집을 짓는 당시 빈민가 주민들의 생활방식을 그대로 따른 것이다.

그러고 보니 청주에서 올라온 고교 동창 중에는 내가 유일하게 서울에 사택을 보유한 귀족(?)이 되었다. 속전속결의 날림공사라 가끔씩 연탄가스를 맡아 고생도 많았지만, 그래도 두 다리 쭉 뻗고 누울 수 있는 내 집을 마련했다. 시골에 계신 어머니를 모셔 왔고, 우리 집은 자연스레 친구들의 아지트가 되었다. 우리 집은 술과 노래와 시가 흐르는 우정과 낭만의 장소였다.

동네는 전국 팔도강산에서 상경한 이농인들로 홍제동 산꼭대기 골짝은 항상 웃음과 한탄과 싸움 소리로 왁자지껄했다. 서민들의 생동감과 정감이 넘쳐흘렀다. 그로부터 졸업할 때까지 나는 자가 주택(?)을 갖고 아르바이트하며 비교적 여유 있는 대학 생활을 보낼 수 있었다.

행정고시 합격으로 죽음에서 탈출하다

대학을 졸업하던 1971년 초에 정부에서 제10회 행정고시를 200명이나 뽑는다는 공고가 났다. 시험 과목도 종전 4과목에서 7과목으로 대폭 늘었다. 고시 과목이 늘어난 것은 고시 준비를 별로 하지 않은 나에게는 오히려 기회라 생각됐다. 책 보따리를 싸 들고 경기도 장호원 부근에 사시는 큰누님 댁에 내려가 4달간 열심히 공부한 후 시험을 치렀다.

시험을 치르고 나서 나는 일생일대의 후회스러운 짓을 벌였다. 평소 고생하던 치질을 수술하고자 시골서 용하다(?)는 곳을 소개받아 수술한 것이 엄청난 탈이 되고 만 것이다. 치질 부위에 처방해 준 극약 같은 걸

이틀에 한 번씩 찍어 발라 생살을 태우는 방식인데, 뜨거운 여름 마취도 없이 가정집 사랑방에서 생살을 태우다 보니 나는 기절을 반복했다.

당장 뛰쳐나가고 싶은데도 어린 맘에 소개해 준 분의 체면 때문에 뛰쳐나오지도 못하고 기회만 엿보고 있었다. 한 보름 정도 됐을까? 행정고시에 합격했으니 면접을 보라는 연락이 와서 나는 때는 이때다 하고 과감하게 그 집에서 뛰쳐나왔다. 그곳에서 청주까지는 택시를 타고 누워서 갔고, 청주서 서울 가는 고속버스는 맨 뒤 좌석표 2장을 사서 누워서 갈 수밖에 없었다.

면접시험을 거쳐 제10회 행정고시에 겨우 최종 합격은 하였지만, 수술 후유증이 이만저만이 아니었다. 내 인생에서 가장 미련하고 부끄러운 사건이었다. 당시 제10회 행정고시에는 나의 청주고 동기요, 서울대 동문이면서 수재로 소문난 이규황 친구가 수석 합격하는 영광을 안았다.

힘들었지만 나를 받쳐 준 귀중한 자산들

아버지가 주신 교훈, '궁리(窮理)하라'

아버지는 무척 엄격하셨는데, 어린 내게 항상 '궁리(窮理)하라'는 말씀을 자주 해 주셨다. 어렸던 나는 그냥 '생각하라. 될 때까지 생각하

라. 머리를 써라.'라는 의미로 대충 이해했다. 요즘은 궁리(窮理)라는 말을 잘 안 쓰지만, 그 말은 내가 커 가면서 어려울 때마다 많이 떠올리며 깊이 생각하게 한 좌우명이 되었다.

그 궁리는 평생 나에게 남들이 생각하지 않는 곳, 가 보지 않을 길을 가 보는 호기심을 키워 주었고, 뒤집어서 또는 엉뚱하게 생각하도록 만들어 주었으며, 때론 공상 속에서 헤매게 해 주었다. 아버지가 어린 내게 자주 해 주신 말씀 '궁리(窮理)'는 자연스럽게 몸에 배 평생에 걸쳐 많은 도움을 주었다.

나뭇짐 받쳐 놓고 벌렁 누워 보던 파란 하늘

당시 시골의 유일한 연료는 오직 나무였기에 농촌에서 나무를 해다 쌓아 놓고 겨울을 대비하는 게 기본이었다. 나도 고 1 휴학 때나 고등학교를 졸업한 후 농사를 지을 때면 늘 나무하러 다니곤 했다. 한번은 덕련산 너머 나무 한 짐 지고 내려오다 나뭇짐이 나무에 걸리는 바람에 산비탈로 몇 바퀴 굴렀다. 나뭇짐은 다 흩어 없어져 빈 지게만 메고 패잔병처럼 울면서 집에 터덜터덜 돌아왔던 기억도 생생하다.

지게질에는 일정한 룰이 있다. 고개를 오를 때는 아무리 힘들어도 고갯마루까지 쉬지 않고 올라가야 한다는 것. 만약 오르막 고개 중간에서 힘들다고 쉬게 되면 그 고개는 너무 힘들어 못 올라가기 때문이다. 정말 힘들게 땀을 뻘뻘 흘리며 짐 가득 지게 지고 죽을힘을 다해 고개까지 올라가서 나뭇짐 받쳐 놓고 그 자리에 벌렁 누워 하늘을 보면, 그렇게 기분이 좋을 수가 없었다. 그 시절 그 푸른 하늘은 고통을 이겨 내는 힘이 되어 주었다.

정신을 맑게 깨워 준 금 광산 금 캐기

17살의 겨울 석 달간 금 광산에서 광부 일을 할 때의 얘기다. 광산에 처음 들어갈 때는 수평으로 들어가지만 조금 지나면 위로, 아래로, 옆으로, 뒤로 좁은 갱을 걸어가기도 하고 포복 자세로 기어가기도 하고, 크고 깊은 우물을 건너기도 한다. 그래서 일하는 최종 채광지가 어딘지는 전혀 감이 오지 않는다. 금맥이 많이 보이는 암반이 나타나면 다이너마이트로 터트려 부서진 돌들을 등짐에 지고 나와 방앗간으로 가져가 제련하는 일이다.

나는 아침 일찍 도시락을 싸 들고 갱도에 들어가 일하면 무섭기도 했지만, 외부와 완전히 차단된 채 오로지 나 혼자였기에 잡념이 사라지고 정신이 하나로 집중되어 시간 가는 줄 몰랐다. 한참 일하다 오후 2~3시가 되어 도시락을 먹고, 또 그렇게 한참을 일하다 보면 어느덧 밤 9~10시가 되어 퇴근하곤 했다. 육체는 힘들었지만, 정신은 가장 맑았던 기억이 새롭다.

공직에 첫발을 내딛다

충청북도에 첫 발령을 받다

나는 1971년 10월 충청북도에 사무관으로 첫 발령을 받았다. 당시 사무관 월급은 18,000원 정도. 대학 시절 과외 아르바이트 수입만도 못한 금액이었지만 당시 쌀값 기준으로 따지니 연봉이 쌀 35~40가마 정도 되는 큰돈이었다. 농가에서 한 해 동안 일을 한 대가로 머슴에게 주는 세경(歲經)이 대략 쌀 8~10가마 정도였으니 그런대로 만족하고 살았다.

2021년 말 사무관 초임 연봉이 3,000만 원 정도니까 쌀로 따지면 150가마 이상을 살 수 있는 돈이다. 그 얘기는 사무관 연봉이 오르기도 했다지만, 반대로 지금의 쌀값이 1971년 당시에 비해 3분의 1에서 4분의 1 정도로 떨어졌다는 얘기도 될 수 있다. 그래서 나는 가끔 쌀값을 3~4배 올려야 한다는 뚱딴지같은 소리를 하곤 한다.

충청북도에서 한 2년간 근무할 때인 1973년 8월, 나는 충북의 미래를 위해서는 대대적인 탈바꿈이 필요하다고 생각되어 충청일보에 「탈충북론(脫忠北論)」을 기고한 바 있다. '탈충북론'이란 그동안 충북 발전을 저해해 온 여러 가지 구습들을 과감히 탈피하여 변화와 혁신을 통해 '충북발전론'으로 승화시키자는 것이었는데, 당시 일부 지도층들로부터 비난과 격려를 동시에 받으면서 작은 파문이 일기도 했다.

인허가 간소화 개혁의 단초

1979년 1월, 내무부 지방행정국 지도과 지도계장으로 발령받은 직후 나는 구자춘 장관(전 서울시장)으로부터 하명을 받았다. 서울 소공동 롯데호텔 하나 준공하는 데 수백 가지 인허가가 필요하다는 게 말이 안 되니, 근본적인 개선 대책을 만들라는 강한 질타였다.

나는 조창현 주무관(나중에 경상북도의회 사무처장)과 함께 몇 달에 걸쳐 실태를 파악하고 대안 마련에 나섰다. 알아보니, 당시 롯데호텔 준공에 160여 개의 인허가 · 등록 · 신고를 밟았다는 사실을 알게 되었다. 그리고 그 인허가 절차를 밟는 데 수년이 소요된다는 사실에 나 자신도 놀랐다.

나는 이를 바탕으로 인허가 간소화 방안을 마련했다. 기본적인 인허가를 받으면 나머지 소소한 것은 인허가받은 것으로 의제 처리하고 또 인허가는 능복으로, 등록은 신고로 간소화하는 특례 법안을 만들어 장관에게 보고했더니, "바로 이거다!" 하면서 손뼉을 쳤던 구자춘 장관의 모습이 눈에 선하다.

이러한 대책은 당시 중앙관가에서 센세이션을 일으켜 경제차관회의에 보고되었고, 나중에 정부 인허가 규제 간소화의 사례로 경제장관회의·국무회의에 보고되기 직전 10·26사태가 나는 바람에 모든 게 수포가 되어 마음이 아팠다. 비록 그것이 끝내 빛을 보진 못했어도 그 후 우리나라 인허가 간소화 개혁의 단초가 되었다는 점에 나는 지금도 자랑스럽게 생각한다.

역마살이 낀 비주류의 유랑 생활

23년여 간 4개 시도, 4개 부처를 떠돌다

나는 내무부 사무관 시절, 소위 주류 그룹에 끼지 못한 탓인지 1971년 10월 충북도청에 첫 발령을 받고 10년 만인 1980년 서기관이 되었다. 그리고 1995년 7월 민선 충주시장이 되기까지 23년여 동안 4개 시도, 4개 부처를 떠돌며 8번의 유랑 생활(?)을 했다.

내무부 사무관 시절, 충북 출신인 내가 고향에 서기관으로 승진해서

가는 길은 젊은 나이를 이유로 몇 번 막혔다. 그리고 1980년 7월 정기 인사 발표 때에도 또 막혔다. 이튿날 힘없이 출근하니, 당시 내무부 김형배 행정국장(나중에 강원도지사)이 "충북은 안 되니 강원도 기획관으로 가라."고 권유하는 것이다. 나는 고향과는 인연이 없나 보다 싶어 그 자리에서 가겠다고 대답하고 30분 후 인사발령장을 받게 되었다.

나는 황급히 동료 직원의 윗도리 양복을 얻어 입고, 내무부 장관으로부터 발령장을 받고 나서 객지인 강원도 땅을 밟았다. 내게 펼쳐진 첫 번째 유랑 생활이었다. 당시 강원도에 갈 때 150만 강원도민 중 내가 아는 사람은 단 세 명뿐이었다. 김성배 도지사, 김영진 부지사, 한석용 기획관리실장. 평생 처음으로 객지 밥을 먹게 되니 겁도 났지만, 기왕지사 한번 부딪쳐 보자는 오기도 발동했다.

두 번째 유랑 생활은 1981년 6월 강원도 영월군수로 발령받은 것이었는데, 9만 영월군민 중 아는 사람은 아무도 없었다. 그러나 나는 영월군에서 기업체 새마을운동, 시장 새마을운동, 영월군 장학회 설립 등으로 비록 짧은 7개월의 임기였지만 군민들에게 군수로서 깊은 인상을 남겼다.

1982년 1월, 느닷없이 사회정화위원회로 발령이 났는데, 이것이 세 번째 유랑 생활이었다. 당시 내무부 서기관 중에서 누구도 사회정화위원회에 파견 발령받는 것을 원치 않다 보니 결국 그 영광의 자리(?)가 나에게까지 낙점된 꼴이었다.

당시 사회정화위원회의 핵심 멤버였던 이충길 기획실장 밑에서 1984년 5월까지 2년 3개월여 고생 끝에 내무부 과장으로 겨우 발령받아 모처럼 제자리를 찾았다고 안도하고 있을 때였다. 그런데 발령받은 지 채 1년이 되지 않은 1985년 4월, 갑자기 청와대 경제비서실로 발령을 내는 것이었다. 이것이 네 번째 유랑 생활이었다.

당시 청와대 경제비서실 모 과장이 내무부 재정과장으로 내려오는 바람에 경제비서실 교환 근무자로 결국 또 내가 선택되는 영광(?)을 안게 되었다. 당시 청와대 경제비서실은 내무부의 누구도 가기를 희망하지 않던 자리였다.

청와대 사공일 경제수석비서관실에서 2년여 근무하던 1987년 8월에 부이사관으로 승진하고 충남도 기획관리실장으로 부임했다. 이것이 다섯 번째 유랑 생활이었다. 당시 충남도민 180만 명 중 내가 아는 사람은 한양수 도지사와 이봉학 부지사가 고작이었다. 그해 7~8월, 충남은 두 번에 걸친 금강 일대의 대규모 홍수로 엄청난 피해를 보았고 그 바람에 나는 충남도청에 근무하자마자 피해 복구를 위해 12월까지 엄청난 고생을 했다. 당시 중앙으로부터 천문학적 규모인 수조 원의 수해 복구비를 끌어오는 데 일조하였다.

그해 12월에 나는 또 갑자기 국방대학교 입교 발령을 받았다. 당시에는 교육 가는 걸 모두 기피하던 시절인데다 충남도 기획관리실장으로 발령받은 지 5개월밖에 되지 않은 상황에서 교육 발령을 받는 건 청천벽력이었다. 이것이 나의 여섯 번째 유랑 생활이었다.

14년 만에 충주로 환고향, 그러나…

국방대학원 교육 1년을 마치고 1989년 1월 당시 내무부 이판석 행정국장의 도움으로 마침내 유랑 생활 10년을 청산하고 고향 충주시장으로 발령받았다. 1975년 사무관으로 고향 충북을 떠난 지 14년 만에 긴 유랑 생활을 끝내고 환고향하는 기분이었다.

고향 충주에서 2년 동안 나는 당시 민태구, 주병덕, 이동호 도지사를 모시고 열정을 쏟아 일했다. 그동안 강원도, 충남도, 청와대 경제비서실 등을 거치며 쌓은 인맥과 경험을 최대한 살려 충주시장학회 설립, 1990년도 대홍수 복구, 금제택지 개발, 시청 신청사 부지 확보, 충주실내체육관 건립, 충주댐 광역상수도 1단계 추진 등 충주기반시설 확보에 전력을 다했다. 특히 떠밀려 가서 근무했던 청와대 경제비서실에서의 경험은 충주시장직을 수행하는 데 큰 도움이 되었다.

그런데 만 2년이 다 되어 가는 90년 12월 30일 아침이었다. 고생한 것에 대한 치하로 이동호 도지사로부터 훈장을 전수받으러 도청에 가기 전, 시장실에서 회의 중이었다. 시장실 바로 위층에서 직원이 아침 일찍 석유난로를 켜다가 과열로 불이 났다. 시청 3층을 다 태우고 나서야 불은 겨우 진화되었고, 나는 훈장은커녕 화재에 대한 책임으로 직위해제 당했다가 며칠 후 복직되어 1991년 1월 부산시 재무국장으로 좌천성 발령을 받았다.

생각지도 못한 부산 생활이 시작되었는데, 이것이 나의 일곱 번째 유랑 생활이었다. 나는 정말 생소한 부산에서 1년간 열심히 일해 당시 부산시의 숙원 사업이었던 컨테이너세 신설을 입법화하는 데 성공했다.

1992년 1월, 나는 오랜만에 충북도청 기획관리실장으로 고향을 찾아오게 되었다. 5개월 정도 후에 국무총리실 심의관으로 승진 발령을 받으면서 여덟 번째 유랑 생활이 시작되었다. 1년여 만에 겨우 내무부로 복귀하여 공보관, 지방기획국장, 지방자치기획단장으로 일하다 1995년 7월 민선 충주시장 선거에 출마하고자 1995년 3월 내무부 국장 자리를 사표 냄으로써 23년 5개월간의 직업공무원 생활을 마감하였다.

노마드 공직 생활에서 얻은 두 가지 소득

돌이켜 보면 나의 23년여의 직업공무원 생활은 역마살이 낀 유랑 생활의 연속이었다. 나의 의지와 무관하게 이루어진 노마드(Nomad: 유목민·유랑자)의 공직 생활은 변화와 혁신, 역경을 딛고 일어서는 힘의 원천이기도 했다.

1971년부터 1995년 민선 충주시장이 되기까지 23년여 동안 지역으로 보면 충북, 충남, 강원, 부산 등 4개 시도를 섭렵했고, 중앙부처로 보면 내무부, 사회정화위원회, 청와대, 국무총리실 등 4개 부처를 오갔던 것이니, 전국 직업공무원 중에서 가장 화려한(?) 유랑 경력을 가졌다고 자부할 만하다. 그 과정에 어려움도 많았지만 나는 유랑 생활에서 귀중한 두 가지 큰 소득을 얻었다.

첫째는 무인도나 마찬가지인 객지에 가서 살아남기 위한 생존 전략, 즉 서바이벌 게임에 상당한 훈련을 쌓았고, 둘째는 4개 부처와 4개 시도를 오가는 동안에 누구보다 많은 경험을 쌓고 인맥을 형성하고 폭넓은 안목을 키웠다. 이러한 경험들이 그 후 민선 충주시장, 국회의원,

민선 도지사를 하는 데 많은 자산이자 교본이 되었으며, 또한 올곧고 깨끗한 자기관리 철학을 만드는 데 귀중한 밑거름이 되었다.

애기 군수, 열정을 바치다

도지사의 명령을 거부하다

1980년 8월 강원도 기획담당관으로 발령받고 1년 동안 나는 강원도를 배우고 익히는 데 큰 노력을 기울였다. 그러던 중 당시 김성배 강원도지사로부터 강원도에서 운영하는 강원의숙(姜原義塾: 현 강원학사, 강원도 출신 재경 대학생 기숙사)을 폐지하라는 지시가 떨어졌다. 지방에 있는 강원대학교에서 역차별이라는 항의가 들어왔기 때문이었다.

나는 그 즉시 서울에 있는 강원의숙을 찾아갔다. 강원 출신 재경 대학생들을 만나고 논의해 보니, 없앨 것이 아니라 오히려 더 육성하고 지원해야겠다는 생각이 들었다. 강원도 출신의 재경 대학생들이 강원의 미래 일꾼들인데, 강원의숙을 없앤다는 것은 강원의 미래를 없애겠다는 것이 아닌가?

그래서 강원의숙을 오히려 더 지원하여 제대로 된 기숙사를 만드는 대신, 균형발전 차원에서 지방대학에도 별도 지원하는 방안을 도지사에게 보고했다. 자신의 지시와는 정반대인 보고를 받은 김성배 도지사는 아무 말 없이 내 의견에 성큼 동의하였다. 그때 나는 역시 도지사는 아무나 하는 것이 아니구나 하며 김성배 지사의 통 큰 결단에 매우 놀랐다. 김성배 도지사의 포용이 이후 내가 시정·도정을 운영하면서 실무자의 의견을 경청하는 습관을 기르는 데 도움이 되었다.

그때 내가 도지사 지시를 충실히 따라 강원의숙을 없앴다면, 강원도는 인재 양성에 큰 손해를 보았을 것이다. 그때 다시 보강한 강원의숙이 지금까지 잘 운영되어 많은 인재를 배출해 오늘의 강원 발전에 큰 기둥이 되고 있다.

기업체 새마을운동: 영월군 장릉~청령포 우회도로 건설

1981년 7월, 나는 강원도 양양군수로 내정돼 대통령 결재만 기다리고 있을 때, 영월군의 군수를 교체해야 하는 문제가 생겼다. 당시 영월군은 강원도에서 인구 9만의 큰 군이라 주로 고참 군수들이 부임하는 A급 군이었는데, 박종문 도지사는 차라리 신참을 보내 영월군의 기강을 잡아 보자며 양양군수로 내정된 나를 영월군수로 바꿔 대통령 결재를 받았다.

"모든 전권을 줄 테니 소신껏 기강을 세우라."는 도지사의 특명을 받은 그때, 내 나이 35살이었다. 군민들의 첫 반응은 "애기 군수가 오셨네."였다. 나는 군수로 부임하고 나서 그동안 영월군에서 왜 투서·진정·민원이 많았는지, 군수가 왜 그리 자주 바뀌었는지 원인을 찾느라 한 달여 시간을 보냈다.

그러던 중 영월에 큰 사건이 터졌다. 모 광산에서 대규모 건축물을 토지용도와 다르게 군의 허가도 없이 불법으로 건축한 것이었다. 일단 건축하고 사후 군의 추인을 받으면 된다는 식이었나 보다. 나는 단호하게 대처했다. 불법 건축물을 강제 철거하고 관련 공무원을 강하게 문책했으며 광산 관계자를 검찰에 고발한 것이다.

그 소식이 퍼져 나가자 영월군 공무원·기업인 모두가 바짝 긴장하는 눈치였다. "어, 이제 보니 애기군수가 아니네?" 하는 이야기가 들려왔다. 나는 이때다 싶어 관내 석회광, 석탄광, 중석광, 화력발전소, 시멘트공장, 기타 기업인 등 40여 명에게 삼계탕을 대접하며 간담회를 가졌다.

"기업인 여러분! 그동안 영월은 수많은 탄광·중석광산·석회석광산·시멘트공장들로 온 천지가 헐벗어 신음하고 있고, 주민들은 공해에 시달리고 있습니다. 여러분에 의해 폐허가 된 영월 땅을 누가 복구해야 합니까? 그동안 영월 땅 파서 돈 좀 벌었을 테니, 이제 그 돈 일부를 지역에 환원합시다!"

이 말에 모두가 깜짝 놀랐다. 나는 사전에 제복 입은 경찰서장과 정장 차림의 세무서장을 내 좌우에 앉히고 아무 말 없이 위엄만 보이라고 했다. 그 두 분의 참석은 상당한 효과가 있었다.

"여러분, 영월의 제일 큰 숙원사업이 장릉 입구에서 청령포 옆으로 나가는 우회도로 개설입니다. 사업 규모는 약 2km에 2차선 비포장도로를 개설하는 것으로 소요 사업비는 약 3~4억 원 정도(현재 가치로 대략 50~60억 원 추정) 소요됩니다. 그런데 군 재정이 열악해 군 예산으로는 도저히 불가하니 기업인 여러분이 도와줬으면 좋겠습니다."

기업인들이 놀라며 여기저기서 한숨 소리가 들려왔다.

"여러분, 이 대규모 사업을 하는 데 여러분에게 현찰을 달라는 게 아닙니다. 여러분 기업에서 갖고 있으면서도 남는 유휴 기술·인력·장비·기계를 이 사업에 지원해 주십시오(당시 대부분 기업의 인력과 장비 가동률은 60~70%였음)."

김형선 군 건설과장이 사전에 뽑아 둔 공사에 소요되는 장비, 자재 등을 나누어 관련 기업들에 부탁했다. 그러자 바짝 긴장했던 기업인들이 안도의 한숨을 내쉬었다. 그 정도의 유휴 기술·인력·장비·기계는 얼마든지 봉사할 수 있다며 박수 소리가 터져 나왔다.

나는 바로 공사에 들어갔다. 기술인력과 장비, 기계 등은 기업체에서 지원하고, 인력은

김형선 前영월군 건설과장

새마을지도자와 이통장들이 자원봉사하고, 기술인력들이 먹고 자는 문제는 관내 여관·식당에서 맡고, 간단한 술과 떡을 포함한 간식 및 작은 팁은 새마을 부녀회가 맡았다. 공사 현장에는 기업체 대표들이 수시로 방문하여 기술인력 등을 격려했다. 이 사업으로 지역 경제도

더불어 살아나기 시작했다. 군민들, 일꾼들 모두가 신명이 났다.

모두가 새벽부터 자정까지 일했다. 그런데도 불평하는 사람은 아무도 없었다. 공사를 시작한 지 불과 석 달도 안 돼 2㎞가 넘는 2차선 비포장도로를 개설하는 기적을 일궜다. 그 후 이 도로는 국도로 승격되어 오늘날 영월의 유일한 우회도로로 유용하게 활용되고 있다.

단합의 힘, 봉사의 힘이 이렇게 놀라운 기적을 낳을 줄은 몰랐다. 이 사업에 군에서는 철근 등을 구입하는 데 겨우 기백만 원 정도의 예산이 소요됐을 뿐이다. 나는 이것을 이름하여 '기업체 새마을운동'이라 명명했다.

경제를 되살린 시장(市場) 새마을운동

1981년 당시 영월군은 쇠퇴의 길을 걷고 있었다. 1970년대까지만 해도 영월은 화력발전소 · 탄광 · 석회광 · 중석광 등이 번창하여 인근 원주 · 태백 · 평창 · 정선 · 제천 · 단양 등의 중심지였는데, 1981년에는 광산 경기가 안 좋아지면서 영월을 찾는 외지인들의 발길이 뚝 끊기고 인구도 대폭 줄어들고 있었다. 영월 상인들은 장사가 안된다며 아우성이었다.

그래서 장사가 잘되게 하고자 추진한 것이 '시장 새마을운동'이었다. 나는 외지 손님들이 영월을 찾아오게 하기 위해서는 첫째 상품 가격이 저렴해야 하고, 둘째 서비스와 친절이 전국 최고여야 한다고 생각했다. 영월에 있는 모든 음식점 · 술집 · 다방 · 여관 · 재래시장의 대표자회의를 열어 외지인들에게는 무조건 모든 가격을 20~30%씩 할인해 주고, 소위 바가지요금을 근절하면서 최고의 친절 서비스를 제공할 것을 주문했다.

특히, 경찰서장에게는 숙박업소에 대한 임검(臨檢: 당시 경찰이 주로 심야에 숙박 손님들을 상대로 불시 신원 확인하던 제도)을 실시하지 않도록 요구했고, 여관과 다방에 오는 모든 손님에게 모닝커피(커피에 날계란 노른자위 넣은 것)를 대접하도록 했다.

또 재래시장 상품(농산물, 특산물 등)도 가격을 내리고 질 좋은 상품만을 팔도록 주문했다. 동시에 시장 상인들에 대한 친절 서비스 교육을 적극 실시했다. 그러면서 인근 지역에는 영월의 시장 새마을운동을 대대적으로 홍보했다. 그러자 얼마 안 가 외지인들이 다시 영월을 찾아들면서 시장 경기가 살아나기 시작했다. 경기가 되살아나자 시장 상인들은 활기를 되찾았다.

요즘 같으면 시장 상인들에게 상품 가격을 대폭 할인하도록 주문한다는 건 어림도 없는 일인데, 당시에는 다행히도 주민들이 잘 따라 주어 성공할 수 있었다.

강원도 시 · 군 중 최대 규모의 영월장학회 씨앗을 뿌리다

부임 초, 탄광지대를 둘러보던 중 열악한 환경에서 학교에 다니는 어린 학생들을 보며 마음이 편치 못했다. 나는 경찰서장, 세무서장 및 군 행정자문위원회 위원들과 지역 유지들의 뜻을 모아 10~20만 원씩

십시일반 장학기금을 마련하여 짧은 기간에 당시 5,050만 원의 장학기금을 만들었다. 그것이 영월장학회의 시작이고, 그 후 영월장학회는 계속 발전하여 2014년에는 강원도에서 최초로 장학기금 100억 원 달성 기념행사를 하였고, 나에게 축하 영상을 부탁하기도 했다.

영월장학회의 장학기금은 현재 136억 원 정도로 강원도 내 시·군 지자체 중 가장 큰 규모라고 한다. 1981년 시작한 장학회가 그동안 4,203명에게 61억 7천만 원의 장학금(2019년 말 기준)을 지급해 왔다니 대견하기 그지없다. 미래의 동량들을 이렇게 열렬히 키워 준 영월 군민이 존경스럽고 자랑스럽다.

35년이 지난 2016년 10월, 영월에 사는 신호선 옹께서 지역 주민들과 함께 관광버스로 청남대를 방문하고 도지사실을 들른 적이 있었다. 당시 새마을지도자로 장릉~청령포 우회도로 공사에 직접 참여하셨다는 신 옹은 "두세 명이 지게 지고 다니기도 좁은 논두렁길을 버스 두 대가 오갈 수 있는 큰 도로로 만들었다."며 "신문에도 대문짝만하게 나왔을 정도로 영월이 천지개벽하는 일이었다."고 당시를 회상했다.

영월군수 재임 7개월은 매우 짧은 기간이었지만, 초임 군수로서의 애정과 30대 중반의 열정을 다 바치고 혼을 불살라 군민들에게 '열심히 일한 군수'라는 깊은 인상을 남긴 것 같다.

충주 대홍수,
주민 대피령으로 지켜 낸 수천 명의 목숨

20년 만의 대홍수로 물바다가 되다

1990년 9월 9일부터 11일까지 3일간 충주 지역에는 무려 436.8㎜의 엄청난 폭우가 쏟아졌다. 이는 1970년 충주기상대가 생긴 이래 가장 많은 강우량을 기록한 것이었다. 폭우가 사흘째 쏟아지던 9월 11일 오후 6시, 충주댐 수위가 142.25m에 이르렀다. 만수위 145m에서 불과 2.75m를 남겨 놓은 위험한 상황이었다. 충주댐 하류에 있는 조정지댐 수위도 63.57m에 달해 만수위 67.3m에서 겨우 3.73m를 남겨 놓은 상태였다.

충주 도심지는 충주 본댐 아래 조정지댐 위에 위치한 데다 달천강이 탄금대에서 합류되어 홍수 위험을 늘 안고 살아야 하는 운명이었다. 충주댐이 들어서기 전인 1972년 8월 대홍수 때도 남한강 상류와 달천강이 합류되는 탄금대 쪽에서 미처 유량을 감당하지 못해 시내가 물바다가 되는 엄청난 피해를 겪었다.

그렇게 3일 동안 쏟아진 폭우는 11일까지도 그칠 기색을 보이지 않았다. 정말이지 하늘이 무심하다는 생각밖에 들지 않았다. 그날 저녁이 되자, 충주댐 수위가 더 높아지며 여기저기서 문제가 터지기 시작했다. 충주댐 상류인 단양 지역 곳곳이 침수돼 큰 피해가 발생하고 있다는 긴급 뉴스에 초긴장하지 않을 수 없었다. 단양군은 충주댐을 모두 열어 달라고 아우성이고, 서울시·충주시 등은 충주댐을 닫아 달라는 상반된 입장이었다.

더구나 단양의 대표적인 기업인 성신양회가 물에 잠기는 등 사태가 심각해지자, 수자원공사는 드디어 충주댐의 방류량을 늘리기 시작했다. 초당 3,500톤에서 시작된 방류량이 순식간에 5천 톤, 7천 톤으로 계속 늘어나는 것이 아닌가. 충주시내 하류에 위치한 조정지댐 상류의 하천 제방계획 용수량은 겨우 1만 1천 톤~1만 3천 톤으로, 만약 초당 충주댐 방류량이 8천 톤, 달천강 유입량이 3천 톤을 초과하면 충주시내의 침수 피해는 불 보듯 뻔한 상황이었다.

그날 밤 초당 충주댐 유입량은 2만 2,164톤, 초당 최대 방류량은 1만 4천 톤을 기록했다. 당시 초당 방류량은 지금도 깨지지 않는 기록으로 남아있다.

외로운 결단, 주민 대피령

9월 11일 저녁, 나는 깊은 고민에 빠졌다. 충주댐 방류가 초당 몇 톤을 넘으면 충주시내 제방이 넘치는지, 넘치면 시내 어디까지 물에 잠기는지 아는 사람이 없었다. 자료도 없었다. 상급기관인 충북도, 중앙부처, 청와대, 그 어디에서도 대답을 주지 못하는 현실이었다. 심지어 수자원공사조차도 충주댐 방류량을 얼마까지 늘려 가야 할지 모른다는 것이다.

답답했다. 만약 이대로 뒀다가 한밤중에 시내 달천강 제방이 붕괴한다면 수천 명의 시민이 수장될지도 모를 일이었다. 나는 주민 대피령을 내려야 할지 아주 중대한 선택의 기로에 서게 되었다. 주민 대피령을 내린다면 어느 지역까지 내려야 하는지도 알 수 없었다. 고민하는 사이에도 비는 억수같이 계속 퍼붓고 있었다.

충주댐 방류량은 계속 늘어나 초당 1만 톤에 육박했다. 방류량이 앞으로 2만 톤을 넘을지도 모른다는 게 수자원공사 측의 의견이었다. 나는 외로운 고민 끝에 그날 밤 9시쯤 주민 대피령을 내렸다. 주민 대피령 대상 지역은 72년 대홍수 때 물에 잠겼다는 시내 제방 양안의 달천, 단월, 봉방, 칠금동으로 정했다. 주민 대피령을 내렸는데 만일 아무 일이 없을 경우 많은 시민으로부터 터져 나올 원성을 생각해 사표를 던지기로 결심하니, 오히려 마음이 편했다.

그런데 의외로 주민들은 꿈쩍도 하지 않았다. 우선 리통반장에게 시장의 대피령을 이행토록 했더니 주민들은 "대피령이라니 웬 자다가 봉창 두드리는 소리냐, 충주댐 만들어지고(1985년 준공 이후) 그런 일이 한 번도 없었다."며 완강히 저항하는 것이었다. 예비군까지 동원해 독려했는데도 어림없었다. 다시 경찰과 군인을 동원했더니 그제야 꾸역꾸역 대피장소로 나오기 시작했다.

대피하는 모습은 진풍경이었다. 아버지는 쌀을 지고 나오고, 엄마는 이불하고 반찬거리를 이고 나오고, 딸아이는 인형을 들고나오고, 아들은 전축을 들고나오는 것이 인상적이었다. 마치 6·25전쟁 때의 피난 행렬을 연상시켰다.

그날 밤 11시쯤이 되어서야 4개동 3~4천 명을 모두 대피시켰다. 어느 정도 안도 속에 칠흑같이 어두운 자정쯤 탄금대 앞 제방에 가 보았다. 끝없이 퍼붓는 비를 맞으며 깜깜한 밤에 손전등을 비춰 보니 강물이 제방 높이까지 넘실대는 것을 목격하고는 가슴이 철렁했다. 그때 마침 천둥소리가 요란하게 들려왔다. 비가 더 오겠구나 싶었는데 그 천둥소리가 끊이질 않고 몇 분 동안 계속 나는 것이 아닌가?

이상하다 싶어 다시 하늘을 보니 번개가 보이지 않았다. 아뿔싸! 이건 천둥이 아니라 건너편 달천강 제방이 무너지는 소리였다. 깜짝 놀란 나는 황급히 탄금대를 돌아 시내로 들어왔는데, 들어오자마자 탄금대 쪽 제방이 꽝음을 내며 터졌고 탄금대 일대가 순식간에 물에 잠겼다. 아찔했다. 1분만 늦게 나왔어도 물귀신이 됐겠다고 생각하니 가슴이 두근거렸다.

그날 밤새도록 인명 피해 조사를 했는데, 모두가 대피하여 다행히도 한 사람의 인명 피해도 없었다. 만약 내가 우물쭈물하다 대피령을 내리지 않았다면 수천 명의 시민이 수장될 뻔했겠다고 생각하니 섬뜩해지며 안도의 한숨이 절로 나왔다. 그 결단은 내 평생 가장 위대한 결단이었다고 지금도 생각한다.

그날 밤을 꼬박 새우고 이튿날 새벽 다섯 시쯤 되자 사흘 동안 내리던 폭우가 그치고 계명산 동녘 위로 붉은 태양이 떠올랐다. 시민들은 모두 주택·도로·농작물 등이 침수되어 울고불고 아우성인데, 나는 인명피해가 한 명도 없었다는 사실에 속으로 흐뭇한 미소를 짓고 있었다. 나에게 그날 아침의 붉은 태양은 영원히 잊을 수 없는 '생명의 태양'으로 보였다.

충주 달천강 제방을 2미터씩 높이다

홍수가 빠져나가자 피해 조사를 해 보니 재산 피해는 눈덩이처럼 불어나 총 59억 원에 피해 복구액은 총 250억 원 정도로 산출되었다. 물론 피해 복구에는 달천강 양안의 9.9km의 제방 높이를 모두 2m씩 높임으로써(넓이는 20m) 아무리 비가 와도 충주는 제방이 무너지거나 물이 넘쳐 피해를 보는 일이 절대로 발생하지 않도록 하는 대단위 사업이 포함되었다.

나는 국비를 지원받기 위해 국회와 중앙정부, 수해피해조사단을 찾아가 열심히 설명한 끝에 총 151억 원의 항구적 복구비를 확보했다. 실제로 2002년 충주에 380mm의 폭우가 쏟아졌을 때나 그 이후에도 제방으로 인한 수해 피해는 전혀 발생하지 않았다.

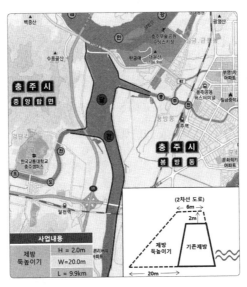

달천강 제방 둑 높이기

부산시의 해묵은 숙원사업, 충청도 촌놈(?)이 해결하다

1990년 12월 충주시청 화재 사건의 책임을 지고 나는 1991년 1월 부산직할시 재무국장으로 좌천성 발령을 받게 되었다. 충청도 촌놈이 부산에 간다니, 더구나 재무국장이라는 자리가 특별히 현안이 있는 자리도 아니어서 나는 의기소침했다.

재무국장에 부임한 후 어떤 일을 할까 고민하던 차에 직원들로부터 귀중한 이야기를 들었다. 바로 '컨테이너세 신설'이었다. 부산항을 오가는 수많은 컨테이너에 지방세를 부과하자는 것이 400만 부산 시민들의 수십 년 숙원사업이라는 것이다.

나는 순간 귀가 번쩍 뜨였다. 400만 부산 시민들이 수십 년 노력해도 못한 것을 충청도 촌놈이 해결해 한번 본때를 보이자는 일종의 오기가 발동했다. 그러나 해운·상공·수출·재벌 등 경제계의 강한 반대를 어떻게 극복할 수 있을까 걱정도 적지 않았다.

며칠 동안 나는 고민하다가 마침내 김영환 시장에게 해 보겠다고 건의드리고는 곧바로 움직이기 시작했다. 우선 급한 건 대의명분을 만드는 일이었다. 당시 능력 있는 이영활 세정과장과 함께 논리를 정리했다.

"컨테이너세를 거두어 그 돈으로 컨테이너 차량 전용도로를 만들면 장기적으로는 부산항을 찾는 전국의 컨테이너 차량들이 막히지 않아 물류비용 절감과 시간 절약으로 기업에 이익이 된다. 컨테이너 차량이 부산 입구에서 컨테이너항에 도착하는 데 평균 2~3시간이나 걸릴 정도로 교통 체증이 심각하다. 또한 컨테이너 차량 전용도로를 만드는데 약 2조 원 들어가는데 1조 원은 컨테이너세, 나머지 1조 원은 시비로 분담한다. 그리고 1992년 첫해에 1TEU당 20,000원 징수 시 연 세입이 약 600~1,000억 원 정도 예상되어, 앞으로 컨테이너 물동량이 늘어나면 10년에 1조 원 정도의 세입이 가능하므로 컨테이너세는 10년 한시법(나중에 또 10년 연장했지만)으로 한다.”

이 정도의 논리라면 경제계를 설득하는 데 충분하지는 않지만, 명분은 된다고 보았다.

그다음은 정부와 국회, 관련업계를 어떤 방법으로 설득하느냐는 전략이었다. 당시 이석채 청와대 경제수석비서관(나중에 정보통신부장관)을 찾아가 설명했더니 이 수석은 의외로 환영하며 정부와 업계는 자신이 앞장서 설득하겠다고 했다. 국회는 부산 지역 국회의원들이 맡기로 했다.

나는 이렇게 명분과 전략을 세워 놓고는 당시 1년간 평균 주 1~2회는 서울을 들락거리며 중앙부처·국회·업계를 수없이 찾아 설득하고 다녔다. 이석채 수석의 힘을 빌려 해운조합·선주협회·선박협회·대한상공회의소·전국경제인연합회·삼성그룹을 포함한 재계 등을 찾아가거나 초청해서 설명회를 갖는 등 총력전을 펼쳤다.

당초 예상대로 업계는 적극 반대했다. 엄청난 부담이라며 결사항전의 자세였다. 사태가 시끄러워지자, 김영환 시장이 나를 부르더니 컨테이너세 추진에 대해 걱정을 많이 하는 것이었다. 나는 시장께 "모든 건 제가 책임질 테니 시장님께서는 모른다고 하십시오. 그리고 청와대 이석채 수석 평계를 대십시오."라며 계속 추진하겠다고 주장했다.

그 후 무수한 난관을 극복하고 수많은 우여곡절 끝에 컨테이너세를 담은 지방세법 개정안이 1991년 11월 20일 마침내 국회를 통과했다. 공무원들은 물론 당시 부산시 국회의원 · 시의회 · 언론 · 방송 등에서 온통 축하한다고 난리통이었다. 부산의 언론에서는 연일 컨테이너세와 그 주인공인 나를 톱기사로 올렸고, 당시 시의회에서는 정말 수고 했다며 서울 오가며 빚내서 쓴 노잣돈을 갚으라고 꽤 큰 업무추진비를 마련해 주었다. 몇몇 시의원은 부산 용두산공원에 이시종 동상을 만들어 놓아야 한다는 농담을 하기도 했다. 부산에서 마치 영웅(?)이 된 기분이었다.

그 후 컨테이너세는 1992년부터 2006년까지 15년간 총 1조 165억원을 징수한 것으로 알려졌다. 그 징수한 컨테이너세를 종잣돈으로 하여 시비와 국비를 보태 총 2조 8,687억 원 규모의 광안대교, 제3도시고속도로 등 항만 배후도로를 건설한 것이다. 이로 인해 컨테이너로 인한 부산의 교통 체증은 획기적으로 해소되었다.

제일 뿌듯한 건 충청도 촌놈이 400만 부산시민들의 40년간 못다 한 숙원사업을 해결했다는 것

이석채 前정통부장관

이영활 前부산시 경제부지사

이다. 이를 위해 고생한 이석채 청와대 경제수석, 실무 작업을 함께한 이영활 세정과장(나중에 경제부시장)을 비롯한 직원 등 모든 분께 감사 드린다.

[컨테이너세를 재원으로 한 항만 배후도로 건설 내역]

사 업 명	사업 규모(km)	사업비(억 원)
합 계	–	2조 8,687
• 동서고가도로 및 접속도로	14.1	4,947
• 구포대교 및 접속도로	4.2	1,261
• 충장로 고가도로	1.3	143
• 제3 도시고속도로	10.8	7,608
• 광안대교	7.42	7,899
• 감천항 배후도로	5.1	2,687
• 남항대교 등 3곳	–	3,440
• 기타	–	702

※ 재원: 국비 1조 4,079억 원, 컨테이너세 1조 165억 원, 기타 시비 4,443억 원
※ 출처: 연합뉴스(2006.12.22.) 기사

민선지방자치의 초석을 놓다

대한민국 지방자치사의 한 페이지를 장식하다

민선 지방자치의 밑그림을 그리다

1994년, 나는 내무부 지방기획국장이란 자리로 발령받았다. 1995년 7월부터 본격 실시되는 민선 지방자치를 총괄 준비하는 실무책임 국장 자리였다. 발령받고 나서 무거운 부담감을 느꼈지만, 한편으로는 우리나라에서 처음 실시하는 완전한 민선 지방자치의 실무책임자란 측면에서 영광스러웠다. 대한민국 지방자치사의 한 페이지를 내가 담당하게 되는 것이었기 때문이다.

완전한 민선 지방자치란 단지 지방자치단체장을 주민 직선으로 선출하는 것 이외에 그 기반을 제대로 만들어야 하고, 그러기 위해서는 해야 할 큰일들이 한둘이 아니라고 생각했다. 그 큰일이란 어쩌면 나라가 온통 시끄러울 정도의 일일 수 있겠다고 생각하니 아찔했다.

민선 지방자치 선거제도의 골격을 만들다

먼저 민선 지방자치단체장과 지방의회 의원의 임기는 몇 년으로 할 것인지, 선거 시행연도는 국회의원 선거와 어떻게 조화시켜 나갈 것인지, 지방자치단체장의 재임 횟수는 제한할 것인지 아닌지를 정해야 했다. 이를 위해 많은 토론 끝에, 최종적으로 다음과 같이 정하였다.

"지방자치 선거는 국회의원 선거와 2년 격차로 실시하고 지방자치단체장과 지방의회 의원의 임기는 4년을 원칙으로 한다. 이를 위해 1995년 7월 시작되는 지방자치단체장과 지방의회 의원에 한해서는 1998년 6월 말까지 임기를 3년으로 한다."

왜냐하면 지방선거를 국회의원 선거와 2년 격차로 실시할 경우 국회의원 선거가 1996년, 2000년에 열리므로 지방선거는 1998년, 2002년에 실시해야 했고, 그러려면 1995년에 실시하는 지방선거에 한해서는 임기를 3년으로 제한할 수밖에 없었다. 또한 지방선거를 1995년 6월까지 실시하고 임기를 1995년 7월부터 시작할 경우, 민선 광역지방자치단체장과 기초자치단체장은 아무 문제가 없었다. 당시 광역자치단체 의회 의원의 경우도 1991년 6월 선거로, 임기가 1995년 7월 8일까지로 되어 있기에 아무 문제가 없었다.

그러나 당시 기초의회 의원의 임기는 1991년 4월 15일부터 1995년 4월 14일까지 규정되어 있으므로, 1995년 7월부터 임기가 개시되는 기초지방자치단체 의회의 경우 1995년 4월 15일부터 1995년 6월 30일까지 2개월 반 동안 의회 공백 사태가 발생한다. 그렇다고 2개월 반짜리 기초의원 선거를 별도로 치를 수도 없었다. 고민 끝에 내린 결론은 '1995년 4월 14일까지 임기가 만료되는 기초의회 의원의 경우에 한해서는 그 임기를 1995년 6월 30일까지 2개월 반을 연장한다.'는 것이었다.

지방자치단체장의 재임 횟수를 제한할 것인가를 놓고 많은 논란이 있었지만 '계속 재임은 3기에 한한다.'는 것으로 하였다. 이는 특히 최형우 장관의 소신과 철학이 강하게 작용하여 나타난 결과인데, 지금 우리나라 지방자치단체장의 과중한 업무 부담을 고려해 보면 나름대로 의미 있는 결정이었다고 생각된다.

이에 따라 기초의회 의원의 임기가 끝나는 1995년 4월 14일 이전인 1994년 12월 20일 자로 임기를 연장하고 자치단체장의 재임은 3기로 한하는 내용의 지방자치법을 개정하였다. 물론 주민 선출이 아닌 법률로 지방의회 의원의 임기를 연장하는 것에 대해 위헌의 소지가 없진 않았지만, 당시에는 그 누구도 이 문제를 제기하지 않아 다행히도 무사히 넘어갈 수 있었다.

민선지방자치시대에 걸맞은 행정구역 대개편

통일신라 9주 5소경 이후 일곱 번째 대개편

우리나라 지방행정구역은 통일신라 때(685년) 9주(州) 5소경(小京)으로 출발한 이후 큰 틀에서 보면 7번의 대변천 과정을 거쳤다.

시 기	내 용	내 역
통일신라	9주(州), 5소경(小京)	– 9주 : 한주, 삭주, 명주, 웅주, 전주, 무주, 상주, 강주, 양주 – 5소경 : 중원경, 북원경, 서원경, 남원경, 금관경
고려 성종 (995년)	10도(道)	– 10도 : 관내도, 중원도, 하남도, 영남도, 영동도, 산남도, 강남도, 해양도, 삭방도, 패서도
고려 현종 (1009년)	5도(道), 양계(界), 3경(京) 4도호부(都護府), 12목(牧)	– 5도 : 서해도, 교주도, 양광도, 경상도, 전라도 – 양계 : 북계, 동계
조선 태종 (1413년)	8도(道)	– 8도 : 평안도, 함경도, 황해도, 강원도, 경기도, 충청도, 전라도, 경상도
조선 고종 (1896년)	13도(道), 7부(府), 1목(牧), 331군(郡)	– 13도 : 평안북도, 평안남도, 함경북도, 함경남도, 황해도, 강원도, 경기도, 충청북도, 충청남도, 전라북도, 전라남도, 경상북도, 경상남도 – 7부 : 광주부, 개성부, 강화부, 인천부, 동래부, 덕원부, 경흥부 – 1목 : 제주목

시 기	내 용	내 역

정부수립 이후
(1949년)
	1특별시(特別市),
	9도(道),
	162시군구(市郡區)
		– 1특별시 : 서울
		– 9도 : 강원도, 경기도, 충청북도, 충청남도,
		  전라북도, 전라남도, 경상북도, 경상남도,
		  제주도

1963~1989년	1특별시(特別市), 5직할시(直轄市), 9도(道), 267시군구(市郡區)	– 5직할시 : 부산(1963), 대구·인천(1981), 광주(1986), 대전(1989)

1995년 이후	1특별시(特別市),
	5광역시(廣域市), 9도(道),
	253시군구(市郡區)
		– 5광역시 : 부산, 대구, 인천, 광주, 대전(1995)
		※ 직할시 + 인근 도의 시군 통합
		– 울산광역시 추가로 6광역시(1997)
		– 도농복합형태의 시(시·군 통합) 33개 통합시
		  탄생(1995) 그 후 여수시·창원시·청주시 등
		  추가로 40개 통합시
		– 제주특별자치도(2006), 세종특별자치시(2012)
		  출범

이런 과정을 거쳐 우리나라 지방 행정구역이 오늘의 1특별시, 6광역시, 1특별자치시, 8도, 1특별자치도, 75시, 82군, 69자치구에 이르게 되었다. 김영삼 정부인 1995년 민선지방자치 실시에 대비해 생활권이 유사한 데도 불구하고 그동안 분할되었던 시와 군을 다시 통합하여 33개 도농복합시를 만들고, 도심으로만 획정된 직할시에 숨통을 제공하고자 인근 도의 일부 군을 편입하여 5개의 광역시를 만든 것은 큰 의미를 갖는 지방행정구역 대개편이었다.

1994년 내무부 지방기획국장이었던 나는 원래 하나의 생활권이었던 도가 직할시와 도로 분할되고, 군이 시와 군 둘로 쪼개지다 보니 주민 생활권과 행정권이 불일치하여 주민 생활의 불편이 컸다는 점을 직시했다. 그러한 직할시 또는 시는 인근도 또는 군에 둘러싸인 채 오직 도심지만으로 형성되다 보니 도시 자체의 숨 쉴 공간이 절대적으로 부족한 상태였다. 기초 환경시설·체육여가시설·공원 등을 설치할 장소도 부족했고, 신도시로 팽창해 나갈 공간도 여유도 없었다.

그런데 만약 1995년 7월 민선 지방자치단체장이 선출되고 나면 그때부터 행정구역 개편은 영원히 불가능할 것이라고 판단했다. 내 땅을 단 한 평이라도 타 자치단체로 빼앗길 민선 자치단체장은 없을 것이다. 그래서 행정구역 개편이 언젠가는 꼭 필요한 일이라면, 그 시기는 민선 지방자치단체장이 선출되기 전인 바로 지금이라고 생각했다.

이에 따라 나는 최형우 장관의 결심을 받아 ① 원래 하나의 생활권이었다가 최근에 갈라진 전국의 시·군을 모두 도농복합형태의 시(통합시)로 통합하고, ② 전국의 직할시에 직할시 인근 도의 일부 군을 편입하여 직할시에 숨 쉴 공간을 만들어 광역시로 개편하며, ③ 같은 도이지만 생활권이 다르고 교통이 불편하여 상호 거래가 적은 경기도를 한강 경계로 남북으로 분도(分道)하고, ④ 경남도에서 울산시를 울주군과 통합하여 광역시로 개편하기로 했다.

생활권 통합으로 33개의 도농복합시를 만들다

당시 시·도, 시·군·구에는 이미 지방의회가 있어서 의회의 협조를 구하는 것이 여간 어려운 일이 아니었다. 나는 당시 임명제인 전국의 시·도지사와 시장·군수들에게 어떤 수단과 방법을 다 동원해서라도 지방의회를 설득하고, 지방언론·직능사회단체들에게 최대한 협조를 구하도록 강력히 주문하였다. 사실 이 일은 엄청난 일이라 나는 전국 관련 지방의회의 동의를 얻어 내는 데 전력을 다하였다.

직할시의회나 시의회는 적극 찬성이지만 당시 편입되는 지역의 임명제 도지사·군수를 비롯하여 도의회·군의회는 자기 땅을 뺏긴다는 생각에 적극 반대했다. 그럼에도 불구하고 나는 우선 1994년 3월 16일 도농복합형태의 시(통합시)의 근거를 마련하는 지방자치법을 개정하였다.

그 이후 편입되는 도·군의 지자체장과 의회 설득에 난산을 거듭한 끝에, 시작한 지 불과 5개월 만에 시장 군수와 시군의회 동의를 받아 전국에 33개 통합시를 탄생시키는 기적을 이뤄 냈다. 지금 같으면 꿈도 못 꿔 볼 일을 감히 해낸 것이다.

1994년 8월 3일자로 「경기도 남양주시 등 33개 도농복합형태의 시 설치 등에 관한 법률」을 통과시켰으니, 지금 생각해도 대단한 일을 저지른 것임이 틀림없다. 그리고 당시 「도농복합형태의 시 설치에 따른 행정특례에 관한 법률」을 1994년 12월 22일자로 제정 공포하여 도농복합형태의 시가 불리하지 않도록 '불이익 배제의 원칙, 특별지원, 지방교부세 및 예산 특례'에 관한 근거를 마련하였다. 도농복합형태의 시는 그 이후 계속 추진돼 현재는 40개 통합시가 발족하게 되었다.

'숨 막힌 직할시'를 '숨 쉬는 광역시'로 대개편하다

1994년 8월, 전국 33개시 통합을 마무리하고 난 후 나는 즉시 직할시에 인근 도의 몇 군을 흡수하여 숨 쉴 공간을 제공하는 광역시 개편 작업에 착수했다. 부산직할시에 경남 기장군을, 대구직할시에 경북 달성군을, 인천직할시에 경기 강화군 · 옹진군을 편입하여 광역시로 만들고, 광주직할시는 광주광역시로, 대전직할시는 대전광역시로 명칭을 변경하는 것이다. 또한 거대한 경기도는 한강을 경계로 경기북도와 경기남도로 분도하고, 아울러 울산시는 울주군을 통합하여 울산광역시로 하는 내용이었다.

막상 이를 추진한다고 발표하니 전국이 벌집 쑤신 듯 와글와글했다. 도의 군 몇 개를 광역시에 편입한다고 하니 전국의 도지사를 비롯한 도의회, 각급 기관 · 단체 · 도민들이 도 산하 군을 절대 직할시에 빼앗길 수 없다고 아우성이었다. 경기도 분도는 북쪽 지역은 찬성인데, 수원시 중심의 남쪽 지역은 절대 반대였다. 또 울산시 · 울주군을 울산광역시로 만드는 것에 대해 창원 중심의 경남도 주민들은 절대 반대하고, 울산 주민들은 절대 찬성하는 등 갈등이 극에 달했다.

내무부 지방기획국장실에는 연일 이해관계인들이 찾아와 항의했다. 처음에는 경기도 분도에 찬성하던 경기도 일부 국회의원들도 막상 결정적일 때가 되니 반대 입장으로 돌아섰다. 연일 중앙지나 TV에서는 행정구역 개편 관련 주민들의 항의 기사들이 1면 톱을 장식했다. 그러다 보니 1994년 9월 당시 김영삼 대통령께서 비서실장에게 "세상이 너무 시끄러우니 광역시 개편작업을 신중히 검토해 보라."는 엄명을 내렸다.

1994년 9월 어느 날, 나는 점심 후 내무부 사무실 복도에서 우연히 최형우 장관과 마주치게 되었는데, 최 장관께서 나를 보자마자 대뜸 자기 차에 타라고 말씀하셨다. 영문도 모른 채 장관 차를 탔더니 청와 대로 직행했다. "오늘 대통령 비서실장 주재로 광역시 개편 관련 관계 장관회의가 있는데 청와대에 같이 가자."는 말씀이셨다.

청와대 회의에는 내무·법무·교육 등 7~8명의 관계 장관들이 참석 했다. 나는 구석에 앉아 있었는데, 비서실장이 서두에 "오늘 아침 각 하께서 광역시 개편 작업이 너무 시끄러우니 '검토해 보라'고 걱정하셨 습니다. 그래서 장관님들의 의견을 듣고자 회의를 개최했습니다." 하 고 말문을 열었다.

나는 아찔했다. 7~8명 장관 모두가 비서실장의 얘기를 듣더니 대통 령님 걱정대로 광역시 개편작업을 중단하는 게 좋겠다고 답하는 것이 었다. 비서실장이 "그럼 광역시 개편작업은 중단하는 것으로 하고 대 통령님께 그대로 보고하겠습니다." 라고 말했다.

회의실 구석에서 쪼그려 앉아 듣고만 있던 나는 그 순간 나도 모르 게 용수철처럼 벌떡 일어났다. 회의의 배석자인 국장이 감히 장관 회 의에서 왈가왈부하는 것은 불가능한 일이었으나 자동반사적으로 벌떡 일어선 것이었다.

"죄송하지만 제가 한 말씀 드리겠습니다. 만약 행정구역 개편으로 나라가 시끄럽다고 지금 중단하면 그 후에는 몇 배 더 나라가 시끄러 워질 겁니다. 또 행정의 일관성도 상실되고 정부의 위상도 신뢰도 다

잃어버릴 것입니다. 광역시 행정구역 개편은 시대적 소명입니다. 국가가 가야 할 바른길입니다. 그 바른길을 가는 데 다소 시끄러운 건 작은 문제이고 지나가면 없어질 것입니다. 그러나 다소 시끄럽다고 국가가 가야 할 바른길을 중단하면 나라는 더 시끄러워지고 우리는 역사의 큰 죄를 짓는 것입니다. 지금 시끄러운 건 제가 책임지고 해결할 테니 걱정 마시고, 최형우 장관님과 저에게 맡겨 주십시오."

살얼음 같은 침묵이 흘렀다. 누구도 선뜻 말을 꺼내지 않았다. 한참 후에 최형우 장관이 드디어 입을 열었다.

"우리 국장 얘기 들었지요? 맞지요? 시끄러운 건 내가 해결할 테니 나에게 맡겨 주시오. 대통령님께는 비서실장이 잘 얘기하고 내가 나중에 자세히 말씀드릴게요."

최 장관이 입장을 바꿔 이렇게 주장하니, 모두가 최 장관 뜻에 따르겠다고 동의했다. 관계장관회의 결론을 다시 뒤집는 순간이었다. 하마터면 잘못 갈 뻔했던 역사를 바로잡는 위대한 순간이었다.

이 사건 이후 나는 광역시 만드는 데 정말 혼신을 다했다. 지방의회, 당시 도지사, 정치권, 주민의 엄청난 반대가 있었지만, 설득에 설득을 거듭한 끝에 도의 1~2개 군을 떼어서 직할시에 편입하여 5개 광역시를 만드는 데 성공했다. 오늘날 광역시는 그렇게 심한 산고 끝에 태어난 옥동자이다.

1994년 12월 직할시를 광역시로 변경하고 광역시에 군을 설치하는 내용의 지방자치법 개정이 통과되고, 1995년 3월 도의 군을 광역시에 편입하는 내용의 지방자치법 개정이 통과됨으로써 오늘날의 5개 광역시가 태어났다.

당시 울산시에 울주군을 포함하여 광역시로 만드는 작업은 이루지 못했지만, 우선 1995년 1월 1일 자로 도농복합형태의 시인 울산통합시를 만든 후, 1997년 7월 15일 자로 '울산광역시 설치 등에 관한 법률'이 통과되어 울산시를 포함, 오늘날 모두 6개의 광역시가 태어났다.

그 후에 여수시·여천시·여천군과 청주시·청원군을 비롯한 몇 개 시·군이 더 통합하여 통합시는 현재 40개이며, 2006년 제주도가 제주특별자치도로, 2012년 7월 세종특별자치시가 출범하여 오늘날 1특별시, 6광역시, 1특별자치시, 8도, 1특별자치도, 그리고 226개 시군구의 행정구역으로 정착된 것이다. 다만 경기도를 분도하는 데는 실패했는데, 지금 경기도 인구가 1,300만 명을 넘는 상황을 감안하면 아쉽다는 생각이 든다.

나는 94년 지방기획국장으로, 그리고 95년 지방자치기획단장으로 있던 1년여 동안 지방자치의 기반을 닦는 데 온 힘을 다 쏟았다. 마치 신들린 사람처럼 끊임없이 일했던 기억이 새롭다.

나는 지금도 청와대 관계장관 회의에서 아찔했던 그 순간을 생각하면, 광역시 행정구역 개편은 하늘의 뜻이자 대한민국의 운명이었다는 생각이 든다. 그날 만약 사무실 복도에서 내가 우연히 최 장관을 마주치지 않았더라면, 청와대 관계장관회의에서 구석에 앉아 있던 일개 국장이 용기가 없었더라면, 그리고 최형우 장관께서 나의 발언을 거들떠보지 않았더라면, 어찌 되었을까?

만약 그랬다면 오늘날 광역시는 영원히 태어나지 않았을 지도 모른다. 어쨌든, 그때 시군 통합, 광역시 개편으로 도시를 숨 쉬게 만들어 준 것은 영원히 역사에 평가받을 만한 위대한 작품이었다고 생각한다.

이 대개혁은 막강한 힘을 갖고 있던 당시 최형우 장관의 뚝심과 함께 동고동락했던 권선택 과장(나중에 국회의원, 대전광역시장)을 비롯한 김기성 사무관(나중에 대구광역시 국장), 최민호 사무관(나중에 세종시장) 등의 헌신적인 노력이 있었기에 가능했다. 이 모든 분께 진심으로 감사드린다.

최형우 前내무부장관   **권선택** 前대전시장

특히, 5·16 군사 쿠데타로 중단된 지방자치를 34년에 걸친 끈질긴 투쟁으로 되찾아 준 김영삼 대통령의 결단은 한국 지방자치 역사에 이정표를 남긴 'YS의 위대한 결단'으로 높이 평가받아야 한다고 생각한다.

제2부

선거직 27년

일로써 승부하다

일하는 시장, 움직이는 충주

7대 기틀사업, 충주의 지상 과제를 해결하다

민선 충주시장의 계명산 이론

나는 1995년 7월부터 2003년 12월까지 8년 반 동안 민선 충주시장을 역임하였다. 그 이전인 1989년 1월부터 1990년 12월까지 2년 동안 관선 충주시장도 했으니, 총 10년 반 동안 충주시 살림을 맡은 셈이다. 그 10년 반은 지역적으로 보면 지난 100년의 침체를 벗어나기 위해 몸부림치던 시기였고, 시대적으로 보면 20세기를 마감하고 21세기 새천년을 맞이하는 중요한 시기였다.

충주에는 계명산(해발 744m)이라는 명산이 있다. 1995년 7월 초대 민선 충주시장 취임 당시, 나는 충주를 '외부와 거의 단절된 채 마치 계명산 꼭대기에 숨어 있는 형국'이라 표현했다. 1995년 당시의 충주는 인구 21만 3천 명으로 전국 기초자치단체 중에서 84번째였으며, 재정자립도는 전국 72개 시 중에서 중하위권에 위치한 작은 도시에 지나지 않았다.

충주는 19세기 말까지 소위 과거길을 따라 융성했지만 1905년 우리나라에 처음 개통된 경부철도 노선이 충주를 비켜 가면서 쇠락의 길로 접어들었다. 1970년 경부고속도로가 처음 건설될 때도 그 노선 역시 충주를 비켜 가면서 충주는 더욱더 침체하기 시작했다.

일반적으로 도시가 발전하기 위해서는 그 선행조건으로 고속도로, 국도 4차선, 철도, 상하수도, 치수, 에너지, 산업단지 등 7대 기반시설이 갖춰져야 하는데 1995년도의 충주는 이러한 기반시설들이 거의 전무했다. 그래서 충주 발전의 기틀을 만들겠다고 다짐한 날부터 나는 늘 주변 사람들에게 '계명산 이론'을 역설했다.

"겨우 등산로만 있는 계명산 꼭대기에 아파트나 공장 지을 사람이 오겠는가? 땅을 공짜로 준다고 해도 이 산꼭대기에 투자할 사람은 아무도 없다. 그러나 만약 계명산 꼭대기까지 고속도로와 철도가 뚫리고, 상하수도와 전기, LNG가스가 공급되고, 완벽한 치산치수대책, 산단 조성 등 이른바 7대 기반시설이 갖추어지면 투자하겠다는 사람들이 너도나도 몰려들 것이다. 충주가 바로 지금의 계명산 형국이다."

1995년 당시 충주에는 고속도로도, 서울 가는 철도도 없고 국도 4차선이라고는 청주~충주 간뿐이었다. 게다가 광역상수도도, 하수처리장도, LNG도시가스도, 제대로 된 산업단지도 없었다. 충주시장인 나에게 주어진 지상 과제는 이 7대 기틀사업을 조속히 만드는 것으로 생각했다.

충주의 7대 기틀사업을 마무리하다

'일하는 시장, 움직이는 충주'라는 슬로건을 내걸고 시장에 당선된 나는 이를 '일하는 공무원, 움직이는 충주'로 바꾸고 이 기틀사업을 벌이고 마무리해 나가는 데 시 공무원들과 함께 혼신의 노력을 다했다. 이러한 노력은 의외로 많은 가시적인 성과를 보였다. 정말 운 좋게도 8년 반 동안의 충주시장 재임 시절 국비 총 8조 원 정도를 끌어옴으로써 충주의 7대 기틀사업을 대부분 마무리할 수 있었다.

[충주시장 재임 시 중앙부처 지원받은 주요 SOC사업]

구 분	주요 사업	기간	사업 규모	사업비 (억 원)
고속도로	• 중부내륙고속도로	96~04	L=151.6km	22,782
	• 평택~충주고속도로	97~12	L=104.7km	25,075
국도	• 주덕~장호원	95~01	L=20.5km	2,268
	• 충주~백운	92~03	L=20.5km	1,923
	• 산척~장호원	96~03	L=27.81km	2,437
	• 충주~문경	93~03	L=25.8km	2,158
	• 산척~원주	03~11	L=9.97km	963

구 분	주요 사업	기간	사업 규모	사업비 (억 원)
국도대체 우회도로	• 풍동~용두	99~07	L=7.2km	1,236
	• 용두~금가	02~10	L=10.8km	1,921
시도	• 신시청~목행공단	96~99	L=2.37km	153
	• 천변도로(봉계~남산APT)	97~05	L=2.25km	344
상·하수도	• 충주댐 광역상수도	93~00	250천 톤/일	1,544
	• 하수처리시설(충주·수안보)	91~98	89천 톤/일	1,257
	• 재오개 용수개발	00~10	도수터널 4.5km	240
생활시설	• 광역쓰레기 매립장	97~99	3,1200㎡	112
	• 충주화장장	01~06	연면적 5,917㎡	188
	• LNG도시가스	02~05	L=58km	798
철도	• 삼원로타리 고가화	99~02	L=1,397m	154
산업단지	• 목행 제2산업단지	90~12	1,049천㎡	577
	• 충주첨단산업단지	03~09	2,009천㎡	2,215
시청사 신축	• 충주시청 신축	93~97	연면적 43,448㎡	390
문화체육시설	• 충주체육관	90~92	5,382㎡	68
	• 호암체육관	02~06	5,871㎡	103
	• 택견원	95~97	961㎡	20
	• 우륵당	95~97	1,422㎡	30
공원 등	• 대가미 공원	02~03	44,473㎡	43
	• 세계무술공원(1단계)	89~11	154,340㎡	330
	• 중원역사인물기록화	05~11	22점	7.2

충주의 최대 숙원, 중부내륙고속도로 착공

중부내륙 고속도로, 극적으로 정부예산에 반영하다

1995년 민선 충주시장 선거에 출마하면서 나는 중부내륙고속도로 착공을 공약 1호로 내걸었다. 그런데 어찌 된 영문인지 대부분이 시큰 둥한 반응이었다. "역대 대통령이 이행하지 못한 공약을 일개 충주시장 후보가? 빈 공자 공약(空約)이지!" 하면서 비아냥거리기 일쑤였다. 사실 중부내륙고속도로는 1987년 12월 노태우 대통령이 공약으로 처음 제시했고, 1992년 김영삼 대통령의 공약이었음에도 아무 진척이 없었으니 시민들의 반응이 냉소적인 건 당연했다.

시민들은 반신반의하면서도 일말의 기대를 하고 중부내륙고속도로 건설을 공약 1호로 내건 나를 당선시켜 주었다. 무거운 책임감이 나를 짓눌렀다. 나는 1995년 7월 1일 취임하자마자 일주일 만에 정부예산을 주무르는 재정경제원 홍재형 부총리를 찾아갔다. 긴 설명도 없이 중부내륙고속도로 얘기를 불쑥 꺼내며 "내년 정부예산에 실시설계비를 반영시켜 달라."고 건의했다.

홍 부총리로부터 돌아온 대답은 나를 당황케 했다. "그 고속도로 잘 돼 가고 있는데 무엇 하러 여기까지 올라왔느냐?"며 반문하는 것이 아닌가. 알고 보니, 원주~대구 간 중앙고속도로를 말씀하시는 것이었다. 당황한 내가 중부내륙고속도라고 다시 설명하자, 이번엔 "그런 사업이 다 있느냐"며 담당국장을 부르는 게 아닌가?

담당국장은 "그런 사업이 있긴 있습니다만 지도상에 노선만 그어져 있습니다."라는 것이었다. 충주시민들이 그토록 염원해 온 중부내륙고속도로는 중앙의 고위층에서부터 실무진에 이르기까지 이름조차 기억하지 못하는 서랍 속의 휴지 조각으로 묻혀 있었다.

나는 간곡하게 건의드리고 다시 건설교통부를 찾아갔으나 역시 같은 대답이었다. 중앙에서는 중부내륙고속도로를 추진할 의지도, 생각도 전혀 없음을 확인했을 뿐이다. 중부내륙고속도로를 조기에 착공하기 위해 올라갔다가 그날 밤 충주로 내려오는 나의 심경은 한마디로 절벽에 부딪힌 느낌이었다. 참담함, 비통함, 절망, 그 자체였다.

현실적으로 전혀 불가능한 것을 무리하게 공약으로 내건 게 아닌가 후회됐다. 그날 밤 나는 한잠도 못 자고 뜬눈으로 지새웠는데, 새벽이 다가오자 슬며시 오기가 발동했다.

'그래, 한번 부딪치자. 부딪쳐 보지도 않고 물러설 순 없잖은가? 충주시민이 가장 바라는 고속도로 사업이 그렇게 쉽게 시작될 일이라면 벌써 성사됐겠지. 이건 나의 능력과 의지를 시험해 보려는 시련이다.'

그 이튿날부터 나의 서울 나들이는 불붙기 시작했다. 불씨도 없이 몽땅 꺼진 불을 다시 지피기 위해 건교부, 청와대, 재정경제원, 도로공사 등 관계기관들을 문이 닳도록 찾고 또 찾았다. 중부내륙고속도로 주변 지역의 시장, 군수들을 만나 힘을 모으고 주변 지역의 국회의원들을 찾아가 협조를 구했으며, 여당인 민자당을 찾아가 설득했다.

8월 어느 날, 나는 김윤환 국회의원(당시 민자당 대표, 경북 구미지역)

을 63빌딩에서 찾아뵈었다. 나는 김윤환 대표에게 열심히 설명했다. 중부내륙고속도로의 기 종착지가 구미라는 것에 일말의 기대를 걸고 당시 김관용 구미시장(나중에 경북도지사)과 함께 만나 떼를 썼다.

그런데 김윤환 대표도 중부내륙고속도로에 대해 전혀 모르고 있었다. 한참 설명했지만 돌아오는 답변은 의례적이고 형식적이었다. 속으로 실망감을 느끼며 63빌딩 입구에서 승용차로 먼저 나가는 김 대표를 배웅하며 막 돌아서는데, 저만치 가던 김 대표차가 멈추더니 나를 부르는 것이었다. 그러고는 "같이 뛰자. 함께 분위기를 만들자. 당은 내가 맡을 테니 정부 측은 이 시장이 맡아 봐라." 하는 것이 아닌가? 이것은 천우신조였을까?

지성이면 감천이라 했던가? 그렇게 사방팔방으로 뛰어다닌 끝에 1995년 9월 12일 1996년도 정부예산안 관련 마지막 당정회의가 열렸다. 이때 재정경제원이 추진하고자 하는 '각종 세법'을 국회에서 통과시켜 줄 테니, 대신 정부는 중부내륙고속도로 실시 설계비 450억 원을 1996년 예산에 반영하라는 김윤환 대표의 협상안을

김윤환 前민주자유당 대표　홍재형 前경제부총리

홍재형 부총리가 극적으로 받아들인 것이다. 당시 여당 대표인 김윤환 국회의원과 정부 대표인 홍재형 부총리의 정치적 대타협의 결과였다. 여기에는 당시 김종호 국회의원도 일조하였다. 이날 극적인 담판은 충

주에 신이 내려 준 지상 최대의 선물이었다.

중부내륙고속노로 설계비가 반영됐다는 소식을 밤늦게 듣고, 나는 그날 밤늦게 과장급 이상 간부 공무원들을 구 시청 옆 모 식당으로 비상 소집했다. 시급한 지시 사항이 있는 줄 알고 수첩을 들고 긴장된 모습으로 달려 나온 간부 공무원들은 중부내륙고속도로 착공 예산이 반영됐다는 나의 설명에 모두 "와!" 하고 함성을 질렀다. 누가 먼저랄 것도 없이 여기저기서 박수가 터져 나왔다. 그날 나는 오랜만에 밤늦게까지 즐거운 마음으로 소주를 마셨다.

중부내륙고속도로 실시설계, 대폭 변경되다

1996년도 정부예산에 중부내륙고속도로 건설사업비 450억 원을 극적으로 반영시키는 쾌거를 이루자 충주는 온통 잔치 분위기였다. 그러나 착공도 하기 전에 많은 난제가 발목을 잡아당겼다.

첫 번째 난제는 1992년도에 이미 설계된 노선 문제였다. 이 노선은 시장인 내가 구상하고 있는 산업단지 예정지(대소원면) 한가운데를 관통하는 것이다. 만약 그 노선대로 고속도로가 지나가면 충주시의 유일한 산업단지가 될 땅은 두 동강이 나게 되고, 그러면 충주는 제대로 된 산업단지를 만들지 못할 것이다. 100년 미래 충주의 산업단지를 위해서는 노선을 가금면 쪽으로 우회시킬 수밖에 없다고 판단되었다.

두 번째 난제는 고속도로 IC가 계획상 충주IC 하나뿐이고 충주휴게소도 없다는 점이었다. 그럴 경우 노은·가금·앙성, 신니·금가·

동량·산척·엄정·소태면은 혜택을 전혀 받지 못하는 고속도로 소외지역이 될 것이다.

결국 나는 즉시 건교부, 한국도로공사, 국토개발연구원 등 관계기관을 찾아 노선 변경과 북충주IC 추가 건설을 위해 협의에 나섰다. 그러나 건교부와 한국도로공사 측은 "일고의 가치도 없다."며 단호하게 거절했다. 지금까지 국가계획으로 확정된 고속도로 노선을 지방의 한낱 구상 때문에 변경한 사례가 단 한 건도 없었다는 것이다.

또한, 규정상 IC 간 거리는 최소 25km 이상이어야 하는데 감곡IC~충주IC 간 중간에 북충주IC를 만드는 건 도저히 불가능하다는 것이었다. 그렇지만 절대 포기하지 않고 건교부, 한국도로공사를 수없이 방문해 설득한 끝에, 1996년 8월 건교부는 충주시가 요구한 대로 변경하기로 최종 확정했다. 참으로 끈질긴 투쟁의 승리였다.

이로써 중부내륙고속도로 중 당초 노은~주덕~이류노선(14.5km)은 노은~가금~이류노선(16.3km)으로 변경돼, 당초 설계보다 1.8km 늘어났고, 충주휴게소와 북충주IC가 추가됨으로써 공사비가 850억 원 증액되었다.

건교부 관계자는 "이미 확정된 국가계획(고속도로 노선)이 지방자치단체장의 구상에 의해 변경되는 것은 처음 있는 일"이라며 나의 끈질긴 집념에 혀를 내둘렀다. 당시 건교부와 한국도로공사 직원들 사이에서는 "충주 사람 조심해라. 만나면 손해다."라며 나를 기피 대상 1호로 지목했었다는 농담까지 들렸다.

이 같은 난제들을 해결하느라 기공식은 당초 계획보다 1년을 넘긴 1997년 4월 16일 노은면 문성리에서 이환균 건설교통부장관 주관하에 개최되었다. 충주시민들의 오랜 여망이었던 중부내륙고속도로가 마침내 역사적인 기공식을 하게 된 것이다. 그날의 기공식은 나에게는 개선장군이나 된 것처럼 벅찬 감정이 솟구치는 한 편의 드라마였다.

설계 과다 변경의 책임을 물어 감사받다

그러나 중부내륙고속도로의 공사 과정은 순탄치 않았다. 특히 착공 7개월 만인 1997년 12월에 닥친 IMF사태는 중부내륙고속도로에는 아주 치명적이었다. IMF사태 후 들어선 DJ정권은 초긴축재정으로 전국의 모든 대단위 사업에 대한 대대적인 구조조정 작업을 시작했다.

그런데 정부의 구조조정 대상에 중부내륙고속도로가 1순위로 들어가고 말았다. 중부내륙고속도로는 근본적으로 타당성이 낮은 데다 노선 변경, IC 건설, 휴게소 설치 등으로 당초 설계보다 850억 원이 증액된 과다설계의 대표적 사례이므로 이를 취소해야 한다는 것이었다. 아울러 감사원과 예산청은 그 책임을 물어 건설교통부 담당자들을 중징계할 방침이라는 소식을 접했다.

나는 참으로 난감했다. 충주 때문에 중앙부처의 젊은 담당자들이 옷을 벗게 된다면, 앞으로 충주의 모든 대단위 숙원사업의 전망이 불투명할 것은 뻔한 일이었기 때문이다. 충주를 적극 도와준 것이 죄가 되어 중징계를 받는다는 것은 나에게는 인간적으로도 괴로운 일이었고, 충주를 위해서도 절대 있어서는 안 되는 일이었다. 나는 감사원을 찾아가 "모든 일은 충주시장 이시종 때문에 일어난 일이므로 건교부 관계자를 벌하지 말고 이시종에게 벌을 달라!"고 매달렸다.

그때만 해도 IMF 이후 구조조정의 서슬이 시퍼렇던 때라 조금만 잘
못해도 공무원들은 옷을 벗어야 할 상황이었다. 그러나 건교부의 적극
적인 소명과 나의 간청이 통했는지 건교부 직
원들이 옷을 벗는 일은 발생하지 않았다. 정
말 하늘이 도왔다고 생각했다. 당시 건설교
통부 남인희 도로정책과장(나중에 행복청장),
김윤환 민주자유당 대표, 홍재형 경제부총리
등 이 세 분은 중부내륙고속도로의 은인으로
영원히 기억해야 할 것이다.

남인희 前행복청장

북충주IC, 잉태되었다 죽고, 죽었다 다시 살아나다

그러나 예산청은 노선 변경과 충주휴게소는 이미 토지보상이 한참
진행 중(나는 만약을 대비해 한국도로공사와 우회노선 부지를 군데군데 미
리 사 두도록 협의했다)이므로 그대로 추진하되, 다만 노은 북충주IC는
취소하는 것으로 결정하였다. 나는 낙담했다. 그토록 공들여 만든 노
은 북충주 IC가 시작도 되기 전에 무너져 버린 것이다.

나는 아픔을 참고 1년을 기다렸다. 그리고 기획예산처 장관이 바뀌
고 1999년 정부의 구조조정의 칼바람이 다소 진정되는 틈을 타 다시
기획예산처를 찾아가 노은 북충주IC를 되살려 달라고 간곡히 설명하
면서 흥정했다. IC를 되살리는 명분으로 IC 부지는 충주시가 부담(약

24억 원)하는 것을 조건으로 내건 것이다. IC 부지를 시에서 부담하는 것은 논리상 모순이지만, 정부가 되살릴 수 있는 명분을 제공해 주어야 했기에 어쩔 수 없는 선택이었다.

이런 나의 제안에 따라 기획예산처는 구조조정으로 취소했던 전국의 20여 건의 IC 건설 중 IC 부지를 지방자치단체에서 제공하는 조건을 내놓은 충주의 노은 북충주IC와 충남의 웅천IC 두 곳만 되살리기로 했다. 그러자 지역 언론이나 시의회에서는 왜 IC 부지를 지방에서 부담하느냐며 한바탕 소란이 일었다.

결국 나는 또 1년을 기다렸다. 2000년 다시 새로 바뀐 기획예산처 장관을 찾아가 능청을 부렸다. "고속도로사업을 추진한다면서 땅값(노은 IC 부지)을 지방자치단체에 부담시키는 게 말이 되는 소리냐."며 땅값을 다시 국가에서 부담해 달라고 강력히 요구한 것이다. 물에 빠진 사람 건져 줬더니 보따리 내놓으라는 격이었다. 그러나 다행히 나의 얘기를 들은 당시 기획예산처 정지택 국장을 비롯한 간부들이 동의하여 장관과 상의한 끝에, 노은 북충주IC 부지도 국가에서 부담하는 것으로 환원됐다. 당시 전윤철 장관, 정지택 국장께 정말 감사드린다.

그런 우여곡절을 겪다 보니 여주~충주 구간이 2002년 12월, 예정보다 늦게 개통되었다. 결과적으로 나는 정부를 상대로 일종의 사기(?)를 친 셈이 되었다. 이렇게 노은 북충주IC는 태어났다가 죽고, 죽었다가 일부 살고, 또다시 나중에 모두 살아나는 질긴 생명의 기적을 보였다.

100년 미래 충주를 위한 최고의 선물

중부내륙고속도로 개통 및 노선 변경으로 잠자던 충주가 움직이기 시작했다. 특히 노선 변경으로 노른자위 땅이 된 대소원면·주덕읍 일대에 그 후 충주첨단산단(60만 평), 충주기업도시(21만 평), 충주메가폴리스산단(79만 평)이 들어서고 현재 충주바이오헬스국가산단(70만 평)이 조성되고 있다.

그래서 지금은 이 일대를 '서충주'라 명하고 충주의 새로운 성장축으로 등장하게 되었다. 앞으로 충주는 서충주가 중심축이 되어 발전할 것이 뻔한데, 이는 전적으로 중부내륙고속도로 개통과 노선 변경의 덕이라고 해도 과언이 아닐 것이다. 중부내륙고속도로가 준공되기까지 실무적인 뒷바라지를 하느라 고생한 충주시청 김동환·조운희·임종각·이경복·이상우 국·과장 및 직원들의 노고에 깊이 감사드린다.

충주 백년대계를 위해 추진한 골치 아픈 사업들

100년 앞을 내다본 충주시청사 신축

1989년 1월 임명직 충주시장 발령을 받고 부임해 보니 당시 문화동에 있던 시청사는 부지 2,780평에 1959년에 건축한 건평 2,039평의 낡고 작은 건물이었다. 이 정도의 건물로는 앞으로 지방화, 세계화 시대에 대비하기에는 태부족임을 직감하고 새 청사를 짓고자 여러 부지를 물색했다. 그중 가장 위치가 좋은 곳이 현 시청사가 들어선 금릉동 일대(당시에는 과수원)였다. 그 지역은 "계명산의 정기가 흘러 모이는 곳"이라는 풍수지리에 밝은 사람들의 권고도 있었지만 내가 보기에도 명당 같아 보였다.

그런데 무슨 돈으로 부지를 마련할 것인가? 나는 곰곰이 생각하다가 시청부지 예정지 부근 일대를 택지개발 하면 시청부지는 공짜로 얻을 수 있다고 판단했다. 이에 따라 1989년 6월 79,000평 규모의 금제지구 택지개발사업을 신청, 1990년 3월 건설부장관 승인받았고 후임 오병하 · 김중구 · 정원영 · 김광홍 · 이석의 시장들이 개발계획 승인, 금제지구 택지개발사업 준공의 과정을 거쳐 1993년 12월 시청사 부지 9,013평을 공짜로 확보했다.

1993년 12월 건축공사를 착공, 내가 다시 민선 충주시장으로 부임 후 층수를 2층 더 높여 1997년 7월 5일 역사적인 시청사 준공식을 하게 되었다. 공사비 총 343억 원을 들여 부지 9,013평에 건평 11,475평 규모의 웅장한 시청사가 위용을 자랑하게 되었다.

시청사는 준공된 지 25년이 된 지금도 항상 새 청사같이 산뜻한데, 그 이유는 청사 신축공사 당시 건축 현장으로 파견된 이규철 건축직 팀장이 새벽부터 밤늦게까지 공사 현장에서 열정적으로 지도 · 감독한 덕이 컸다고 생각된다.

시청사 준공 후 당시 충주시민들 중 일부는 너무 큰 건물을 지었다고 비난도 했지만 제천 · 청주 등 외지 시군민들은 아주 잘 지었다며 부러워하는 상반된 입장을 보였다. 어쨌든 충주시 청사는 당시로는 불후의 작품이 아니었나 생각된다.

골치 아픈 숙원사업들, 스스로 찾아 해결하다

나는 충주의 7대 기틀사업 이외에도 충주시가 언젠가는 해결해야 할 골치 아픈 민원사업들을 나 스스로 찾아다니며 해결하는 데 전력을 쏟았다. 누가 하라고 시킨 것도 아니고 당장 민원이 빗발친 것도 아닌데, 이런 일을 일부러 찾아다니며 즐겼다는 표현이 더 맞는지도 모른다.

충주 쓰레기매립장 건립, 시내 한복판에 있는 구닥다리 화장장을 외곽으로 이전하는 일, 호암지~E마트까지 도심지 2차선 도로(양쪽은 다 6차선도로)를 확장하는 일, 시내 한복판에서 개·염소를 잡아 개울로 시뻘건 피가 흐르는 충주 천변 재래시장을 정비하는 일, 5일 장터를 이전하는 일, 교현천변을 활용하여 충주를 동서로 가로지르는 4차선 도로망을 새로 뚫는 일, 구터미널을 이전 신축하는 일이 그것이다.

또 도심을 관통하는 평면철도를 고가철도화하여 인명 피해를 제로화시키는 일, 탄금대 잔디구장 주변 20만여 평을 사들여 무술공원 만드는 일, 충주댐 물을 산을 뚫어 충주시내로 자연유하시키는 재오개 용수개발사업, 시청사 신축, 무술축제 및 사과축제 개최, 신립장군과 팔천고혼 위령탑 건립 및 김윤후 장군 항몽전승 기념비 건립 등의 사업을 해결했다.

_____ 8전 8승 이시종의 비결

내가 아니면 영원히 해결 못할 수도 있다는 일종의 노파심 내지 자만심 때문이랄까? 나는 이 엄청난 일들은 마치 내가 아니면 안된다는 과대망상(?)에 도취한 사람처럼 추진하여 거의 다 성사시켰다.

충주시민의 생존권을 위해 최소화한 규제구역

남한강 수변구역 지정 범위를 최소화하다

충주는 '물의 도시'라 할 수 있다. 남한강과 달천강이 충주시 한가운데로 지나가다 보니 충주는 물이 많은 대신에 물과 관련된 규제 역시 많을 수밖에 없었다. 1999년 환경부는 한강 수질 보존을 위해 「수변구역」이란 제도를 도입하고자 충주에서 주민설명회를 개최했다.

수변구역은 남한강 경계지역인 충주시 앙성면~충주시 목행동 충주댐 하류까지 45㎞ 길이에 양안 500m를 수변구역으로 묶는 것이었다. 그리고 그 수변구역에는 하류 지역 주민들로부터 징수하는 물이용부담금을 주민 지원사업으로 보상해 주는 대신 농사짓는 것 외에 아무런 행위를 할 수 없는 내용이었다.

주민설명회가 있던 그날, 나는 당시 환경부 수질보전국장에게 강력히 항의했다. 만약 수변구역으로 묶이면 특히 충주시 앙성면 · 소태면 · 엄정면 · 금가면 · 가금면과 칠금동 · 봉방동 · 달천동 · 목행동의 남한강 양안 500m 이내가 모두 개발 규제되어 재산권 행사는 물론 도시개발을 할 수 없기 때문이다. 특히 조정지댐 상류 지역인 도심 지역은 더욱 큰 타격을 받을 수밖에 없다. 그날 나는 수질보전국장에게 만약 수변구역을 묶어야 한다면 충주댐 보조댐 하류까지만 묶고, 보조댐 상류는 절대 지정해서는 안 된다고 협상안을 제시했다.

그 후 환경부는 이러한 나의 협상안을 받아들여 1999년 9월 30일 충주댐 보조댐 하류 지역인 가금면·금가면·엄정면·소태면·앙성면 5개 지역 19개 리 28.877㎢만 수변구역으로 지정하고, 충주댐 보조댐 상류 지역인 나머지 가금면·금가면 일부·칠금동·달천동·봉방동·목행동 지역은 제외하는 결론을 내렸다. 그 후 2012년 3월 충주시 수변구역은 20.56㎢로 다소 축소 조정되어 오늘에 이르고 있다.

그 당시 나의 집요한 반대가 없었다면 지금의 충주시는 어땠을까? 생각만 해도 끔찍한 결과를 초래했을 것이다. 현재 금강 수변구역이 대청댐 하류 지역이 아닌 상류 지역(청주·보은·옥천·영동·대전)의 372.79㎢에 과다 지정된 것에 비하면 충주는 충주보조댐 하류 20.56㎢만 지정되어 대청댐 수변구역의 18분의 1 수준에 지나지 않는다. 대청댐이 상류 지역까지 수변구역으로 묶여 아무런 재산권 행사를 하지 못하는 것에 비하면, 하류 지역만 묶은 충주는 정말 행운아(?)라 할 것이다.

충주댐 상수원보호구역 면적을 대청댐의 100분의 1로

충주댐 계통 광역상수도가 준공되기 전인 1998년 10월, 충주시는 한국수자원공사로부터 충주댐 상수원보호구역 지정을 신청하라는 요청을 받았다. 형식만 충주시가 신청하는 것이지, 실제로는 한국수자원공사가 미리 안을 정해서 충주시에 통보하는 방식이었다.

당시 한국수자원공사의 안은 취수장(충주댐 하류 4㎞에 위치) 상류 좌우의 목행동·동량면 일대와 충주댐 본댐 전체를 상수원보호구역으로 지정 요청해 달라는 것이었다. 나는 참으로 난감했다. 한국수자원공사의 요구대로 할 경우, 동량면·목행동뿐 아니라 충주댐 상류 모든 지역이 규제로 묶여 개발제한은 물론 유람선 운항도 불가능한 상태가 될 것이 자명했기 때문이다.

그래서 고민하던 중 두 가지 묘안을 짜냈다. 첫째 충주댐 본댐은 이미 유람선이 운항하고 있기 때문에 기득권 보호차원에서 상수원보호구역 규제가 불가능하고, 둘째 충주댐 본댐 하류에서 취수장까지 약 4㎞ 구간수계의 양안에서 취수장으로 유입되는 하천수와 하수관로는 모두 취수장 하류로 선형 변경, 우회토록 하여 한 방울도 취수장으로 유입되지 않도록 할 테니 상수원보호구역에서 제외해 달라는 것이었다.

나는 실제로 먼저 공사에 들어갔다. 동량면과 목행동 일대에서 취수장 상류 쪽으로 흘러 들어가는 하천과 하수관로 등을 취수장 하류 쪽으로 선형 변경, 우회토록 하는 차집관거 공사를 하여 양 지역의 오폐수·오수가 한 방울도 취수장으로 유입되지 않게 만드는 등 상수원 보호구역 최소화를 위해 선제공격에 들어간 것이다.

그리고 수없는 협상 끝에 한국수자원공사는 취수장에서 본댐 하류까지 4㎞의 수면 1.7㎢만을 상수원보호구역으로 지정했다. 동량면·목행동·충주댐 상류 지역은 완전히 제외하는 대성과를 거둔 것이다.

1980년 11월 대청댐 상수원보호구역이 179km²로 지정되어 지금까지도 개발제한에 묶인 점을 고려하면, 충주댐 상수원보호구역은 대청댐의 100분의 1 수준으로 최선의 방어전을 펼친 셈이다. 이 역시 시민 재산권 행사 및 지역 개발 차원에서 충주의 잠재적 발전 가능성을 높였다는 점에서 엄청난 성과를 거둔 것이라 하겠다.

충주구치소를 외곽으로 옮기다

법무부는 1967년부터 충주시내 한복판에서 빤히 바라다보이는 계명산 자락에 혐오시설로 인식되는 충주소년원을 설립·운영해 오고 있어서 소년원 이전·폐쇄 요구에 대한 시민들의 원성이 날로 커졌다. 그러다 충주소년원이 폐지된다는 소식에 시민들은 반색했는데, 법무부가 1998년 4~5월경 충주소년원을 폐지하는 대신 그 자리에 충주구치소를 설립하겠다고 나섰다.

시민들은 경악을 감출 수가 없었다. 소년원이나 구치소나 도긴개긴이지 뭐가 다르단 말인가? 나도 강력히 반대했다. 소년원이 있는 자리는 충주의 정기가 흐르는 명당 중 명당자리라 시민 정서에 반할 뿐 아니라 도시계획위원회를 열어 봐야 통과되지 않을 것이 뻔했기 때문이다. 그러던 차에 나는 1998년 6월 4일 시장선거 준비를 위해 그해 5월 중순 시장 자리를 잠시 비우게 되었다.

그런데 6·4 지방선거를 끝내고 다시 시장 자리에 복귀하고 보니 그사이에 법무부와 충주시가 소년원 부지에 구치소를 설립하는

MOU(협약)를 체결한 게 아닌가? 나는 깜짝 놀라 어찌할 바를 몰랐나. 그렇다고 그대로 묵인하기에는 너무 큰 사건이었다. 그래서 법무부를 찾아가 지금 소년원 자리보다 더 좋은 자리를 시장이 책임지고 마련할 테니 제발 소년원 자리만은 피해 달라고 애걸복걸했다.

법무부는 혐오시설로 인식되어 온 구치소 부지를 시장이 책임지고 마련하겠다고 하니 내심 손해 볼 게 없다는 기색이었다. 나는 그길로 내려와 부지 물색에 들어갔다. 우선, 대상 지역은 충주 도심지가 아닌 변두리 지역이어야 하고, 대신 그 지역에는 특별한 혜택을 줘야 한다는 논리를 내세워 물색한 끝에 산척면 현재의 구치소가 있는 그 자리가 적합하다고 판단하였다.

그래서 먼저 개인 땅을 시(市)가 모두 구입한 후 다시 법무부에 이관하는 형식으로 적극 행정을 펼쳐 나갔다. 대신 산척면에는 평택~충주~제천 간 고속도로 계획에 동충주IC를 반영하기로 약속하고, 산척면에 공사 중인 중원골프장을 조기 개장한다고 약속했다.

한편 구치소는 미결수들이 입소하여 머무르는 곳이라 기결수들이 머무는 교도소보다 면회객들이 훨씬 많고, 관할 구역도 충주 이외에 제천·단양·음성·괴산 등 광범위하기 때문에 구치소가 들어오면 산척면은 오히려 장사가 잘될 것이라며 설득해 나갔다. 처음에는 주민 반대가 많았지만, 나중엔 주민들이 수긍하여 2004년 12월 3일, 드디어 충주구치소가 산척면에 개청하게 되었다.

현재 충주와 제천을 두루 관할하는 충주구치소는 직원들도 이주해 오고 면회객도 많으며, 동충주IC도 개통되고, 중원골프장도 개장되면서 산척면 지역 경제 활성화를 이끄는 효자 역할을 한다고 해도 과언이 아니다. 충주구치소 이전은 위기를 기회로 만든 적극 행정의 표본이라 하겠다.

재오개 터널, 충주댐 물을 도심 한복판으로 끌어오다

메마른 도시, 충주

충주는 3면이 남한강, 충주댐, 달천강으로 둘러싸여 있으면서도 정작 시내 한복판에는 물이 없는 메마른 도시다. 충주 시내를 흐르는 충주천, 교현천의 발원지가 짧다 보니 비가 와도 빗물이 금방 빠져나가 항상 메마른 하천이 되고 만다.

그래서 1960년대 국회의원 후보였던 도상철 씨가 충주 마즈막재에 터널을 뚫어 그 너머로 남한강(당시에는 충주댐이 없었음) 물을 끌어오자는 기상천외한 공약을 내걸기도 하였다. 당시 그 공약은 공상 소설처럼 들렸지만, 물이 부족한 충주 도심지 시민들의 뇌리에는 그 공상 소설이 은근히 자리 잡고 있었다.

또한 1999년 당시 박인규 시의원도 시정질문에서 나에게 충주댐 물을 끌어오자는 주장을 펼치곤 했다. 나 역시 21세기는 물 부족 시대임을 예고하고 있고 우리나라도 물 부족국가로 지정된 상태이므로 충주

도심의 물 부족 문제는 하루라도 빨리 해결해야 할 역사적 과제라고 생각했다.

구제역이 '물의 도시 충주'의 기회가 되다

2000년 4월 충주시 신니면 마수리 한 축사에서 갑자기 구제역(口蹄疫)이 발생하자, 반경 500m에 있는 소·돼지·사슴·염소 등 131두는 모두 살처분하고 반경 3㎞ 내에 있는 110두는 수매 처분하는 등 충주시가 온통 난리였다. 충주시를 비롯한 전국 6개 시군에서 우리나라 최초로 구제역이 발생함에 따라 모두가 우왕좌왕하였지만 그래도 전국 6개 시군 중에서는 충주시가 가장 빨리 구제역을 퇴치하였다.

나는 억울하게 죽임을 당한 가축들의 영혼을 달래기 위해 마수리 마을에 축혼비(畜魂碑)를 세우고 강준희 향토작가가 쓴 「진혼문(鎭魂文)」을 낭독하며 축혼제(畜魂祭)를 성대하게 치러 주었다.

그 후 2000년 7월 21일 당시 김성훈 농림부장관은 구제역 퇴치로 고생한 6개 시장·군수와 간담회를 했다. 이때 타 시군에서는 모두 구제역 관련 예산을 지원해 달라고 건의하였으나, 그날 나는 이렇게 엉뚱한 건의를 하였다.

"구제역 관련 예산은 모두 충주시가 부담하고 민원도 제가 알아서 처리할 테니 걱정하지 마십시오. 대신 충주시내 단월·달천·호암·봉방·칠금동 일대에 농업용수가 절대 부족하니 충주 살미면 재오개(마즈막재가 아님)에 터널을 뚫어 충주댐 물을 끌어들이는 재오개 용수

개발사업을 추진해 주십시오."

참으로 기상천외한 건의였지만, 김성훈 장관은 의외로 긍정적으로 검토하겠다고 답하였다. 물론 농림부장관과의 간담회가 있다기에 당시 김동환 충주시 농정국장의 아이디어로 건의는 하였지만, 사실 기대는 하지 않았던 게 솔직한 심정이었다. 그런데 이날이 충주시민들의 공상 소설 같은 오랜 꿈이 현실로 시작되는 날이 될 줄이야……

농림부 실무진, 불가 입장 고수

김성훈 장관의 긍정 검토 지시에도 불구하고 농림부 실무진의 입장은 '농림사업규정'에 농업용수 개발은 농업진흥지역에만 가능토록 규정되어 있는데 재오개 용수개발 혜택을 보게 되는 단월·달천·호암·봉방·칠금동 등은 농업진흥지역이 아니라서 불가하다는 것이었다. 꼭 원한다면 그 일대 농지를 농업진흥지역으로 묶으라는 것이었다. 그러나 그럴 경우 농지규제가 심해져 농민들이 절대 반대할 것이 뻔했다.

그렇다면 방법은 딱 하나, 농림부의 '농림사업규정'을 개정하여 농업진흥지역이 아니라도 농업용수 개발을 할 수 있게 하는 것밖엔 없었다. 그러나 농림부 실무진은 충주시때문에 수십 년간 지켜 온 '농림부규정'을 개

한갑수 前농림부장관

정하는 건 말도 안 된다는 반응이었다. 충주시와 농림부가 옥신각신하니 몇 달이 흐른 후, 나는 2000년 11월 새로 부임한 한갑수 농림부장관을 특별히 초청하여 충주시민들에게 특강을 하게 하였다. 그리고 재오개 용수개발사업을 건의하였다.

농림부, 마침내 충주 재오개 용수개발사업을 승인하다

2000년 12월, 그동안 완고했던 농림부는 마침내 농업진흥지역이 아니라도 농업용수개발을 할 수 있게 농림사업 규정을 개정하고 그 첫 번째 사업으로 충주 재오개 용수개발사업을 선정하였다. 충주가 '물의 도시 베네치아'의 꿈을 실현할 수 있는 기적의 순간이었다. 사실 나는 그동안 큰 노력을 기울였지만, 솔직히 기대 반 의심 반의 심정이었던 터라 누구보다 더 놀라지 않을 수 없었다.

그때부터 농림부는 기본설계, 실시설계, 신규 착수지구 책정 등의 절차를 거쳐 2002년 3월 29일 역사적인 기공식을 하게 되었다. 총 240억 원을 투자하여 충주댐 살미면 재오개에서 충주시내 호암동까지 4.5km, 가로·세로 각 2.2m 도수터널을 경사지게(댐→호암지) 뚫어 충주댐 물이 자연유하토록 하는 사업이다.

또한 충주댐 안에는 대형 취수탑과 980m의 인수로를 만들어 충주댐 물을 터널 입구까지 끌어들이면 경사진 터널을 따라 충주시내로 자연유하토록 하는 것이다. 그럴 경우 통계상 1년 중 댐 수위가 130m 이상인 173일은 댐 물이 바로 도수터널로 자연유하가 가능하고 댐 수위가 130m 미만인 192일은 취수탑에서 충주댐 물을 펌프질한 후 인수로를 통해 터널 입구로 연결하면 거기서부터 자연유하가 가능해지도록 한 것이다.

그리하여 충주천으로 흘러온 충주댐 물이 호암지 · 대제지로 유입되어 호암지 · 대제지에 맑은 물을 공급하고 다시 단월 · 달천 · 호암 · 봉방 · 칠금 일대 687㏊의 농경지에 농업용수를 안정적으로 공급하면서, 동시에 충주천에 하천 유지용수로도 활용한다는 사업계획이다.

그 후 수자원공사와 충주댐 물 공급에 관한 협의를 거쳐 2010년 5월 9일 역사적 준공을 보게 되었다.

악취 나던 호암지, 1급수 호수로

당시 호암지에는 유입되는 물이 절대 부족할 뿐만 아니라 낚시까지 허용하고 있어 물이 썩고 악취가 많이 났다. 그래서 사전에 호암지 바닥을 대대적으로 준설한 후 재오개 용수개발을 통해 충주댐 맑은 물을 끌어들임과 동시에 낚시를 일절 금지했다. 그리하여 오늘날 호암지를 시민들로부터 사랑받는 냄새 안 나는 깨끗한 1급수 호수로 만들게 되었다.

물의 도시 충주, 한국판 베네치아를 꿈꾸며

이 사업의 목적은 농업용수를 안정적으로 확보하는 데 있었지만, 더 큰 숨겨진 목적은 물이 절대 부족한 충주천에 맑은 물을 충분히 공급하여 충주시를 물의 도시, 한국판 베네치아로 만드는 데 있었다. 충주천에 물고기가 떼 지어 노닐고 철새들이 쉼 없이 날아드는 한국판 베네치아 말이다.

농림부 규정까지 개정하면서 공상 소설 같은 이 기상천외한 발상을 현실화시킨 나의 노력에 대해 언젠가는 그 진가를 알아줄 것이라고 확신한다. 이를 위해 처음에 아이디어를 준 1960년대의 도상철 씨, 박인규 시의원, 김동환 시 농정국장 그리고 어려운 결단을 해 주신 김성훈·한갑수 농림부장관과 관계자, 당시 수자원공사 관계자 모두에게 진심으로 감사드린다.

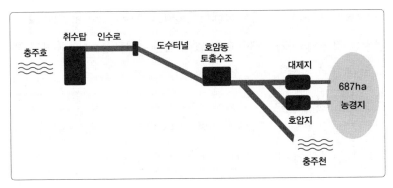

재오개 용수공급 상황도

서민의 대변자, 국회의원이 되다

첫 의원총회,
'법률 없애기 운동'은 통하지 않았다

2004년 5월 31일, 제17대 국회의원이 되고 열린우리당 첫 의원총회가 국회도서관 회의실에서 열리는 날이었다. 나는 국회의원 배지를 달고 천정배 원내대표 아래서 부대표를 하고 있을 때, 꼭 해야겠다고 마음먹은 것 중 하나가 우리나라의 많은 법을 대폭 없애거나 줄이는 '법률 없애기 운동'을 벌이는 것이었다. 이는 오랫동안의 행정 경험에서 우러나온 결론이었다.

사실 2004년 당시 기준으로 대한민국에는 1,106개의 법률, 1,448개의 대통령령(시행령), 1,317개의 총리령·부령(시행규칙), 1,696건의 고시, 556건의 예규 외에 조례 8만 2,574건, 규칙 4만 8천여 건 등 너무나 많은 법규정이 존재하고 있었다. 그리고 그 법규정들은 국민

생활과 기업 활동, 창의성을 규제하거나 재정적 부담을 주는 내용이 대부분이었다. 또한 특정계층·집단의 권익 증진을 위해 국가 예산이 특별 지원됨으로써 나머지 대부분의 일반 국민들과 국가에는 막대한 부담을 주는 내용이 상당수였다.

나는 용감하게도(?) 첫 의총 발언을 이렇게 했다.

"대한민국은 법률공화국입니다. 법률만능주의 공화국입니다. 법률이 너무 많다 보니 대다수 국민들의 권익은 침해되고 국민경제생활이 발목 잡히는 일이 많습니다. 국회는 본래 법을 만드는 곳이지만, 법을 폐지하는 곳이기도 합니다. 17대 열린우리당은 법을 제·개정하는 것보다는 국민생활 편익·경제 활성화를 위해 규제법을 폐지·간소화하는 방향으로 당의 정책 방향을 잡았으면 합니다."

나는 나름대로 열변을 토했는데, 당 동료의원 중 박수 치는 의원은 없었다. 대부분 의원은 무슨 뚱딴지같은 소리를 하느냐는 반응이었다.

돌이켜 보면 우리나라에 대량으로 만들어진 법률들은 70년대 이후 경제성장·국토개발 시대의 산물이라 할 수 있다. 당시 중앙부처의 공무원들은 과 단위, 심지어는 계(팀) 단위로 1개 이상의 법률을 만드는 데 심혈을 기울였다. 게다가 외국서 공부해 온 전문가들이 자기 전공 분야 관련 법률을 만드는 데 전력을 쏟다 보니 결국 많은 법률이 양산될 수밖에 없었다.

결국 국회의원이 되고 꿈꿨던 '법률 없애기 운동'은 시작도 하지 못한 채 좌절되는 비운을 맞이하였다. 비록 '법률 없애기 운동'이 당시 의원들의 지지를 받지 못하였지만, 나는 지금도 꼭 필요하다고 믿는다.

택시총량제 도입 및 개인택시 양도양수 금지

2008년 국회의원에 재선되었을 당시, 나는 우리나라 택시제도는 오랜 역사를 거치면서 나타나는 문제점들을 근본적으로 해결하지 못한 채 곪을 대로 곪아 왔다고 생각했다. 1980년대 초 개인택시 기사 수입은 당시 서기관 공무원 봉급보다 두세 배 이상 많았다. 법인택시 기사들은 너도나도 개인택시 면허를 받고자 아우성이었다. 인구 대비 택시의 비율에 규제가 없다 보니 전국의 기초단체장들은 법인택시 기사들의 압력에 굴복하여 개인택시면허를 남발하고 있었다.

법인택시 기사들의 요구는 되풀이됐고 전국의 기초자치단체장들의 개인택시 증차도 연례행사였다. 그러다 보니 법인택시의 보완적 기능으로 출발한 개인택시가 제동장치를 잃은 채 계속 늘어만 가고 있었다. 1980년대 초에 법인택시 대 개인택시 비율이 8대 2 정도이던 것이 2008년쯤에는 4.5대 5.5 정도(2019년 말 3.4대 6.6)로 역전 현상이 일어났다.

인구 규모에 적정한 택시 총량제 개념이 도입되지 않았고, 개인택시에 대한 양도양수, 상속 · 대리운전이 허용되다 보니 개인택시 프리미엄은 하늘 높이 치솟았다. 근본 대책을 중앙정부에 수없이 건의해 왔지만, 중앙정부는 항상 묵묵부답이었다. 중앙정부도 문제의 심각성은 인식하지만 법인택시기사늘의 복소리가 워낙 크다 보니 엄두를 내지 못했다.

국회의원이 된 나는, 내가 아니면 앞으로 택시 문제를 해결할 사람이 없을 거라는 생각에, 2008년 8월과 2009년 4월 두 번에 걸쳐 택시운송사업진흥을 위한 특별법을 대표 발의하여 민주당 당론으로 확정했다. 이 법안은 ① 사업구역별로 택시 총량제를 도입하여 총량 초과 시 신규 택시 면허금지, ② 총량제를 초과한 택시는 정부가 감차·보상, ③ 감차보상 구역에서는 개인택시 양도·양수 금지를 주요 골자로 하는 것이었다.

이 법안을 발표하자, 전국의 택시업계에 한바탕 소동이 일었다. 택시업계도, 정부의 반대에도 아랑곳하지 않고 이 기회에 택시 문제점에 대한 근본 대책을 해결하지 않으면 앞으로 더 큰 문제가 야기될 것이라는 생각에 강하게 밀고 나갔다. 국토해양부를 설득하는 것은 비교적 쉬운 일이었지만, 개인택시조합과 법인택시조합을 설득하고 그 위에 한국노총과 민주노총을 설득하는 것은 정말 최악의 난제였다. 그러나 나는 솔직하게 읍소하며 집요하게 설득해 나갔다.

"이 길이 택시도 살고 택시기사도 사는 길입니다. 지금 결단을 내려 이 법안에 동의하지 않으면 택시 문제는 영원히 해결하지 못하게 되고, 그러면 개인택시도, 법인택시도 모두 문 닫게 될지도 모릅니다. 사실 이 문제는 진작 해결했어야 할 문제입니다."

처음에는 엄청난 반대가 있었지만 내 뜻에 동조하는 택시업계 대표들이 늘어났다. 나중에는 당시 민주당 정세균 원내대표를 모시고 조합에 가서 설득하여 택시업계가 끝내 나의 의견에 동조하게 되었다. 당시 가장 어렵고 힘든 개인택시 문제에 대한 항구 대책을 추진한 것은 참으로 용기 있는 결단이었다.

2009년 5월, 이 법안은 「여객법 개정안」으로 흡수되어 국회 통과되고 2014년 1월에는 「택시운송사업 발전에 관한 법률」로 발전되었다. 2009년 5월 법안 통과 후 당시 전국개인택시연합회 유병우 회장, 전국택시운송사업조합연합회 박복규 회장, 전국택시노동조합 사무처장과 정세균 원내대표와의 간담회 당시 대화 내용을 소개한다.

정세균 원내대표 : 부족한 면은 있지만 이시종 의원의 입법이 성공해서 다행입니다. (중략) 이시종 의원은 다른 분과 달라서 진돗개처럼 한번 시작한 일은 절대 놓지 않으셔서 걱정을 안 합니다. 당 차원에서 감사하는 마음도 있고….

유병우 회장 : 법안은 통과됐지만, 현실적으로 집행이 되느냐라는 것이 핵심입니다. (중략) 많은 국회의원을 뵈었는데, 택시에 대한 문제를 정확히 파악하고 있는 의원은 이시종 의원이 최고인 것 같습니다.

대형할인점 규제에 손 놓은 정부를 규탄하다

1996년 WTO 규정에 따른 시장 개방 이후 2008년 말 우리나라 대형할인점은 385개로 적정 수준인 200여 개의 2배 가까운 수준이었다. 중소유통업체 수는 75만 개 중 14만 개가 시장에서 사라진 것으로 정부보고서에 나타났다. 전국의 재래시장, 자영업자, 소상공인들은 대형할인점을 폐지 · 축소 · 영업 제한해야 한다고 연일 아우성이었다.

정부는 1996년 시장을 개방할 때 유통시장을 전면 개방했기 때문에 이를 규제하는 것도 WTO 규정 위배라며 수수방관하고 있었다. 외국계 대형할인점들이 이미 우리나라에 상륙해 있었기 때문이다.

GATT 제21조에는 WTO 협정 3년이 지나면 협정 내용에 대해 수정할 수 있는 권한이 각국에 부여되어 있어서, 유통선진국인 일본 · 프랑스 · 영국 · 독일 · 미국 등은 자국의 중소유통상인 보호를 위해 대규모 할인점포(외국계 점포 포함)에 대해 과감한 규제를 하고 있었다.

마침내 유통산업 관련 법개정안 발의 · 통과

나는 2007년 2월 21일 국회 산업자원위원회에서 대규모 점포의 독식으로 중소상인들의 아우성이 민란(民亂) 직전이라며 정부가 중소 유통업체 보호를 위한 특단의 대책을 마련할 것을 촉구하고 나섰다. 그 후 국회의원에 재선된 나는 2008년 6월 19일, 유통산업발전법 개정안을 대표 발의해 국회에 제출했다.

시도지사가 조례로 ① 대규모 점포에 대해 영업 품목을 제한하고, ② 대규모 점포에 대해 오전 10시~오후 9시까지 범위 내에서 영업시간을 제한하며, ③ 월 3~4일 범위에서 의무 휴업일수를 명하는 내용의 법안이었다. 당시에는 대규모 점포에 거의 혁명적 수준으로 규제를 가하자는 내용이었다. 대규모 점포와 중소유통업이 완전 자유경쟁 한다는 것은 중소 영세 상인들에게 불공정하고 '경제주체 간 조화를 통한 경제의 민주화'를 지향하는 헌법정신에도 부합하지 않기 때문이었다.

법안 발의 이후, 나는 산업자원위원회와 국회 본회의에서 재래시장을 비롯한 중소상인들의 상황이 거의 혁명 전야의 수준이라고 심각성을 설파하며 유통산업발전법 개정안의 통과를 줄기차게 주장했다. 그 후 이 법안은 내가 도지사가 된 후 2012년 9월 2일이 되어서야 국회를 통과했는데, 국회를 떠난 후 한참 후에 이 법안이 통과됐다는 소식을 듣고는 너무 늦었다는 생각에 착잡했지만 그나마 다행이었다고 생각했다.

다만, 당초 내가 발의할 때보다 다소 완화된 내용으로 수정된 것이었다. 영업시간 제한도 당초 오후 10시~오전 9시에서 오전 0시~오전 10시까지로 수정됐고, 의무 휴업일수도 월 3~4일 범위가 아닌 월 1~2일 범위로 수정되었으며, 영업품목 제한은 아예 빠져 있었다. 더구나 대규모 점포 개념에서 「농수산물 유통 및 가격 안정에 관한 법률」에 따른 농협유통이 제외되었는데, 이에 대해 씁쓸함을 감출 수 없었다.

완벽하진 않지만 어쨌든 재래시장을 포함한 중소상인들의 절규를 담고 그들의 어려움을 해소하고자 대규모 점포에 대한 영업을 제한하는 내용의 법안을 대한민국 재래시장 역사상 최초로 발의해 통과됐다는 면에서 나름대로 자부심을 가지고 있다. 그리고 서민 대변자로서의 국회의원이 되겠다는 나의 평소 소신이 법안 통과로 나타나서 자랑스럽기도 했다.

중부내륙철도, 소위 제2경부철도의 초석을 놓다

몇 달째 머릿속에 맴돈 김영호 어르신의 그 한마디

1997년 4월 중부내륙고속도로 착공식을 성대히 치르고 난 후 며칠 뒤, 나는 재충주 청주고 동문회에 참석했다. 마침 그 자리에는 지역의 원로이신 대선배 김영호 어르신도 오셨다. 그날 중부내륙 고속도로를 착공했다고 모두가 나를 축하해 주는데 김영호 어르신만이 "이 시장, 이제 고속도로 착공시켰으니까 내친김에 서울~충주~김천 가는 철도 좀 만들어 보지!" 하는 것이었다.

나는 그 순간 참으로 황당했다. 고속도로를 착공시키느라 죽을 고생을 다 했는데 칭찬해 주지는 못할망정 느닷없이 웬 철도? 더욱이 중부내륙 고속도로는 국가계획에 들어 있는데도 착공하기까지 그렇게 힘들었는데, 서울~충주~김천 간 철도는 국가계획에도 전혀 없었다. 당시에는 흘려들었던 그 어르신의 말씀이 몇 달이 지나도 자꾸 뇌리에 남아 각인되기 시작했다.

그해 여름 어느 날. 나는 2000년부터 적용할 '제4차 국토종합계획'과 '21세기 국가기간교통망 계획'을 수립한다는 정보를 보고받고는 갑자기 욕심이 생겼다. 김영호 어르신께서 말씀하신 철도를 이 계획에 집어넣고 싶은 충동이 생긴 것이다.

'바로 이거다!'라며 나는 곧바로 우리나라 지도 위에다 철도 노선을 그려 보았다. 철도 문외한인 나로서는 서울역, 청량리역, 경기 성남역 (전철) 중 어디를 서울 기점역으로 할 것인가가 판단되지 않았다. 그래서 기술적인 문제는 전문가들에게 맡기기로 하고, 나는 큰 틀로 오직 서울~충주~문경 간 철도 노선만을 주장하기로 마음먹었다.

1997년 여름부터 나의 '서울 가는 철도를 향한 꿈의 여행'이 본격 시작되었다.

제4차 국토종합계획에 중부내륙철도를 반영하다

나는 건설교통부와 철도청은 물론 국토연구원, 교통개발연구원 등을 방문해 서울~충주~문경을 잇는 중부내륙철도 건설을 건의하고 당위성을 설명하기 시작했다. 국토의 중앙을 남북으로 관통하는 철도가 없다는 사실을 설명하면서 국가 균형개발 차원에서 소외된 중부내륙 지역에 철도가 꼭 필요함을 강조했다. 그러나 중앙의 관계자들은 수조 원이 들어가는 철도사업을 시골 농로 만들 듯 할 수 있겠느냐며, 그 노선에는 대도시도, 대규모 산업단지도, 주요 국가시설도 없고, 또 이미 착공한 중부 내륙고속도로와 중복된다는 이유로 펄쩍 뛰었다.

그런데도 서울 오가기를 쉬지 않고 한 1년쯤 반복하니 중앙 관계자들이 차츰 귀를 기울이기 시작했다. 그렇게 3년간 정말 끈질기게 설득한 끝에, 1999년 말에 발표된 21세기 국가기간교통망계획과 2000년 초 발표된 제4차 국토종합계획에 중부내륙철도가 반영되는 쾌거를 이루어 냈다. 성남(판교)~여주 구간은 전반기(2000~2009년) 계획으로, 여주~충주~문경 구간은 하반기(2010~2019년) 계획으로 반영된 것이다.

철도교통의 불모지인 충주가 철도교통의 새로운 중심지로 발전할 수 있는 밑그림이 그려진 역사적 순간이자, 일제 강점기 때 대전 쪽으로 빼앗긴 경부철도를 100년 만에 중부내륙철도라는 이름으로 되찾을 수 있는 영광의 순간이었다.

그런데 이 계획이 발표된 2000년 초 당시 충주시민들의 반응은 그저 덤덤했다. 중부내륙철도가 제4차 국토계획에 반영되는 엄청난 쾌거를 이뤘음에도 시민들의 환호와 박수는 보이지 않았다. 나는 시민들의 무반응에 서운함을 느꼈지만, 한편으로는 중부내륙철도의 필요성에 대해 보편화되지 않은 상태라 시민 반응이 덤덤했을 것이라며 이해했다.

'국회의원이 되어야 중부내륙철도를 하겠구나!'

중부내륙철도가 힘들게 제4차 국토종합계획 및 국가기간 교통망 계획에 반영되었지만, 이 중 여주~충주~문경 구간은 하반기 계획으로 반영되었다. 나는 다시 중앙부처를 설득하여 여주~충주~문경 구간도 전반기 계획으로 앞당기고 2002년 정부 예비타당성조사 대상에까지 포함했다. 그런데 막상 예비타당성 결과를 보니 B/C가 0.63에 지나지 않아 2003년도 정부예산안에 반영되지 못하고 말았다.

이제 남은 방법은 국회에서 기본계획비를 반영하는 것밖에 없었다. 2002년 12월 당시 국회 건설교통위원회에서 기본계획비 19억 원을 반영하여 국회 예산결산위원회로 가는 데까지는 성공했다. 그리고 예결위 계수조정위원들을 미리 설득하여 중부내륙철도 사업비를 국회 증액 1순위로 반영하기로 사전 약속이 이미 되어 있는 상태라 이제 의사봉만 두드릴 순간이었다.

바로 그 순간, 심각한 사건이 일어났다. 계수조정 위원 중 한 분인 송광호 의원(제천·단양 지역구)이 뒤늦게 본인 지역구인 원주~제천 간 복선전철 사업을 주장하고 나선 것이다. 그 당시 정부 측에서는 국회에서 증액하는 신규 철도로는 남부지역인 울산~부산 간 전철(동해남부선)과 중부지역인 여주~충주 간 전철 등 2건만 인정해 주겠다고 사전 약속이 돼 있었다. 그런데 갑자기 계수조정위원 중 한 분이 본인 지역구 관련 복선전철화 사업을 주장하면서 모두가 난감해진 것이다.

정부 측에서는 신규 증액사업 3개는 절대 안 된다며 중부지역에서 하나만 인정해 줄 테니 그 선택은 계수조정위원들이 알아서 하라는 답변이 돌아왔다. 계수조정 소위원들 간에 심한 논쟁이 있었지만, 가재는 게 편이라고 결국에는 원주~제천 복선 전철화 사업이 신규 증액사업으로 결정되고 여주~충주 간 철도는 탈락하는 비운을 맞게 되었다.

그날 자정이 지난 새벽 1시쯤 국회 홍재형 의원실(예결위원장)에서 여주~충주 간 철도가 탈락했다는 소식을 듣고 정말 통곡하지 않을 수 없었다. 그날 새벽 충주로 다시 내려오면서 중부내륙철도 사업은 일개 시장의 힘으로는 도저히 불가능한 일임을 깨달았다.

그때는 송광호 국회의원이 몹시 원망스러웠다. 그러나 나중에 생각해 보니 자기 지역구를 위해 최선을 다한 송광호 의원이 오히려 존경스러웠다. 참고로 이때 송광호 의원 주장으로 시작한 원주~제천 간 복선전철은 1조 1,175억 원이 투자되어 2021년 1월 개통되었다.

송광호 前국회의원

그리고 그날부터 나는 지역 발전을 위해 중부내륙철도사업과 같은 거대 SOC사업을 추진하기 위해 국회의원이 되지 않고는 도저히 안 되겠구나 하는 생각을 절절하게 하였고, 그날의 그 사건이 그 이듬해 나를 국회의원에 도전케 한 가장 큰 계기가 되었다.

중부내륙철도, 국회의원이 되어 끝내 성사시키다

나는 2004년 4월 15일 '이시종을 뽑으면 전철 타고 서울 간다'를 캐치프레이즈로 국회의원에 당선됐다. 그해 6월 국회에 등원하면서 제일 먼저 챙긴 것은 당연히 중부내륙철도였다. 나는 중부내륙철도를 예산에 반영하기 위해 예산결산특별위원회로 배정받았다. 그때부터 기획예산처와의 피나는 힘겨루기가 시작됐다. 예결위 회의장에서 집요하게 질의하고, 중부내륙철도 노선 관련 지역구 국회의원들과 함께 기획예산처장관을 만나고, 당시 열린우리당 정책위가 기획예산처를 압박해 나갔다. 동원할 수 있는 수단과 인맥은 다 동원했다.

그러기를 3개월여가 지난 2004년 9월 중순 김병일 기획예산처 장관으로부터 전화가 왔다.

"이시종 의원한테는 못 당하겠다. 중부내륙철도 기본계획 수립 용역비 14억 원을 반영하겠다."

장관과 행정고시 동기인 나는 그저 감사하다는 말을 반복하는 것 외는 달리 할 말이 없었다. 중부내륙철도는 그의 결단에 의해 시작됐다는 점을 밝혀 두고자 한다.

중부내륙철도사업을 1997년부터 시작하여 국토종합계획에 반영되는 데 3년, 기본계획비가 반영되는 데 5년, 총 8년 만에 본격 추진할 수 있게 된 역사적 순간이었다. 김병일 장관의 전화를 끊고 나서 국회 사무실에서 창밖을 내다보니 비둘기 한 마리가 힘차게 하늘을 날아오르고 있었다. 마치 그 비둘기가 희망의 중부내륙 철도를 타고 충주로 달려가는 것만 같았다.

시장직을 중도 사퇴하고 국회의원이 된 것에 대해 마음 한구석에 불편하게 자리 잡고 있던 시민들에 대한 일종의 죄책감을 일시에 씻어 내는 순간이기도 했다. 시장 재직 시 힘이 부족해 이루지 못한 중부내륙철도사업을 꼭 이루기 위해 국회의원에 출마했다는 그동안의 나의 넋두리가 결코 헛되지 않게 된 것이다. 이 철도사업을 최초로 내게 말씀해 주신 김영호 어르신께서 환하게 웃고 계실 모습이 스쳐 지나갔다.

중부내륙철도(이천~충주), 드디어 개통되다

1997년부터 주장해 온 중부내륙철도가 2021년 12월 30일, 23년 만에 드디어 개통되었다. 이천(부발)~성남(판교) 간은 수도권 전철로 이미 개통되었고, 충주~이천(부발) 간은 일반철도로 개통된 것이다. 2027년 완공 목표인 광주~수서역 간 복선전철이 완공되면 문경~충주~이천~광주~수서역 간 환승 없이 운행된다.

중부내륙철도와 관련하여 특히 잊어서는 안 될 세 분을 소개한다. 첫째는 1997년 당시 아무도 생각하지 못했던 기상천외의 아이디어를 주신 김영호 어르신, 중부내륙철도는 '김영호 철도'라고 할 만하다. 둘째는 1997년 중부내륙철도 노선을 최초로 제4차 국토종합계획에 반영시켜 준 이건춘 건설교통부장관, 셋째는 2004년 중부내륙철도 기본계획비 예산 14억 원을 정부예산에 반

김병일 前기획예산처장관

영시켜 준 김병일 기획예산처장관이다. 그리고 이 철도가 개통되기까지 윤진식 · 이종배 · 경대수 · 임호선 국회의원, 한창희 · 김호복 · 우건도 · 조길형 충주시장, 조병옥 음성군수 등의 많은 도움이 컸음을 밝힌다. 특히 윤진식 국회의원의 복선철도 주장은 정부계획에 반영되지는 않았지만 장기적으로 꼭 해야 할 당연한 주장이었다고 생각한다.

1997년 4월 아이디어를 주신 김영호 어르신이 2015년 11월 중부내륙철도 기공식 때 오셔서 열렬한 박수를 받았는데, 끝내 중부내륙철도 준공을 보지 못하고 2017년 9월 28일 세상을 떠나셨다. 2021년 12월

윤진식 前국회의원　　　이종배 국회의원　　　경대수 前국회의원　　　조길형 충주시장

30일 이천~충주 간 중부내륙철도가 개통될 때 나는 고인이 되신 김영호 어르신의 사진을 들고, 김병일 전 기획예산처장관과 함께 중부내륙철도를 시승했다.

　김영호 어르신의 아이디어가 중부내륙철도(이천~충주~문경)를 낳고, 더 나아가 문경~김천을 거쳐 남부내륙철도(김천~거제)로 발전되어 대한민국 국토의 중앙을 종단하는 소위 제2 경부철도망(서울~충주~김천~거제)을 형성하게 될 것이다.

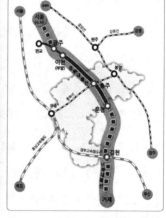

중부내륙철도 및 소위 제2경부철도망

청주공항 MRO의 한계와 헬기 MRO의 재탄생

인천공항 민영화 → 청주공항 민영화 → 청주공항 MRO(?)

2008년 새정부는 공기업 선진화란 이름으로 공공기관의 민영화·통폐합·기능 재조정 작업이 본격적으로 시작됐다. '작은 정부'를 목적으로 공기업의 민영화가 시작됐는데, 그 민영화 대상에 인천국제공항이 포함되어 있었다.

나는 당시 민주당 동료의원들과 함께 인천국제공항 민영화에 적극 반대했다. 이유는 세계 1등 공항으로 평가받고 있는 인천국제공항을 굳이 민영화할 공익적 목적이 없고, 잘나가는 인천국제공항을 민영화하는 것은 민간인에게 특혜를 주는 것으로 생각했기 때문이다.

당시 국토해양위의 위원 대다수가 인천공항 민영화에 반대하는 분위기여서 정부는 결국 인천공항 민영화 추진을 포기할 수밖에 없었다. 그런데 얼마 지나지 않은 2009년 당시 국토해양부가 인천국제공항 민영화를 다시 추진했다. 지방공항 하나를 끼워서 인천공항 민영화와 세트로 추진하면 반대 여론을 무마할 수 있을 것이라는 생각에서였는지 인천공항과 청주공항 민영화를 함께 추진하는 것이었다.

청주시민들과 사회단체 일부에서 청주공항 민영화를 반대하고 나섰다. 나는 당시 청주공항 민영화에 대한 반대 논리를 찾고자 영국 히스로공항을 찾아갔다. 히스로공항은 당시 B사가 운영권만 위탁받아 운영 중이었는데, B사는 운영 수익만 가져가고 시설보수·확장 등에는 손을 놓다 보니 공항 건물은 낡을 대로 낡은 데다 심지어 공항 안에 빗물이 새서 양동이로 물을 받는 진풍경이 펼쳐졌다.

당시 청주공항 민영화가 답보상태에 있을 때인 2010년 2월 9일 당시 이명박 대통령은 청주공항을 방문하여 청주공항 MRO 건설을 약속했다. 당시 국토해양부는 2009년 12월 구체적인 국가 지원 대책 없이 단지 청주공항을 항공정비시범단지로 지정하고 단지개발시행자를 국가가 아닌 충북도로 명시하여 발표한 것이다. 따라서 인천공항 민영화의 구색을 맞추기 위해 청주공항 민영화가 태어나고, 청주공항 민영화를 위해 청주공항 MRO가 태어난 것처럼 오해받을 수 있는 일이었다. 그러나 당시 도민들 사이에서는 MRO가 마치 황금알을 낳는 거위인 것처럼 과대 포장되어 있었다.

이렇게 시작된 청주공항 MRO가 잘 성장할 리 만무했다. MRO라는 사업은 초기에 막대한 자본이 투자되어 국가의 대규모 지원이 필요하지만, 국내의 MRO 시장 규모는 당시 총 2~3조 정도로 추산되었고, 그중에서도 항공사 자체 정비물량을 제외하면 외주 발주 물량은 겨우 1조 원 남짓한 규모로 추정되었다. 더군다나 이 외주 발주 물량을 모두 청주공항 MRO로 끌어온다는 보장도 없었고, 모두 끌어온다 해도 국제 경쟁력이 있는지 확신이 서지 않았다.

이렇게 추진하던 인천공항 민영화는 끝내 좌초되었고, 청주공항 민영화도 결국 없던 일이 되었다. 그 후 청주공항 MRO도 국가의 관심 밖으로 벗어나자 결국 국가의 전폭적 지원을 전제로 사업 참여를 검토했던 아시아나 항공사는 충북도의 만류에도 불구하고 손들고 나가고, KAI는 나의 무능 탓인지 본사가 있는 경남 사천 비행장으로 사업장을 변경하였다.

나의 기우에 지나지 않겠지만, 청주공항 MRO는 청주공항 민영화에 의해, 청주공항 민영화는 인천공항 민영화에 의해 이용된 느낌을 감출 수 없다.

그리고 수십 년 전부터 주장하던 영남권 신공항이 잘 추진되지 않자, 영남권 5개 시도는 일사불란하게 정부에 요구하여 결국 박근혜 정부 때 영남권 신공항을 하지 않는 대신 김해공항 확장(4.1조 원 정도), 대구공항 이전(12.9조 원 정도)이란 큰 약속을 받아냈다.

그러나 청주공항 MRO 실패 후 우리 충북은 당시 충북도의 자체 책임으로 여론몰이 되었고, 결국 정부로부터 한 푼도 보상받지 못했다. 영남권 신공항과는 대조적이라는 생각에 씁쓸함을 감출 수 없다.

회전익 항공기(헬기), MRO로 다시 태어나다

2015년 1월 청주공항 MRO가 무산되자 충북도는 일반 항공기가 아닌 회전익 항공기(헬기) 위주의 MRO를 추진하는 것으로 전략을 바꾸었다. 2019년 1월 에어로폴리스 1지구(13만 3천㎡)와 에어로폴리스 2지구(411천㎡)를 국내 최초의 회전익 항공기 정비단지로 조성키로 하고, 2022년 12월 준공을 목표로 공사에 들어갔다.

여기에 헬기정비업체 4개사, 헬기임대업체 3개사, 헬기부품 관련업체 16개사를 유치하는 MOU를 체결하는 한편, 도내 대학·고교와 연계 항공 정비인력 양성을 추진하여 매년 339명의 항공정비 인력을 육성해 나가고 있다.

2021년 11월에는 에어로폴리스 2지구에 소방청 119항공정비실(부지 37,933㎡)을 유치함으로써 회전익 항공기 정비 중심의 MRO 단지로 다시 태어날 수 있게 되었다. 119항공정비실을 유치하는 데는 전형식 충북경제자유구역청장과 장거래 소방본부장을 비롯한 관계 직원들이 결정적인 역할을 했다.

전형식
前충북경제자유구역청장

세종시를 지켜 주세요

모질고 힘들게 잉태한 세종시

"총리는 '세종시에 행정부처가 오면 나라가 거덜 난다.'고 했습니다. 이는 명백한 '국가 모독죄'라고 봅니다. '거덜'은 양반의 말을 몰면서 '물렀거라! 나리님 행차하신다.'고 허풍 치는 종을 말합니다. 발언 취소하시고 국민께 사과하십시오, 총리!"

2010년 2월 18일 제287회 국회 본회의 대정부 질문에서 내가 당시 정운찬 국무총리에게 한 질문의 첫 대목이다. 정운찬 총리는 2010년

1월 국무총리 지명을 받자마자 세종시 수정안, 즉 세종시를 행정도시가 아닌 경제도시로 만들자는 주장을 펼쳤고 한발 더 나아가 세종시를 경제도시로 하는 대신 "충청도 사람 섭섭잖게 해 주겠다."고 했던 직후다.

행정수도 이전은 헌법위반? 이상한 헌법 재판소 판결

행정수도 세종시를 공약으로 내걸고 대통령에 당선된 노무현 대통령은 2003년 12월 29일 「신행정수도건설을 위한 특별조치법」을 제정하여 청와대·행정부·국회 등 모든 정부기관 이전을 추진했다.

그러나 2004년 10월 21일 동법이 헌법재판소의 위헌 결정으로 행정수도 이전이 무산되었다. 당시 헌법재판소는 "수도가 서울이라는 것은 불문 헌법이다. 따라서 수도 이전은 헌법 개정 사항인데 국회가 법률로 수도 이전을 결정한 것은 위헌이다."라며 재판관 9명 중 8대 1로 위헌 결정을 내렸다. 참으로 이해가 잘 안되는 결정이었다. 세종시의 1차 위기가 시작된 것이다.

우리나라에 불문 헌법이 존재한다는 얘기도 처음 들었고, 서울이 불문 헌법상 영원한 수도라는 것도 처음 들었다. 그렇다면 1394년(세조 3년) 조선 초기 때 수도를 개성에서 한양으로 이전한 것도 위헌이라는 논리다. 따라서 위헌에 의해 성립된 서울은 이미 수도가 아니므로 수도가 아닌 서울을 세종시로 이전하는 것은 전혀 위헌이 아니라는 논리가 성립된다.

헌법재판소가 이런 결정을 내렸지만, 악법도 법이기 때문에 노무현 정부는 이를 따를 수밖에 없었다. 그래서 2005년 2월 여야 합의로 궁여지책으로 내놓은 안이 「행정중심복합도시 건설을 위한 특별법」 제정이다. 즉, 「행정수도」가 아닌 「행정중심 복합도시」를 만들어 청와대와 국회는 서울에 그대로 두고 행정부처만 세종시로 이전하는 것으로, 이는 수도 이전이 아니기 때문에 위헌이 아니라는 것이다. 충청인들은 자존심이 상했지만 그래도 참고 받아들였다.

이명박 정부의 세종시 백지화 시도

그런데 2008년 이명박 정부가 출범하고 나서 행정중심 복합도시안조차 백지화될 처지에 놓였다. 세종시의 2차 위기가 찾아온 것이다. 당시 이명박 정부는 세종시를 '행정중심복합도시'에서 '교육과학 중심의 경제도시'로의 수정안을 추진하기 시작했다. 국무총리로 지명된 정운찬 국무총리는 2010년 1월 11일 세종시 수정안을 공식 발표하기에 이르렀다. 곧이어 2010년 3월 23일 세종시를 교육과학 중심의 경제도시로 하는 내용의 「행정중심복합도시건설을 위한 특별법 개정안」을 국회에 제출한 것이다.

나는 너무나도 충격을 받은 나머지 2010년 2월 8일 국회 대정부 질문에서 정운찬 총리를 정말 매섭게 몰아붙였다. 피를 토하듯, 우향(憂鄕) 심정에서 정운찬 총리에게 세종시 수정안을 폐기하라고 주장했다.

이처럼 충청권과 야당의 엄청난 반대에도 불구하고 이명박 정부는 세종시 수정안을 계속 밀어붙였다. 2010년 2월 9일 이명박 대통령은 충북을 방문하여 "세종시 수정안으로 충북은 최대 수혜 지역이 된다. 잘되는 집안은 강도가 들어오면 하던 싸움도 멈춘다."며 충청인을 자극하는 발언도 서슴지 않았다.

2010년 6월 22일, 이명박 정부는 국회 국토해양위원회에 동 법안을 상정했으나 국토위 소속 31명 중 찬성 12표, 반대 18표, 기권 1표로 부결됐다. 다시 2010년 6월 29일 국회 본회의 표결에서 결국 찬성 105표, 반대 164표, 기권 6표로 부결됨으로써 '행복도시 수정안'은 완전히 폐기되고, 원안인 '행정중심복합도시건설을 위한 특별법 개정안'이 통과되었다.

이렇게 논란도 많았고 우여곡절도 많았던 세종특별자치시는 노무현 대통령의 당초 의도보다 못 미치는 반쪽짜리가 되었지만 2012년 7월 17번째 광역지방자치단체로 공식 출범하게 되었다. 이때 충북도의 청원군 부용면 8개 리가 세종특별자치시에 편입되었다.

세종특별자치시가 출범하기까지 충청권 시민·사회단체와 함께 특히 충북의 이용희·홍재형 국회의원을 중심으로 노영민·변재일·오제세·서재관·김종률 국회의원들이 분담하여 전국의 국회의원들을 설득하는 등 똘똘 뭉쳐 대응해 나갔다.

아래는 2010년 2월 8일 국회 본회의에서 한 나

이용희 前국회의원

서재관 前국회의원

의 대정부 질문 요지이다. 다소 거친 표현들이 없지 않으나, 그 당시
세종시 수정안을 막기 위한 나의 처절하고 절박한 심경을 그대로 표현
한 것이니만큼 널리 이해를 구한다. 특히 정운찬 총리께 나의 거친 표
현에 대해 거듭 사과드린다.

이시종의 대정부 질문
 — 제287회 국회 (임시회) 본회의 2010. 02. 08. 10시

존경하는 김형오 국회의장님과 의원 여러분! 정운찬 국무총리를 비
롯한 국무위원 여러분! 충북 충주 출신 민주당 이시종 의원입니다.

국민 여러분! 세종시는 정책적 측면에서 보면 최고의 정책입니다. 헌
법 제120조 2항 국가의 균형발전 의무를 성실히 이행한 완벽한 작품
입니다.

특히 세종시는 혁신도시, 기업도시와 함께 하나의 클러스터를 형성하
여 국가 균형발전과 수도권 과밀 해소라는 두 가지 목표를 동시에 거
양하는 것입니다. 그리고 세종시는 노무현 대통령만의 특허품이 아닙
니다. 박정희 대통령 이후 역대 대통령들의 행정수도 이전이라는 국정
철학을 노무현 대통령이 집대성한 것입니다.

그런데 세종시는 정치적 측면에서 보면 불운아입니다. 힘없고 작은 충
청도에 태어났다는 게 불행의 씨앗이 됐습니다. 만약 다른 지역에서 태어
났더라면 수정안의 '수' 자도 꺼내지 못했을지도 모릅니다.

그리고 세종시는 갓 태어나자마자 부모(노무현 대통령)가 돌아가시어

천덕꾸러기 고아로 전락했습니다. 그런데 새로 들어온 부모(이명박 대통령)가 세종시를 의붓자식이라고 학대합니다. 밥도 안 주고 굶겨 죽이려 합니다.

국민 여러분! 우리는 이미 태어난 지 다섯 살 된 세종시라는 의붓자식을 살려야 합니다. 우리 모두 의붓자식 구명운동, 세종시 원안 사수에 동참해 주실 것을 국민 여러분께 간절히 호소하면서 질의에 들어가겠습니다.

총리, 나와 주세요. 세종시 관련 충청인을 비하 · 능멸 · 폄훼 · 무시하는 이명박 정부 관계자들의 발언이 도가 넘쳤습니다. 총리께서는 지명받자마자 '충청도 사람 섭섭잖게 해 주겠다.'는 말로 충청인들을 거지 취급했습니다.

또한 대통령은 국민과의 대화 때 '지난 대선 때 531만 표차로 이겼는데 충청도 표가 이탈됐더라도 승리했을 텐데 왜 세종시 원안 공약을 했습니까?'라는 사회자의 질문에 '충청도에 가서 얘기할 때 어정쩡했다며 지금 생각하면 부끄럽고 후회스럽다'고 했습니다.

대통령은 5천만 국민이 쳐다보는 TV에서 5백만 충청인을 도매금으로 깡그리 망신 · 폄하 · 능멸 · 모욕 · 비하했습니다. 이는 분명히 형법 311조 충청인 모욕죄에 해당한다고 봅니다. 충청인을 비하 · 능멸한 이런 발언에 대해서 사과하실 용의 있습니까? (중략)

국민 여러분! 차라리 이 기회에 저는 행정수도 자체를 세종시로 이전할 것을 제안합니다. 서울은 600년 된 정도이기 때문에 수도 이전은 위헌이라는 헌법재판소 판결이 있었지만, 그 논리대로라면 조선 초기 470여 년 된 정도인 개성에서 한양으로 수도 이전한 것도 위헌입니다. 위헌의 위헌은 합헌일 수 있습니다. 그러면 수도권 과밀과 균형발전, 행정 비효율 문제 동시에 해결됩니다.

이명박 대통령께 건의드립니다. 세종시 수정안 절대 안 됩니다. 충청도민들 설득한다고 설득당할 사람도 아닙니다. 국회 통과 불가능합니다. 안 되는 것을 가지고 국력 낭비, 시간 낭비, 갈등 유발하지 마시고 지금이라도 빨리 거두시기 바랍니다.

국민 여러분! 세종시 원안 사수를 위해 우리 민주당과 야당, 그리고 5백만 충청인은 세종시 백지화를 시도하는 어떤 세력과도 목숨 걸고 싸워 승리해 낼 겁니다. 국민 여러분의 뜨거운 동참과 성원 부탁드립니다. 감사합니다.

'생명과 태양의 땅' 충북도정 12년

충북의 100년 미래 비전을 제시하다

'생명과 태양의 땅' 원저자는 하느님, 이시종은 사용자일 뿐

2010년 7월 민선 도지사에 부임한 나는 충북의 비전을 어떻게 그릴 것인가를 놓고 깊은 고민에 빠졌다. 그 당시 나는 지구촌이 나아가야 할 미래 산업은 바이오헬스·화장품 등과 관련된 생명산업, 그리고 태양광·이차전지 등의 신재생에너지산업, ICT산업의 백미라고 할 수 있는 반도체 산업 등이라고 보았다. 이들 산업은 미래에도 수요가 지속해서 증가할 뿐 아니라 다른 산업을 견인하여 미래 먹거리를 창출할 수 있는 핵심 산업이라고 생각하였다.

그래서 도정구호로 모든 생명의 원천인 에너지를 보존하고 융성하게 한다는 뜻으로 '생명과 태양의 땅 충북'을 구상하였다. 그런데 막상 이를 발표하려고 보니 종전의 일반적인 도정구호 스타일이었던 '힘 있는 충북', '희망찬 충북', '잘사는 충북' 등과는 스타일도 다르고 문장도 길어 선뜻 대외적으로 내놓을 용기가 없었다.

2010년 12월 어느 일요일, 나는 청주 상당 교회 예배에 참여하였는데, 그날 담임목사인 정삼수 목사님이 한 시간 동안 구약성경 창세기 1장에 나오는 「생명과 빛」을 설교하는 것이었다. 설교를 듣는 순간 나는 "생명과 빛이 바로 생명과 태양이고, 이 말씀이 성경에 나오는 하느님 말씀이구나!" 하고 생각했다. 든

정삼수
前청주 상당교회 담임목사

든한 백을 얻었다고 생각한 나는 용기를 얻어 다음 날 출근하자마자 주저하지 않고 '생명과 태양의 땅 충북'이란 구호를 발표했다.

이처럼 고민에 고민을 다 하여 만든 '생명과 태양의 땅 충북'은 그 후 언제나 신선하고 영원불멸의 힘을 준다는 극찬을 받았다. 2012년 국립 국어원이 선정한 전국 16개 광역자치단체 캐치프레이즈 가운데 '국어로 도정목표를 가장 잘 표현한 최우수 캐치프레이즈'로 뽑히기도 했다.

그 후 나는 상당교회를 다시 들러 정삼수 목사님과 성도들에게 솔직히 고백했다.

"도정구호로 정한 '생명과 태양의 땅 충북'은 지난번 정삼수 목사님의 설교를 듣고 정한 겁니다. '생명과 태양의 땅 충북'의 원저자는 하느님이시고, 중간전달자는 정삼수 목사님이시며, 저는 사용자일

뿐입니다. 앞으로 저는 생명이 살아 숨 쉬고 태양이 찬란하게 빛나는 충북을 만드는 데 혼신의 힘을 다하겠습니다."

그 순간 우레와 같은 박수와 함성이 쏟아졌다.

놀라운 것은 이 캐치프레이즈가 탄생한 지 12년이 되어 가는 지금도 지루하다는 느낌보다는 항상 새롭고, 시간이 갈수록 오히려 신선한 이미지를 주고 있다는 평을 받고 있다는 점이다. 하나의 캐치프레이즈가 이렇게 12년씩이나 긴 생명력을 갖고 사랑받는다는 것은 아주 드문 일이다. 나는 지금도 '생명과 태양의 땅 충북'은 아주 탁월한 선택이었다고 자부한다.

만년 2%대의 숙명론을 깨고 4% 충북 경제에 도전하다

충북은 1896년 개도(開道) 이래 인구 등 모든 면에서 전국대비 2%라는 작은 프레임에 갇혀 있었다. 항상 제주도 다음으로 작은 도라는 오명(?)에서 벗어나지 못했다. 1970년대 이후 대한민국이 폭발적 성장 연대기를 거치는 과정에서도 충북은 여전히 2%대의 숙명론이라는 틀속에 갇혀 있었다.

2010년 7월 도지사에 부임한 나는 그동안 충북의 숙명론처럼 굳혀져 왔던 전국 대비 2%대의 벽을 깨고 경제만은 4% 진입을 향한 도전장을 과감히 던졌다. 많은 경제학자가 이를 다소 의아하게 여겼지만, 도지사 임기 중 전국 대비 4% 충북 경제의 도전은 오랫동안 굳어진

2%대라는 일종의 경제 위기감에서 벗어나고자 하는 충북의 절규라고 생각했다.

전국 대비 4% 충북 경제라는 특이한 목표를 제시하는 데는 충북연구원 정초시 원장과 청주대학교 주종혁 교수의 자문과 논리가 뒷받침되었다. 이러한 목표와 노력에 따라 충북의 GRDP(지역내총생산)는 2009년 40조 원에서 2020년 67.8조 원으로 69.5% 증가하여 경제성장률 전국 1·2위를 기록하였으며, 전국 대비 경제 비중은 2009년 2.99%에서 2020년 3.69%까지 치솟았다. 인구는 전국 대비 3%인 데 비해 경제는 전국대비 4%를 향해 힘차게 나가고 있다.

6대 신성장산업을 집중 육성하다

2010년까지의 충북은 농업道에서 크게 벗어나지 못하는 등 항상 약한 도세(道勢)를 면치 못하고 있었다. 2010년 도지사에 부임한 나는 도지사의 책무 중 가장 중요하고 시급한 것은 도민들이 먹고사는 문제, 즉 경제를 키우는 것이라 생각했다. 특히 충북은 타 시도에 비해 바다가 없다 보니 수출 통로인 바다와 연관된 자동차·조선·철강·화학 등 전통 기간산업들이 입지하기 어려운 취약한 경제구조를 안고 있었다.

이런 취약한 경제구조 속에 갇혀 있는 충북의 경제를 어떻게 일으킬 것인가를 놓고 고민하던 중 마침 도정 캐치프레이즈인 '생명과 태양의 땅 충북'의 뜻에도 어울리도록 생명산업으로 바이오(의약품·한방천연물), 화장품·뷰티, 유기농·식품을, 태양광에너지산업으로 태양광·

신에너지, ICT · 반도체융합, 신교통 · 항공 등을 '6대 신성장산업'으로 정해 충북의 미래 먹거리 산업을 제시했다.

바이오산업: 오송탱천(五松撑天)

충북 바이오산업은 1997년 정부가 오송 제1 국가생명과학단지를 국가산업단지로 지정 · 고시하면서 시작되었다. 오송 제1국가생명과학단지는 당시 보건복지부의 서상목 · 이성호 장관과 특히 충북 출신 송재성 국장(나중에 차관이 됨) 등이 주병덕 충북도지사와 물밑 작업 끝에 바이오산업의 기반을 만들어 낸 걸작품이다.

주병덕 前충북도지사   이원종 前충북도지사   정우택 前충북도지사   송재성 前보건복지부 차관

이를 시작으로 이원종 도지사가 2002년 오송국제바이오엑스포를 개최하면서 충북에 '바이오'의 씨앗을 뿌렸고, 정우택 도지사가 2006년 바이오 코리아 행사를 개최하고 2009년에 오송 첨단의료복합단지를

유치하면서 바이오 성장의 기반을 마련했다. 그리고 2010년에는 식약처 등 보건의료 6대 국책기관과 국립인체자원은행 등 6개 국가 메디컬 지원시설이 이전하면서 충북의 바이오가 서서히 성장하기 시작했다.

2010년 7월 도지사에 부임한 나는 이 귀중한 바이오 자산을 세계적인 바이오 클러스터로 만들고자 큰 그림을 그렸다. '생명과 태양의 땅 충북'이란 목표하에 2011년 사자성어를 오송 바이오의 기운이 하늘을 찌른다는 뜻의 '오송탱천(五松撑天)'으로 정할 정도로 바이오 충북의 의지를 불태웠다.

바이오를 충북 전역으로 확대하자는 취지에서 '바이오 4각 벨트'를 구상했다. 즉 오송 의약바이오를 기반으로 제천 한방·천연물 바이오, 옥천 의료기기 바이오, 괴산 유기농 바이오로 바이오 4각 벨트를 형성하고, 이를 위해 오송 제2생명과학지방산업단지(100만 평), 제천 제1·제2·제3 산업단지(36만, 39만, 33만 평), 옥천 제1·제2 의료기기 산업단지(4만, 15만 평), 괴산 자연드림파크(34만 평), 대제·첨단 산업단지(40만 평)를 조성해 나갔다. 그리고 2020년 9월에는 오송에 제3생명과학국가산업단지(204만 평)가, 충주에 바이오헬스국가산업단지(68만 평)가 지정되는 행운을 안게 되었다.

이와 함께 2014년 오송국제바이오산업엑스포(96만 명 참가), 제천국제한방바이오엑스포(2010년 136만 명 참가, 2017년 110만 명 참가), 괴산세계유기농산업엑스포(2015년 108만 명 참가, 2022년 72만 명 예상)를 개최하여 대내외에 충북 바이오의 위상을 높여 나갔다.

2019년 5월에는 오송에서 문재인 대통령을 모시고 '바이오 헬스 국가 비전 선포식'을 개최함으로써 대한민국이 2030년 세계 바이오 3대

강국으로 도전한다는 의지를 선포하였다.

아울러 충북도는 2017년 5월 우리나라가 '나고야 의정서'에 정식 가입됨에 따라 제천을 중심으로 종전 한방산업을 뛰어넘어 천연물 산업을 적극 육성하여 왔다.

'나고야 의정서'란 생물(천연물) 자원을 활용하여 발생하는 이익을 생산국과 사용국이 공유하는 내용의 국제협약이다. 이에 따라 각국의 생물주권의 강화로 생물자원 확보가 어려워질 것으로 예상되자 천연물 국내 생산의 필요성이 갑자기 증대되었고, 이에 충북이 천연물 산업을 육성하는 것으로 확대한 것이다.

충북은 제천시와 함께 천연물 원료제조 클러스터를 조성하고자 천연물 원료제조거점시설, 천연물 조직배양상용화시설, 천연물제제 시생산 시설 등을 추진하여 왔다. 2021년 현재 세계 천연물 시장규모는 168조 원, 국내시장 규모는 3조 3,300억 원(세계의 2%)으로 충북은 8,300억 원(전국의 25%)을 차지하고 있다. 이처럼 충북 바이오산업을 일으키는 데에는 한범덕 · 이승훈 청주시장, 최명현 · 이근규 · 이상천 제천시장, 임각수 · 나용찬 · 이차영 괴산군수, 김영만 · 김재종 옥천 군수 등의 많은 도움이 있었다.

한편 충북도는 전국에서 유일하게 바이오산업국을 설치하여 의약 바이오, 한방 · 천연물바이오, 화장품 · 뷰티 산업을 전담케 하였다. 그리고 산학융합본부가 주관하여 충북대 · 청주대 · 충북도립대의 바이오 관련 학과가 오송에 공동 캠퍼스를 설립 · 운영함으

오제세 前국회의원

로써 바이오 인력 양성을 전담하고 있다. 바이오 관련 각종 국비를 확보하는 데 당시 오제세 국회의원(보건복지위원장)의 도움이 컸음을 밝힌다.

그 결과 현재 충북의 바이오 생산 규모는 2조 514억 원으로 전국 3위(전국의 11.7%), 종사 인력은 8,991명으로 전국 2위(전국의 16.8%), 투자 규모는 4,591억 원으로 전국 2위(전국의 17.1%)를 차지하고 있다.

이로써 충북은 대한민국 바이오의 태동지로, 대한민국 바이오의 성장 견인 지역으로, 그리고 대한민국 바이오의 미래를 책임질 중심지로 그 위상을 굳히게 되었다.

화장품 산업: K-뷰티의 주역

충북은 전국에서 처음으로 2013년 오송 화장품·뷰티 세계박람회를 개최하면서 화장품·뷰티산업을 선점해 나가고 있다.

화장품·뷰티 세계박람회는 2011년 당시 도 식품의약품안전과 박운석 주무관(나중에 사무관)이 제안한 것이다. 나는 이를 즉시 채택하여 2013년 5월(24일간) 화장품·뷰티 엑스포(B to C)를 개최하였다. 그리고 'K뷰티'라는 용어를 처음 만들어 보급하면서 관람객 120만 명(외국인 8만 3,000명), 참여기업 373

박운석 前충북도 사무관

_____ 8전 8승 이시종의 비결

개사(해외 47개사), 바이어 7,044명(해외 2,124명), 수출계약 631억 원이라는 놀라운 실적을 내었다.

'오송 = 화장품, 오송 = K뷰티의 진원지'란 공식이 해외에까지 널리 홍보된 오송 화장품 · 뷰티엑스포는 그 후 5일 정도로 규모를 줄여 매년 오송역에서 개최되어 세계적 엑스포로 굳혀 오고 있다.

오송 화장품뷰티엑스포는 대한민국이 화장품 수출국가로 전환하는 데 결정적 역할을 한 것으로 평가되고 있다. 2012년 불과 1,067백만 불에 지나지 않던 대한민국 화장품 수출 규모가 2020년 7,572백만 불로, 생산 규모도 2012년 7.1조 원에서 2020년 15.2조 원으로 급성장하였고, 우리 충북도 역시 수출 규모가 2012년 343백만 불에서 2020년 2,442백만 불로, 생산 규모도 2012년 1.7조 원에서 2020년 5.9조 원으로 대폭 증가하였다. 나는 이러한 성과가 오송화장품 · 뷰티엑스포 덕이라고 평가하고 싶다.

사실 화장품 생산 규모는 경기도가 충북보다 훨씬 큰 데도 불구하고 충북이 화장품뷰티엑스포를 선점해 나감으로써 대한민국 화장품 뷰티 산업 성장의 주도적 역할을 하는 것은 큰 성과라 하겠다.

충북은 이와 함께 화장품 임상연구지원센터, 충북TP한방천연물센터, 오송 화장품 산업단지(24만 평) 조성, 그리고 오송 K-뷰티스쿨 설립 등을 추진하여 화장품 · 뷰티 산업의 연구 · 실증 · 인력 양성을 추진하고 있다.

그동안 충북이 바이오, 화장품 산업의 중심지로 떠오르게 된 결정적인 힘은 전국 최초로 도에 바이오국을 설치하고 바이오 · 화장품 · 천연물 관련 과를 설치한 것이 나름 주효했다고 본다. 그동안 김광중 ·

박인용 · 고세웅 · 민광기 · 정인성 · 권석규 · 허경재 · 이재영 · 최웅기 등 역대 바이오국장, 맹은영 과장을 비롯한 과장들, 이종윤 청원군수, 한범덕 · 이승훈 청주시장과 직원들의 헌신적인 노고에 감사드린다.

태양광 산업: 솔라페스티벌 개최

2011년 나는 앞으로 세계는 화석연료에서 태양광 등 신재생 에너지로 대전환되겠다고 판단하고, 우선 태양광 산업을 충북의 주력 산업으로 본격적으로 육성하기 시작했다. 그러나 태양의 땅 충북을 주장하자마자 중국의 태양광 셀 · 모듈 과잉 생산으로 세계 태양광 시장이 급격히 침체되었다.

혹시 내가 너무 성급히 태양의 땅 충북을 주장한 건 아닌가 하는 걱정에 몸이 바짝 달았으나, 언젠가는 세계가 화석연료에서 태양광으로 갈 수밖에 없다는 확신을 갖고 침체한 우리나라 태양광 산업을 살리기 위해 동분서주했다. 마치 내가 한국태양광산업협회 회장이나 태양광산업 육성을 위한 산업부 책임자인 것처럼 이리저리 뛰어다녔다. 2013년 솔라 페스티벌 개막식에서 나는 이렇게 주장했다.

"우리 도가 추진하는 생명과 태양의 땅 충북은 고갈되어 가는 화석연료의 강을 우리가 뛰어넘어 태양에너지의 땅으로 가기 위함입니다. 인류가 나아가야 할 이 방향을 충북이 먼저 시작하는 겁니다. 국가가 해야 할 이 일을 충북이 앞장서 하는 겁니다. 미래 에너지 산업에의 도전, 충북이 시작합니다."

다행히도 2014년경부터 그동안 침체하였던 태양광 세계 시장이 풀리면서 우리 충북에 세계적인 기업 한화큐셀이 입주하였고, 이에 따라 충북에 태양광산업체가 속속 들어오며 활기를 띠기 시작했다.

2014년 충북혁신도시에 태양광기술지원센터 구축을 시작으로 건물에너지기술지원센터, 자동차연비센터, 기후환경실증센터, 대용량 ESS 융복합 실증센터, 태양광 모듈연구센터 등 태양광 에너지 관련 12개의 연구·검증·기술지원센터를 집중 유치하였다. 아울러 태양광 에너지 전문인력 양성을 위해 2012년 충북에 태양광 마이스터고를 지정하고 청주대학교 등에 태양광 전문학과를 신설토록 하였다.

한편 2011년 청주 등 6개 시군을 태양광산업특구로 지정하고, 분위기 조성을 위해 2012년부터 매년 솔라페스티벌을 개최하여 왔다.

2021년 말 현재 충북의 태양광 셀·모듈 생산량은 145개 기업에서 11,350㎿로 전국의 66.9%를 차지함으로써 충북은 태양광에 관한 한 독보적인 위상을 자랑할 수 있게 되었다.

수소산업 육성 및 이차전지: 생산 규모 전국 1위

충북은 태양광산업 이외에도 미래 에너지 산업 육성을 위해 2018년 현대모비스 충주공장에 수소차의 핵심 부품인 수소연료전지공장을 유치하였고, 수소 분야의 노하우를 가진 한국가스안전공사와 함께 충주시 · 진천군 · 음성군을 연결하는 수소에너지 클러스터 및 수소융복합 실증단지 조성 등 수소에너지 산업 기반을 닦아 나갔다.

또한, 2011년에 LG화학(현 LG에너지솔루션)이 오창에 대규모 이차전지 공장을 건립하면서 이차전지 핵심 소재기업인 에코프로비엠(양극재), 천보(전해질), 엠플러스(장비), LG화학(소재), LS산전(ESS), 더블유스코프코리아(분리막) 등 이차전지 관련 기업들이 함께하였다. 이처럼 충북이 이차전지 산업의 중심지로 떠오르자 2021년 7월에는 충북(LG에너지솔루션)에서 문재인 대통령을 모시고 'K-배터리 발전전략 보고회'를 갖는 영광을 안게 되었다.

그 결과, 2019년도 충북의 이차전지 생산 규모는 10.7조 원, 수출액은 21.9억 달러로 각각 전국 1위를 차지하고 있다.

반도체 산업: K-반도체 벨트의 한 축을 담당하다

충북에는 오래전부터 SK하이닉스, DB하이텍, 네패스 등을 중심으로 세계적인 메모리 · 시스템 반도체 기업들이 자리 잡고 있었다. 나는 미래 주력산업인 반도체산업을 우리 충북에 더욱더 확대 발전시키기 위해, 「반도체 산업 지원조례」를 만들었다. 그리고 실장기술지원센터 설립 등 반도체 기술 지원, 반도체산업 육성협의회 구성, 시스템 반도체 융합 전문인력 양성 등 반도체 3대 전략에 주력하였다.

최근에는 SK하이닉스 M15공장 증축(15.5조 원), 네패스 청안 캠퍼스 증축(1.1조 원) 등으로 2021년 12월 현재 충북에는 110개 기업에서 출하액 11.2조 원(전국 2위), 수출액 70.2억 불의 실적을 기록하고 있다.

특히 충북은 괴산 네패스 청안캠퍼스를 중심으로 충북을 시스템 반도체 후공정 거점으로 조성해 나가고 있으며 이와 함께 약 2,600억 원 규모의 시스템 반도체 첨단 패키징 플랫폼 구축을 위해 정부와 협의해 나가고 있다. 2021년 5월 정부가 발표한 K-반도체 벨트에서 음성~괴산~청주로 연결되는 축이 K-반도체 벨트의 한 축을 담당하고 있다는 것이 자랑스럽다.

충북이 최근 태양광·이차전지·수소·반도체 등 에너지·신성장산업 분야에서 괄목할 만한 성과를 내게 된 데는 도에서 신성장산업국, 에너지과를 신설한 것이 주효했으며, 아울러 이 조직을 효율적으로 운영한 허경재·김상규·안창복 신성장산업국장, 이용일 과장, 김형년 과장 등의 헌신적인 노력에 감사드린다.

충북의 비전을 담은 사자성어와 신조어

충북의 비전을 담은 사자성어를 신년화두로 던지다

나는 2010년 7월 지사에 취임한 후 새해가 되면 사자성어를 만들어 신년화두로 던졌다. 그해 역점을 둬야 할 도정의 비전과 방향 그리고 핵심 가치를 담은 사자성어를 도청 직원들과 숙의하며 만들어 발표했다. 이는 도민과 공직자가 함께 목표를 공유하고, 이를 위해 역량을 함께 집중하자는 부탁이자 스스로의 다짐이기도 했다.

나는 취임 후 첫 새해를 맞은 2011년에는 '오송탱천(五松撑天)'이란 신년 화두를 던졌다. 당시 충북 바이오산업을 시작하는 오송을 전 세계에 널리 알리고 그 기운과 기상이 하늘을 찌를 정도로 뻗어 나가자는 의미에서였다. 대한민국의 바이오를 오송에서부터 시작한다는 대외 선전포고(?)라고도 하겠다.

2012년에는 '생창양휘(生昌陽輝)'로, 당시 도정구호인 '생명과 태양의 땅 충북'을 '생명이 융창하고 태양이 밝게 비추는 땅 충북'으로 풀어 쓴 것이다. 그리고 2013년에는 '화동세중(和同世中)'으로, 도정구호 중 하나인 '함께하는 충북'을 만들어 신수도권의 중심, 세상의 중심 역할을 하자는 뜻이다.

2014년에는 '충화영호(忠和嶺湖)'이다. 종전 영호남(嶺湖南) 시대에 우리 충청이 존재감 없이 살아왔으나, 2013년 5월 말 충청권의 인구(5,340,129명)가 호남권 인구(5,339,721명)를 추월(408명)하면서 나는 이제 '영호남시대'는 가고 '영충호시대'가 도래했음을 선포하였다. 즉, 충(忠淸)이 영(嶺南)과 호(湖南)의 중간에서 화합ㆍ조정ㆍ융합의 역할을 한다는 의미에서 이 사자성어를 만들게 되었다. 충청인의 자존심ㆍ자긍심이 처음으로 살아나는 용어라 하겠다.

2015년에는 '사즉생충(四卽生忠)'으로 전국 대비 4% 충북 경제 실현만이 충북을 살린다는 의미이다. 물론 인구는 3%이지만 경제만은 만년 3%대를 탈피하여 4%대 충북으로 만들자는 큰 비전이다.

2016년에는 1등 경제를 향한 충북의 기운이 세계로 힘차게 뻗어 나간다는 뜻의 '충기만세(忠氣萬世)'이며, 2017년에는 충북 경제가 미래를 향해 하늘 높이 날아오르고 세계를 향해 바다 멀리 전진한다는 뜻의 '비천도해(飛天渡海)'이다.

2018년에는 '망원진세(望遠進世)'로 1등 경제를 향해 충북이 더 멀리 보고 더 큰 세계 속으로 뛰어들자는 의지의 산물이라 하겠다. 2019년에는 '강호대륙(江湖大陸)'으로, 경부축(京釜軸)에 상응하는 개념으로 만들어 낸 강호축(江湖軸)이라는 용어가 보편화되어 북한 원산과 러시아를 거쳐 유럽 대륙까지 진출하는 실크레일(silk rail)이 되길 바라는 큰 뜻을 제시한 것이다.

2020년에는 '경자대본(經者大本)'으로 농자천하지대본(農者天下之大本)에서 따온 경자천하지대본(經者天下之大本)의 뜻으로 먹고사는 문제, 즉 경제가 제일 중요하다는 의미를 담고 있다.

2021년에는 '극난대망(克難大望)'으로 코로나19를 조기 종식하고 서민경제를 다시 일으켜 세워 큰 꿈과 희망을 향해 전진하자는 도민들의 간절한 소망을 담은 것이다. 그리고 2022년에는 '생양충완(生陽忠完)'으로 지난 12년간 줄기차게 추진해 온 생명과 태양의 땅 충북의 완성을 위해 최선을 다하여 도지사 3선 임기의 대미를 장식하자는 나의 간절한 소망을 담은 것이다.

이상 12년간 12개의 사자성어를 보면 주로 충북의 먹고사는 문제와 충청인의 자존심과 관련된 것들이 대부분이었는데, 이는 경제와 자존심 회복이 무엇보다 시급하다고 보았기 때문이다. 이 사자성어는 매년 도내 유명 서예가들(김동연, 전한숙, 서동형, 신윤철 등)과 도청 직원들로부터 붓글씨로 휘호를 받아 도청 곳곳에 게첨하고 있다.

시대 상황을 반영한 신조어로 시대를 이끌다

나는 매년 사자성어 이외에 국가나 충청북도가 나아가야 할 길과 방향 또는 시대 상황을 함축한 언어들을 만들어 세상에 던지곤 했다.

먼저 2010년 세종시가 행정수도로 떠오르면서 충청권을 '신수도권'으로 표현하면서, 이제 '신수도권 시대(新首都圈時代)'가 도래했음을 주장했다.

2013년 5월 충북 인구가 160만 명을 넘고 충청권 인구가 526만 명으로 호남권 인구를 처음으로 추월했을 때, 이제는 영호남 시대에서 영남 · 충청 · 호남이 함께 공존하는 '영충호 시대(嶺忠湖時代)'가 왔음을 주장했다. 여기서 충(忠)이 가운데 들어간 것은, 서열의 개념이 아니라 충청이 영남과 호남의 가운데에서 양쪽을 조정 · 화해 · 융합해 나간다(忠和嶺湖)는 의미를 담은 것이다. 당시 영충호의 표현을 두고 일부 언론사에서 서열 개념으로 오해하여 논란이 있었으나 서열 개념이 아니라는 것을 다시 밝힌다.

2014년부터 나는 '강호축(江湖軸: 강원~충청~호남)'이란 말을 만들어 세상을 향해 던졌다. 경부축에 비해 상대적으로 낙후된 강호축(경부축:강호축 = 8:2)이 개발돼야 진정한 국토 균형발전을 이룰 것이라는 소망을 담은 것이다.

굳게 닫힌 도정의 문을 활짝 열다

도지사 관사 개방으로 몽마르트르 언덕을 꿈꾸다

일제강점기인 1939년 청주시 대성동에 세워진 도지사 관사는 2010년 6월까지 71년 동안 36명의 역대 도지사들이 사용해 왔던 곳이다. 도지사 관사는 일제 강점기 때는 도민 수탈 및 강제노역의 산실로 일제 잔재의 상징이었고, 정부 수립 이후에는 대통령의 지방순시 때 숙소로도 사용되는 등 권위의 상징이었다. 대지 2,877평, 건평 228평의 아방궁 같은 곳으로 전국 시도지사 관사 중에서도 세 번째로 큰 규모였다.

2010년 6월 도지사 선거에서 당선된 나는 종전 도지사 관사를 쓰지 않고 이를 도민들에게 돌려드리기로 했다. ① 일제 잔재를 청산한다는 의미가 있었고, ② 운영비(경비·인건비 포함)가 당시 연 2.5억 원 정도 드는 관사를 도지사 혼자 사용하기에는 너무 과다하다는 생각이었으며, ③ 이를 도민들이 이용하는 문화·휴식 공간으로 조성하여 개방하면 금상첨화일 것 같다는 판단에서였다. 대신 도지사 관사를 시내 아파트로 이전하면 도민들과도 가깝게 지낼 수 있고, 관사 운영비도 연 5백만 원 정도로 대폭 줄일 수 있었다.

임기가 시작된 2010년 7월 1일, 경치 좋고 웅장한 대성동 도지사 관사에서 단 하룻밤만이라도 지내자는 주위의 권유가 있었지만, 하룻밤 묵으면 열흘 묵게 되고 또 일 년이 되어 자칫하면 그곳에서 빠져나오지 못할 것 같다는 생각에 아예 발을 들여놓지 않았다.

그러고는 곧장 구 관사를 정비하여 문화의 집(지역대표 문인 12명을 조명하는 상설전시관), 북카페, 야외공연장, 숲속갤러리 등으로 다양하게 꾸며 '충북문화관'이라는 이름으로 도민들 품으로 돌려드렸다. 그 후 충북문화관은 점차 발전하여 이제는 충북의 대표적인 소규모 문화 공간으로 다양하게 활용되고 있다.

더불어 도청 동편에서 구 도지사 관사까지 500m 정도의 오르막 거리를 '충북판 몽마르트르 언덕'으로 조성하고자 하였다. 그 후 그 거리에 작은 미술관, 레스토랑, 커피숍 등이 자연스럽게 들어서면서 최근에는 '문화의 거리' 분위기가 나기 시작하고 초상화 그리는 화가 등 예술인들이 어우러지고 있어, 앞으로 진정한 '충북판 몽마르트르 언덕'으로 자리 잡을 것이라 기대된다.

도청 담장을 허물다

2010년 7월 도지사에 부임할 때 도청은 철제담장으로 둘러싸여 있었다. 철제담장 울타리로 인해 도청은 일반 도민들이 접근하기엔 어려운 곳으로 인식되었다. 나는 도지사 관사를 도민들 품에 돌려드리기로 한 김에 이번에는 도청을 도민들 품에 돌려드린다는 차원에서 도청 철제담장을 철거하기로 결심하였다.

당시 공무원들은 대부분이 반대하고 나섰다. 담장을 개방하게 되면 보안 문제가 발생하고 각종 시위대 진입이 용이하여 청사 방호가 취약해질 수 있다는 이유에서였다. 물론 일리 있는 얘기였지만 방범이나 시위대 문제는 별도 대응책을 마련키로 하고 철제담장 철거를 강행했다.

그 대신 동서남북 어디에서든 도청 진입이 가능하도록 출입구를 만들고 본관 앞 정원에는 정자와 벤치를 설치하여 도민들이 쉬어 갈 수 있게 개방하였다. 그리고 도청 안에 있는 두 개의 작은 연못 중 하나는 영충호(嶺忠湖)로, 또 하나는 충화영호(忠和嶺湖)로 명명하고 시판(詩板)도 세웠다. 영충호 시대에 충북이 영남과 호남의 화합을 이끈다는 뜻에서다.

도청 담장을 철거한 지 10여 년이 지났는데도 그동안 방범 문제는 단 한 건도 발생하지 않았다. 시위대는 오히려 과거보다 훨씬 줄어들었다. 가끔 정문이나 서문 밖에서 시위하는 분들이 계시면 도청 안으로 모셔 와 음료를 제공해 드리곤 하니, 도리어 고맙다는 인사를 하고 해산하는 경우가 많았다.

도청 담장 개방으로 도청이 권위의 상징이란 인식은 많이 희석되었다. 담장 개방은 단지 인식의 문제일 뿐인데, 오랜 타성 때문에 그 인식을 바꾸는 것이 얼마나 어려운 사실인가를 다시 한번 깨닫게 되었다. 이처럼 도지사 관사를 개방하고 도청 담장을 허무는 데는 당시 강태재 충북시민재단이사장, 남기헌 충북참여자치연대 공동대표 등의 조언이 매우 컸다.

강태재
충북시민재단 이사장

남기헌
충북자치경찰위원회 위원장

함께하는 충북, 균형발전을 시도하다

'함께하는 충북운동 범도민추진위원회'를 구성하다

2010년 상반기, 도지사 선거운동을 하고자 북부·남부권을 돌면서 심한 충격을 받았다.

제천·단양 북부권에 가 보니 지역의 유지인 송만배 회장을 비롯한 많은 분의 첫마디가 "우리는 강원남도가 될 거야!"였다. "예?" 하고 반 문하니, 원주·횡성·평창·영월·제천·단양을 묶어 강원남도를 만 들겠다는 대답이 돌아왔다.

또 옥천·영동 남부권에 가 보니 젊은 지도자 김연태 회장을 비롯한 많은 분들의 첫마디가 대뜸 "우리는 대전광역시에 편입하겠다!"는 것 이었다. 그 당시 실제로 옥천 지역에는 청년들을 중심으로 '대전광역 시 편입추진위원회'가 구성되어 움직이고 있었다.

주준길 前공약평가위원장   신영희 前공약평가위원장   주종혁 도정자문위원장

충주 지역 역시 청주권에 대한 정서가 호의적이지 않았다. 1908년, 도청소재지가 충주에서 청주로 이전할 때 도청을 빼앗겼다는 박탈감이 지금도 충주인들 마음속에 깊게 새겨 있는 듯하다.

"충북이 하나가 아니구나, 많이 갈라져 있구나!" 하고 개탄한 나는 도지사에 취임하자마자 충북을 하나로 연결하는 작업을 추진했다. 특히 도정정책자문위원회(위원장 황희연 · 남기헌 · 주종혁), 공약사업평가위원회(위원장 주준길 · 변재경)를 중심으로 함께하는 충북 운동을 추진해 오다가 2014년 이후에는 '함께하는 충북운동 범도민추진위원회(위원장 신영희 · 강태재)'를 구성, 구체적인 실천대책을 본격적으로 추진하였다.

충청내륙고속화도로를 본격 추진하다

나는 충북이 하나로 통합되지 못한 주원인이 교통망에 있다고 생각했다. 충북의 대표적인 도시인 청주~충주~제천을 연결하는 유일한 도로망인 4차선 국도에 120개가 넘는 신호등이 있다 보니, 시간도 많이 소요되고 불편하여 서로 왕래하는 일이 적어졌다. 대신 청주 · 충주 · 제천에서 서울로 가는 각각의 교통망은 상대적으로 잘 정비되어 있다 보니 청주 쪽은 관심 밖이라는 논리가 성립된다.

그래서 나는 2004년 충주 국회의원 출마 때 충청내륙고속도로 건설을 선거공약으로 내걸고 국회에 들어간 후, 이 도로는 정부의 완강한 고집으로 고속도로가 아닌 고속화도로로 변경 · 확정되었다. 도지사에 당선된 후 충청내륙고속화도로를 본격 추진해 나갔다. 현 4차로를 논스톱의 6차선 고속화도로로 정비하는 이 사업이 완공되면 청주~제천 간은 현재 소요시간 120분에서 70분으로 크게 단축될 것이다. 이 사업은 현재 본격 공사 중에 있어 청주~충주 간은 2023년 완공 목표로 추진하고 있다.

이 도로를 '제1 충청내륙고속화도로'라 칭하고 나는 영동·옥천~보은~청주 내수로 연결하는 '제2 충청내륙고속화도로'를 함께 추진키로 했다. 물론 이 도로는 고속화도로는 아니지만, 고속화도로에 준하는 도로망을 형성하여 충청내륙고속도로와 함께 영동·옥천에서 제천·단양까지 충북을 관통하는 충북의 대동맥을 형성하자는 것이다.

이중 옥천~보은 간 17.9㎞와 보은~미원 간 19.3㎞는 완공되었고, 영동~보은 간 35.1㎞는 현재 공사 중이다. 다만 미원~초정 간 지방도 11.2㎞는 사업비 과다 소요(2천억 원 이상)로 정부에 건의하여 국가지원지방도로 승격되어 앞으로 국가가 추진할 것이다.

한편 경부고속도로 영동~증평 구간을 대전을 거치지 않고 영동~보은~진천으로 직선화하는 민자고속도로가 현재 본격 진행 중이다. 앞으로 이 고속도로가 완공되면 충북은 영동~보은~청주~음성~충주~제천을 관통하는 충청내륙고속도로 내지 고속화도로가 멋지게 형성될 것이다.

충북 철도망의 대동맥, 충북종단열차를 도입하다

나는 충북을 관통하는 도로망으로 충청내륙고속화도로를 추진한 데 이어 충북을 관통하는 철도망을 만들어야 충북 교통망의 대동맥이 제대로 구축될 수 있다고 생각했다.

그런데 낭시 충북선철도 운행은 대전에서 출발하여 청주를 거쳐 제천까지 운행되기 때문에 영동·옥천 주민들이나 단양 주민들이 청주에 올 때는 한 번 갈아타야 했다. 더구나 옥천·영동 사람들이 단양을 갈 때면 두 번씩이나 갈아타야 했으니 충북의 남부 지역과 북부 지역은 완전 남남이라 해도 과언이 아니었다. 그러다 보니 실제 남부 지역과 북부 지역 간에는 친구도 동창도 사돈도 친척도 별로 없었다.

나는 철도공사와 협의한 끝에 영동~옥천~대전~청주~충주~제천~단양을 연결하는 열차를 운행키로 했다. 다만 영동과 단양에는 회차로가 없기 때문에 동대구역에서 출발해 영동~단양을 거쳐 영주까지 가서 회차해야 가능했다. 운행은 하루 왕복 2회, 출퇴근이 가능하도록 시간을 배정했다. 철도공사의 연간 운행손실분 약 16억 원은 도가 부담키로 했다.

2014년 5월 1일, 마침내 영동·옥천 주민이 단양까지 환승 없이 논스톱으로 달리는 '충북종단열차'가 첫 운행을 개시했다. 남부권과 북부권의 본격적인 인적·물적 교류가 시작되는 역사적인 순간이었다. 충북종단열차가 지금까지 계속 운행될 수 있었던 데는 류한우 단양군수와 박세복 영동군수의 적극적인 협조와 지원이 있었기에 가능했다.

류한우 단양군수

나는 그날 처음 개통되는 충북종단열차를 청주역에서 타고 단양까지 가 보았다. 그날 열차 안에서 이미 영동에서 승차하여 단양까지 가는 80대 초반의 노인을 만났는데, 그날 그분의 말씀이 지금도 가슴 찡하게 남아 있다.

"내가 20대 총각 때 처음 순경 발령을 받고 단양경찰서에서 근무했다오. 몇 년 근무하다 순경을 그만두고 고향 영동으로 내려와 벌써 내 나이 80이 지났지요. 그런데 그 60여 년 동안 한 번도 단양을 가보지 못했다우. 교통편이 안 좋아 갈 수가 없었지! 내 평생 단양 한번 못 가 보고 죽는 줄 알았는데 환승 없이 기차를 타고 가 보게 될 줄이야, 꿈만 같소! 단양을 간다고 하니 가슴이 설레고 눈물이 다 난다오! 충북종단열차를 개통시켜 주셔서 참으로 감사해요."

충북종단대장정, 고난의 행군을 출발하다

2013년 나는 충북을 하나로 묶는 또 다른 방법의 하나가 충북을 종단하는 대장정 행사를 추진하는 일이라 생각하고, 2013년 7월 도생활체육회(김용명 회장) 주관하에 충북종단대장정을 시작했다. 영동에서 단양까지 천릿길(정확히 450㎞)을 약 2천여 명의 선수단 (종주단·참여단·지원단)이 참여하여 4박 5일 코스로 행군하는 것이었다.

김용명 前도생활체육회장

청주에서 발대식을 갖고 두 팀이 각각 단양과 영동에서 출발하여 도보와 차량으로 각 시군 주요 도시를 돌아 청주에서 다시 만나는 대장정이었다. 여기에는 초등학생부터 80대 노인까지 다양한 계층의 선수들이 참여하여 시군을 하나로 묶고 화합하는 뜻있는 행사로 자리 잡았다.

도 산하기관을 이전해 도민 화합의 공간으로

상대적으로 낙후되고 소외된 북부권과 남부권을 함께 아우르며 도정에 동참하기 위한 실질적인 방법은 정부의 공공기관 지방 이전처럼, 청주권에 있는 도청 산하기관들을 북부·남부권으로 이전하거나 신설하는 것으로 생각했다. 그래서 우선 북부권의 중심인 제천에 도청 북부출장소를 신설하여 도의 광산, 환경 업무를 전담 처리토록 하고 남부권의 중심인 옥천에 남부출장소를 신설하여 도의 농업·건설 업무 등을 전담 처리토록 하였다.

그랬더니 북부권·남부권 관련 민원은 청주까지 오지 않아도 현장에서 직접 접수·처리가 가능하여 주민들 편익이 증대되었을 뿐 아니라 도청 출장소 자체가 주민 사랑방이 되었다. 또한 출장소가 단순히 민원 처리 기능에 그치지 않고 북부권과 남부권 발전을 선도할 수 있도록 충북연구원 박사 1명씩을 배치하여 지역 발전 과제를 함께 연구함으로써 도민 화합의

이상천 제천시장   박세복 영동군수

공간이 되기도 했다.

2018년 도지사 선거 때 제천에 도 자치연수원을 이전하고 영동에 도 농업기술원 분원을 건립하겠다는 나의 공약은 현재 이상천 제천시장과 박세복 영동군수의 적극적인 협조 속에 제반 절차를 착실히 밟고 있다. 이 역시 지역균형발전을 위한 도 단위 공공기관 이전의 대표적 사례라 하겠다.

지역 · 계층 간 불균형을 해소하기 위한 노력들

지역균형발전사업 · 생명농업특화사업

지역 간 불균형 문제는 수도권 대 비수도권, 경부축 대 강호축만의 문제가 아니라 도내 청주권과 비청주권 간에도 심각한 문제로 제기되고 있었다. 청주권과 비청주권(10개 시군)을 비교해 보았을 때, 인구 52 대 48, 사업체수 48 대 52, 의료기관 56 대 44로 청주권 쏠림 현상이 수도권 쏠림 현상보다 더 심각하게 나타나고 있었다.

나는 2010년 도지사에 취임하면서 지역 간 불균형을 해소하기 위해 2단계 지역균형발전사업 규모를 대폭 확대한 데 이어 3단계 사업(2017~2021년)에 총사업비 3,736억 원(국 · 도비 1,994억 원, 시군비 1,742억 원)을 투입하여 어려운 시군의 균형발전을 도모하고 있다.

또한, 남부3군(보은·옥천·영동)에 대하여는 생명농업특화지구 육성
사업으로 매년 150억 원씩 투자하여 대추·포도 등 지역특화작목의 생
산·가공·유통을 원활히 하기 위한 비가림시설, 집하장, 선별기, 건
조기, 관수시설 등을 집중 지원하고 있다.

그중에서도 특히 보은군 말티재를 중심으
로 한 새로운 관광명소를 만들고자 정부에 건
의하여 보은군의 속리산 숲체험 휴양마을 조
성사업으로 총사업비 200억 원(국비 100, 도
비 50, 군비 50)을 확보, 추진했다. 박덕흠 국
회의원의 지원과 정상혁 군수의 적극적인 노
력으로 현재 이곳은 충북의 새로운 관광명소
로 자리 잡게 되었다.

정상혁 보은군수

외로운 노인들에게 '9988행복나누미'를

2011년 어느 날, 나는 모처럼 아내와 함께 저녁 식사를 하고 있을
때였다.

"도시의 노인들은 노인복지회관 등에서 건강체조다 노래교실이다 뭐
다 하며 다양한 프로2램으로 혜택을 받는 데 비해, 농촌 지역이나 도
시 변두리 지역의 노인들은 도심지 한복판에 있는 노인복지회관까지 다
닐 수 없어 아무런 혜택도 받지 못한다. 2러니 노인복지회관 등의 각종

프로그램 강사들을 농촌 지역에 출장 보내 혜택을 드리면 좋겠다."

아내가 들려준 이 말이 씨앗이 되어 나는 2012년부터 '9988행복나누미'라는 이름의 사업을 추진해 오고 있다. '99세까지 88하게 사시도록 행복을 나누어 드리는 사람'이라는 뜻으로, 도내 전체 경로당의 약 80%에 해당하는 3,400여 개 경로당에 230명의 9988행복나누미가 주 1~2회 출장 가서 건강 체크, 웃음치료, 노래교실 등 갖가지 다양한 프로그램들을 직접 제공해 드리는 사업이다.

이 사업은 특히 농촌 지역 노인들의 스트레스를 해소하고 건강을 되찾아 줄 뿐 아니라 행복나누미가 노인들의 유일한(?) 말동무가 되어 노인들의 아들·딸·며느리·사위의 역할까지 해 드리고 있다.

"멀리 있는 아들딸보다 가까이 있는 9988행복나누미가 낫다. 우리 동네에 그동안 웃음이라곤 없었는데 행복나누미가 오고부터 동네가 온통 웃음바다가 됐어!"

9988행복나누미는 농촌 지역 노인들에게 없어서는 안 될 소중한 가족으로 자리 잡았다.

9988행복나누미가 출장 가는 날이면 동네 모든 노인들이 들에 나가 일하다가도 농기구를 그대로 둔 채 경로당으로 달려와 프로그램에 참여할 정도로 인기 만점이다. 2019년도 설문 조사 결과, 노인들의 99.5%가 잘됐다고 평가하고 67%가 병원에 가는 일이 줄었다는 무척 긍정적인 대답이 나왔다.

'9988행복지키미'로 老·老케어의 모범을 만들다

9988행복나누미사업이 좋은 반응을 보이자 나는 다시 동네노인 1~2명이 동네 노인 전체를 돌보는 '9988행복지키미' 사업을 추진했다. 이 사업은 동네 노인 1~2명을 9988행복지키미로 위촉하고, 그 9988행복지키미가 매일 아침·저녁 수시로 동네 한 바퀴를 돌거나 전화를 걸어 동네 노인들, 특히 독거노인·치매노인 등에게 "밤새 안녕하신지, 아픈 데는 없으신지, 심부름시킬 일은 없는지" 등을 물어보고, 만약 대답이 없으면 즉시 달려가 이상 여부를 즉시 해당 읍면동사무소에 보고하는 사업이다.

이 사업은 2015년부터 국가가 채택하여 전국적으로 시행되고 있는데, 현재 도내에는 약 5,800여 명의 9988행복지키미를 위촉하여 지키미 1인당 월 27만 원의 수당을 드리고 있다. 이 사업은 노(老)·노(老)케어 형식으로 노인들의 건강도 돌보고 노인 일자리도 창출하는 일석이조의 사업으로 자리 잡고 있다.

노인 건강 프로그램의 쌍두마차인 '9988행복나누미' 사업과 '9988행복지키미' 사업은 노인들의 건강과 행복을 지켜 드릴 뿐 아니라 노인성질환(치매·중풍 등)에 따른 사회적 비용(전국 연 15조 4천억 원 추계)을 대폭 줄이는 데도 크게 기여할 것이라 믿는다. 노인 행사에 참석할 때마다 나는 노인들과 함께 힘차게 구호를 외친다. "치매야 가라, 중풍아 가라, 청춘아 오라"고….

김광홍 前충북노인회장

이 두 사업을 정착시키는 데 당시 김광홍 노인회장과 최정옥 도 보건복지국장 및 관계자의 노고가 컸다.

충북 100년 미래를 위해 인재 육성에 힘쓰다

전국 최초 초·중등 및 특수학교 무상급식 실시

2010년 도지사 선거공약으로 내걸었던 초·중등 및 특수학교 학생에 대한 전면 무상급식은 당선되자마자 당시 이기용 교육감, 각 시장·군수와 김형근 도의장과 함께 2011년부터 전국 최초로 실시해 왔다. 그후 김병우 교육감과 김광수·이언구·김양희 도의장과 협의하여 지속 추진해 오다가 2019년부터는 김병우 교육감, 박문희 도의장과 함께 고등학생까지 확대하여 실시해 오고 있다.

도와 시군은 도내 약 479개 학교 17만여 학생들에게 인건비를 제외한 식품비의 75.7%를 부담함으로써 이제 학교에서 점심을 먹지 못해 배를 곯는 아이들은 사라지게

이기용 前교육감

김병우 교육감

되었다. 도와 시군이 급식을 특별히 무상으로 지원하는 이유는 단지 소득 수준에 따라 학생들이 눈칫밥을 먹게 하지 않겠다는 뜻뿐만 아니라 더 열심히 공부해서 충북, 나아가 대한민국의 미래를 열 수 있는 능력과 기회를 제공한다는 차원으로 그 의미를 확대해야 할 것이다.

김형근 前도의장

김광수 前도의장

이언구 前도의장

김양희 前도의장

전국 최대 규모의 충북인재양성재단

나는 그동안 도 · 시군 출연금(2000년부터 시군출연금은 중단)과 도민 기탁금을 적극적으로 모금해 2010년 도지사에 취임할 당시 298억 원이던 인재양성기금을 2022년 2월 현재 830억 원으로 확대 · 조성했다. 12년 만에 532억 원이 증액되어 2.8배 늘어난 규모다. 그 결과 충북인재양성기금은 장학재단이 있는 전국의 12개 시 · 도 중 최대 규모이다.

이는 도내 시장 · 군수의 적극적인 협조 아래 농협중앙회 충북지역본부, 신한은행 충북지역본부, ㈜풀무원, 충청에너지서비스㈜, ㈜테크윈을 비롯한 수많은 도민들의 성금 덕분의 결과이다.

이렇게 모인 기금으로 충북도는 2021년까지 14,871명에게 197여억 원의 장학금을 지급하였고, 미래인재 양성사업에 15여억 원을 지원하여 6,851명의 학생에게 국내외 체험연수 · 수련회 · 논술대회 등의 기회를 제공하였다. 무상급식이 배고픈 학생들의 배를 채워 주는 것이라면, 인재양성기금은 어려운 가정 형편의 학생들에게 꿈을 채워 주는 것이라 하겠다.

재경 대학생 · 도립대 기숙사 건립

충북도는 1992년 서울 개포동에 재경 충북 출신 대학생들의 기숙사인 서울학사를 건립 · 운영하여 오다가 2009년 8월, 이를 매각하고 당산동으로 이전 · 신축하여, 오늘날 356명의 재경 대학생을 수용하는 서서울학사를 운영하고 있다.

서서울학사의 뿌리인 개포동 서울학사는 당시 충북도와 시군이 23.6억원에 매입한 부지에 임광토건(임광수 회장)이 26.5억원을 들여 기숙사를 건립한 후 충북도에 무상 기부채납한 것임을 밝힌다. 그런데 서서울 학사의 입사 경쟁이 9.3 대 1일 정도로 희망자가 많았고, 서울학사가 서울의 서쪽 편에 위치해 서울 동쪽의 고려대 · 한양대 등 많은 학생에게 불편을 주고 있었다.

이에 따라 나는 465억 원을 들여 336명이

임광수 임광토건 회장

입사할 수 있는 동서울 학사를 서울 중랑구에 건립, 2020년 2월 개관하였다. 이로써 충북은 기존의 서울학사를 충북학사 서서울관으로, 새로 건립된 학사를 동서울관으로 하여 재경 대학생 629명을 입사시키고 있다. 이는 1,454명을 기숙사에 수용하는 광주 · 전남 합동기숙사 다음으로 큰 규모이다. 서서울관 · 동서울관 · 청주관의 통합원장에는 김창현 원장에 이어 현재 전정애 원장이 맡고 있다.

공병영 충북도립대학교 총장

한편 도내 산업기술인력 공급에 크게 기여하는 충북도립대학교에는 공병영 총장의 건의에 의해 학생 394명을 수용하는 대규모 기숙사가 2023년 6월 개관 목표로 건립 중에 있다.

도 교육청과 영재고 · 마이스터고 설립에 합의하다

오늘의 충북은 사회 각 분야에서 인재 빈곤 상태에 놓여 있다고 해도 과언이 아니다. 2018년 7월 충북일보 기사를 보면 당시 청와대 비서관급 이상 60여 명 중 충북 출신은 단 1명도 없는 것으로 보도되었다. 이러한 현상은 비단 청와대뿐 아니라 정부 각 부처, 대기업, 대학, 사회 각 분야에서 비슷한 양상을 나타내고 있을 것이다.

2019년 현재 전국 자사고, 영재고가 50개나 있는데 충북에는 하나도 없다. 나는 이것이 교육 기회의 불평등이라 생각되어 그동안 교육부에 자사고·영재고 등 소위 명문고 설립을 수없이 건의했으나 정부는 자사고 폐지 방침이라며 절대 불가하다는 답변만 내놓았다.

물론 정부의 자사고 폐지 방침을 이해 못 하는 바는 아니나, 먼저 자사고 없는 충북 등에 자사고 등 소위 명문고를 만들어 교육 기회의 불평등을 일단 해소하고, 나중에 정부가 자사고 폐지 시 동시에 폐지하면 될 것 아니냐고 수없이 주장해도 교육부는 끝내 이를 받아들이지 않아 아쉬움이 남는다.

2021년 12월 도는 도 교육청, 도의회와 함께 전국 공모 형태의 영재고 설립 추진에 합의하였다. 원래 명문고 설립 문제는 2018년 도가 도 교육청 및 도의회와 무상급식 합의서에 2항으로 들어가 있었으나 명문고 설립 추진이 흐지부지되자 나는 이를 되살리기 위해 의도적으로 2022년 도 예산에 무상급식 예산을 반 정도만 편성, 도의회에 제출했다. 이에 도가 무상급식 합의서를 이행하지 않는다고 언론과 학부모단체 등으로부터 집중 비난을 받았지만, 2018년 무상급식 합의서 2항인 명문고 육성을 도 교육청으로부터 확실히 받아 내고자 나는 버텼다.

그 결과 도 교육청으로부터 AI 영재고 설립을 추진하겠다는 약속을 확실히 받아 냄으로써 나는 2022년 도 추경예산 시 무상급식 미반영분을 모두 반영하였다. 이렇게 하기까지 도의회 박문회 의장, 서동학 예결위원장의 노고와 김병우 교육감의 결단에 감사드린다.

그리고 나는 교육청과 함께 2010년 음성에 충북반도체고등학교, 2012년에 한국바이오고등학교, 2013년에는 충북에너지고등학교 등 분야별 마이스터고등학교를 설립하여 신산업이 필요로 하는 실무 인력 양성에 힘을 기울였다.

KAIST 대학교 유치를 위해 MOU를 체결하다

충북 오송은 보건복지 6대 국책기관, 오송첨복재단, 5대 바이오메디컬시설, 첨단임상시험센터 등 국가 바이오 인프라 시설은 물론 관련 기업이 다수 집적한 국내 유일의 바이오클러스터로 성장했다. 그러나 충북 바이오가 글로벌 바이오로 한 단계 더 도약하기 위해서는 글로벌 수준의 대학이 함께해야 한다고 생각해 왔다.

예를 들어 세계 최고라는 미국의 보스턴 바이오 클러스터는 하버드 · MIT · 보스턴대학교 등 명문대학이 이끌고 있으며, 영국의 케임브리지 바이오 클러스터는 옥스퍼드 · 케임브리지 대학 등이 주도적인 역할을 하고 있다. 이에 따라 바이오 관련 글로벌 수준의 대학인 KAIST를 유치하는 것이 절대적이라 생각되어 KAIST의 분교 개념으로 'KAIST 오송 바이오메디컬 캠퍼스타운'을 조성하고자 2022년 3월 22일 KAIST와 MOU 협약을 맺었다.

오송 3산단 내 총 14만여 평, 교수진 400여 명 규모의 KAIST대 분교 유치를 목표로 국가에 건의 중이다. 만약 오송에 KAIST 분교가 유치되어 충북대학교 등 기존의 도내 대학들과 협력하면, 오송 바이오 클러스터는 세계적인 바이오 클러스터와 당당히 경쟁할 수 있을 것으로 기대된다. 이를 위해 실무 작업에 노고가 많았던 최웅기 바이오산업국장과 강창식 과장을 비롯한 직원들에게 진심으로 감사드린다.

도지사가 되어 이룬 꿈, '청주·청원 통합'

도지사가 되어 다시 추진한 청주·청원 통합

1994년부터 내가 내무부 지방기획국장과 지방자치기획단장으로 근무할 때 생활권이 같은 전국의 시·군을 통합하여 33개의 도농복합형태의 시를 만들었는데, 그때 통합하지 못한 지역 중 하나가 청주·청원이었다.

당시 충북에서 충주시·중원군이 충주시로 통합되었고 제천시·제원군이 제천시로 통합되었으나 청주시·청원군 통합은 청원군과 충북도의 반대로 끝내 이뤄지지 못했다. 그 후에도 2005년과 2010년 두 번에 걸쳐 통합을 시도해 보았지만 역시 실패하고 말았다.

2010년 6월 나는 도지사 선거공약으로 청주·청원 통합을 1호 공약으로 내세웠다. 그때 같은 민주당의 한범덕 청주시장 후보, 이종윤 청원군수 후보도 이를 공약으로 내세웠는데, 다행히도 민주당 소속의 도지사·시장·군수 후보가 모두 당선되었다. 내무부 실무국장 때 미처 다하지 못한 청주·청원 통합의 한을 꼭 풀고 싶었던 나는 그해 8월 11일 한범덕 청주시장, 이종윤 청원군수와 통합 추진 합의문에 서명하고 본격적으로 통합 작업에 들어갔다.

청주·청원 시민·군민협의회가 구성되고 모든 준비를 끝낸 후 당시 청주시는 별도의 주민투표 없이 바로 시의회에서 만장일치로 통합에 찬성하였으나, 청원군은 군의회에서 결정하지 않고 주민투표에 맡겼다. 그리하여 2012년 6월, 마침내 청원군민에 대해 통합 찬반을 묻는 역사적인 주민투표가 실시되었다.

주민투표법상 총유권자의 3분의 1 이상(33.33%)이 투표해야 개표를 시작하게 되어 있는데, 이는 후보 간 경쟁인 선거와 달라 여간 어려운 일이 아니었다. 청주시·청원군·도·민간단체 등이 총동원되어 투표를 독려한 결과, 당시 청원군 유권자 120,240명 중 44,191명(36.75%)이 투표에 참여함으로써 가까스로 개표가 시작되었다.

개표 결과는 찬성이 78.6%로 압도적이었다. 생각해 보면 투표 참여율의 법정 기준인 33.33%에서 겨우 3.42%를 넘긴 것은 정말 아슬아슬했던 순간이었다. 그 후 2013년 1월 「통합청주시 설치 및 지원에 관한 법률」이 공포되고 2014년 7월 1일부터 '통합청주시'가 발족하였다.

본래 하나였던 청주시가 1949년 청주시와 청원군으로 분리된 지 65년, 1994년 통합 작업이 시작된 지 20년, 네 번째 통합시도 끝에 2014년 7월 역사적인 통합청주시가 출범한 것이다. 비로소 그간 시군 통합 전도사(?)를 자칭했던 이시종의 체면이 서게 되었다.

살신성인의 이종윤 전 청원군수에게 큰 빚을 지다

다만 청주·청원 통합과 관련하여 일등 공신은 당시 이종윤 청원군수라 하겠다. 이종윤 군수의 강한 의지가 없었다면 청주·청원 통합은 거의 불가능한 일이었을 것이다. 그런 이 군수의 엄청난 공헌에도 불구하고 통합시 출범 후 이 군수는 정치적으로 아무런 보상을 받지 못한 채 군수 자리만 내놓은 꼴이 되었다. 지금도 참으로 미안한 마음을 금할 수 없다.

바로 이런 걸 두고 살신성인(殺身成仁)이라 하는가? 우리 모두는 청주 · 청원 통합과 관련해 당시 이종윤 청원군수에게 큰 빚을 지고 있다. 우리 모두는 이 군수를 청주 · 청원 통합의 상징으로 영원히 기려야 할 것이다. 당시 통합추진공동위원회는 김광홍 위원장, 이상훈 · 이수한 부위원장, 조용남 · 박문희 · 안혜자 · 오준성 · 이두영 · 남기용 위원 등 9명으로 구성 · 운영하였다.

이종윤 前청원군수

스포츠 강도(强道)로 충북의 자존심을 살리다

만년 하위권, 전국체육대회에서 한 자릿수에 진입하다

충북은 항상 작고 약하고 국토의 변방에 서 있다 보니 늘 정치 · 경제 등 여러 방면에서 상대적으로 위축돼 있었다. 체육도 마찬가지였다. 나는 도지사에 부임한 이후 충북의 기(氣)를 살리는 방법의 하나가 '체육'이라고 생각했다. 충청북도를 체육강도(體育强道)를 만들고자 나는 2010년 60억 원이던 체육회 예산을 2020년 103억 원으로 늘리고,

도청운동경기부 또한 5종목 48명(펜싱, 역도, 볼링, 유도, 카누)으로 대폭 확대했다.

또한 2010년 20억 원이던 장애인체육회 예산도 2020년 65억 원으로 늘리고, 장애인 실업팀은 2012년 수영팀 창단을 시작으로 4개 팀 26명(수영, 역도, 양궁, 탁구)으로 늘리면서 체육인들의 사기를 북돋아 주었다. 그 결과 충북 체육은 놀랄 만큼 발전을 거듭했다.

2012년까지 전국체육대회 성적이 만년 두 자릿수(12~14위)였던 충북이 2013년에 역대 처음으로 한 자릿수인 8위를 기록한 것이다. 당시 충북 체육인들은 너무 감격해 서로 얼싸안고 춤을 출 정도였다. 그것이 계기가 되어 충북은 전국체육대회 순위가 2019년까지 내리 7년 연속 한 자릿수를 유지하는 기적을 창출해 냈다.

특히 2017년 충주에서 개최된 제100회 전국체육대회에서는 강적 서울을 제치고 경기도에 이어 2위를 차지하였고, 2019년 서울에서 개최된 전국체육대회에서는 서울 · 경기 · 경북 · 경남 · 인천에 이어 당당히 6위를 차지하며 전국체육계로부터 극찬받기도 했다.

충북이 이처럼 체육강도가 되기까지 이기용 · 김병우 교육감의 전폭적 지원, 강형원 등 체육계 원로, 김현준 · 이종찬 체육회 부회장, 김용명 생활체육회장, 윤현우 초대 민선체육회장, 홍승원 · 한흥구 · 정효진 사무처장 등 체육인들의 헌신적인 노력이 있었음을 밝힌다.

또한, 61년 역사의 전통을 가진 경부역전마라톤대회에서도 우리 충북은 육상연맹 신동

윤현우
초대 민선 충북도체육회장

삼 회장, 엄광렬 전무 등의 헌신적 노력으로 2006년부터 2015년까지 10연패를 달성하는 진기록을 세우기도 했다.

그러나 충북이 10연패를 달성한 2016년을 마지막으로 경부역전마라톤대회는 폐지되고 말았다. 매우 아쉽기 짝이 없다. 대신 우리는 강호축마라톤대회를 추진하여 강호축과 함께 마라톤의 명맥을 이어 가는 노력을 하고 있다.

'장애인 먼저 충청북도', 장애인체육의 신기원을 열다

2017년 충주에서 제37회 전국체육대회가 개최될 때였다. 해마다 전국체육대회가 끝나면 일주일 정도 후에 그 자리에서 전국장애인체육대회가 개최되어 왔다. 그러다 보니 전국장애인체육대회 개최 기간은 늘 춥고 쌀쌀한 10월 하순으로 근육이 경직되어 제 실력을 다 발휘할 수 없다고 불만이 많았다. 전국장애인체육대회가 전국체육대회보다 늦게 개최되는 것은 전국장애인체육대회 역사상 36년째 지속돼 오던 관행이었다.

나는 2017년 충주대회 때 전국장애인체육대회의 선(先) 개최 요구를 어떻게 관철할 것인가를 고민하다가 2016년 4월, '장애인 먼저 충청북도'라는 캐치프레이즈를 걸고 문체부 및 대한체육회에 장애인체육대회를 먼저 개최하자고 건의했다. 그러자 대한체육회에서는 수십 년간 해 오던 전통을 바꾼다는 것은 자존심 문제로 장애인체육대회를 먼저 개최한다면 전국체육대회 개최지를 다른 곳으로 바꾸겠다며 난리가 났다. 예상했던 대로 엄청난 저항에 부딪힌 것이다.

나는 이에 굴하지 않고 만약 장애인체육대회를 먼저 개최하지 않는
다면 충북도는 전국체육대회 개최를 반납하겠다는 배수진을 치며 6개
월을 버텼다. 전국체육대회를 타 시도로 변경하기에는 물리적으로 시
간이 촉박하다는 것을 알고 있었기에 더욱더 강하게 주장할 수 있었다.

그런 나의 주장을 대한체육회가 할 수 없이 받아들여 2016년 9월,
장애인체육대회를 먼저 개최하도록 승인해 주었다. 2017년 대회는 장
애인체육대회가 9월 15일부터 9월 19일까지 먼저 개최되고, 전국체육
대회가 10월 20일부터 10월 26일까지 나중에 개최되는 대한체육·장
애인체육 사상 초유의 역사를 만들어 낸 것이다. 이에 전국장애인들과
장애체육인들의 환호성이 여기저기서 터져 나왔다. 전국의 많은 장애
체육인들이 눈물을 흘리고 춤을 추었다는 이야기도 전해 들었다.

이 덕분인지 2017년 제37회 전국장애인체육대회에서 충북은 사상
최초로 전국 1위를 달성하는 기염을 토했다. 기적 중의 기적을 해낸
것이다. 그 여세를 몰아 2018년 전북대회 때는 2위를, 2019년 서울대
회 때는 3위를 하는 놀라운 성적을 거두었다.

물론 이런 기적을 창출하는 데는 당시 이
중근 장애인체육회 사무처장, 남상래·신용
식·변창수·송기성 등 장애인단체 회장들의
헌신적인 노력이 컸고, 특히 ㈜에코프로(이동
채 회장)가 6개 종목에 23명의 장애인스포츠
단을, ㈜한화큐셀이 7개 종목에 30명의 장애
인스포츠단을 창단한 것도 한몫했다.

이중근
前장애인체육회 사무처장

'장애인 먼저 충청북도'라는 캐치프레이즈는 전국장애인체육대회 기

간 중 최대의 화제가 되었고, 평범하지만 장애인과 국민들에게 용기와 감동을 준 위대한 작품이었다는 칭찬을 받았다. 그러나 전국장애인체육대회의 선(先) 개최는 아쉽게도 2017년 충북 대회가 처음이자 마지막이 됐다.

충북의 자존심, 프로 축구단을 창단하다

충북에는 오랫동안 K리그2 프로축구단이나 프로야구단이 없다 보니, 저녁 스포츠 뉴스 시간대가 되면, 충북인들은 자존심이 많이 상해 있었던 게 사실이다.

충북도는 그동안 도축구협회(강성덕 회장) 등과 함께 기업체 등에 수차례 프로팀 창단을 타진하였으나 잘 진행되지 않았다.

2021년 말 기업체 프로축구 또는 야구팀 창단은 도저히 어렵다고 판단한 나는 그동안 축구에 열정적인 김현주 사장이 이끌어 온 청주FC(K3)를 충북청주FC로 변경하여 매년 도비·시비 각 20억 원을 지원하고 구단 측에서 연 25억 원씩 부담하여 K리그2 프로축구단을 창단키로 하였다.

이에 따라 지난 2022년 4월 27일, K리그2 프로축구팀인 충북청주FC

강성덕 충북도축구협회장

김현주 청주FC이사장

창단을 위해 충청북도와 청주시(한범덕 시장) 및 청주FC(김현주 대표) 간에 협약을 체결하고 여기에 충북도의회 의장(박문희), 청주시의회 의장(최충진), 충북도체육회장(윤현우), 청주시체육회장(전응식), 충북도축구협회장(강성덕)이 협약서에 함께 서명하였다.

그 후 충북청주FC는 2022년 4월 29일 창단 회원 가입 신청서를 한국프로축구연맹에 제출하였고, 2023년 1월경 창단할 계획으로 모든 준비를 다하고 있다. 충북에 K리그2 프로축구팀이 창단되면 저녁 스포츠 뉴스 시간대에 충북인들이 얼굴을 들고 프로축구 경기 소식을 떳떳이 접할 수 있게 될 것이다.

청남대를 대한민국 근현대사의 성지로

현직 대통령은 청와대에, 전직 대통령은 청남대에

1983년 전두환 대통령에 의해 대통령 별장으로 조성된 청남대는 2003년 4월 18일, 노무현 대통령에 의해 대통령 별장이 폐쇄되고 충북도에 소유·관리권이 이양되었다. 이양된 후 몇 년 동안은 '대통령 별장'이라는 상징성 덕분에 꽤 인기 있는 관광지로 주목받았지만, 2010년 내가 도지사에 부임한 이후에는 관광객 수가 대폭 줄어들기 시작했다.

더구나 청남대에 각종 규제가 심하다 보니 청남대를 관광지로 더 개발할 여지도 없었다. 그리고 충북도는 청남대 관리에 따른 적자 보전으로 16년 동안 818억 원의 재정을 쏟아붓고 있었다. 이렇게 엄청난 적자를 기록하다 보니 청남대는 도 입장에서 보면 계륵과도 같은 존재였다. 그렇다고 청남대를 국가에 다시 반납할 수도 없는 입장이었다.

고민 끝에 나는 청남대를 '대한민국 대통령 공원' 개념으로 특화해 나가기로 하였다. 그동안 대통령만 되면 대부분 불명예스럽게 평가받던 우리나라의 풍토에서 대통령을 존경하는 분위기로 바꾸어 보자는 생각도 들었다. '현직 대통령은 청와대에 계시고, 전직 대통령은 모두 청남대에서 모신다'는 발상 아래 역대 대통령들의 동상과 기록화 제작, 대통령길 조성으로 청남대를 대한민국 역사교육의 장으로 활용하자는 생각이었다. 청남대를 일종의 '대한민국 역대 대통령 공원' 내지는 '대한민국 역사공원'으로 만들자는 것이었다.

이 계획이 발표되자 각계에서 찬반양론이 뜨겁게 달아올랐다. 보수 진영에서는 김대중·노무현 대통령의 동상·기록화 건립은 안 된다고 주장하고 진보진영 측에서는 이승만·박정희 대통령의 동상·기록화 건립은 안 된다는 주장이었다. 양쪽 주장을 다 받아들인다면 우리가 모실 역대 대통령은 거의 없게 될 것이고, 양쪽 주장을 받아들이지 않는다면 보수·진보 양 진영으로부터 상당한 저항을 피할 수 없을 것 같았다.

참으로 많은 진통 끝에 나는 큰 결단을 내렸다. 역대 대통령들을 모두 모시는 대신, 각 대통령의 공과는 역사학자들에게 맡겨 있는 사실 그대로 기록하겠다고 말이다. 이곳은 정부 수립 이후 대한민국 역사교육의 장이지, 특정 이념의 대결 장소가 아니라고 못 박기도 했다.

그리고 2013년 5월부터 본격 추진해 나갔다. 전 대통령 10명(이승만·윤보선·박정희·최규하·전두환·노태우·김영삼·김대중·노무현·이명박)의 동상은 우리나라 최고 수준의 조각가인 김영원 작가에게 제작 의뢰하였고, 기록화는 1명당 2점씩 전국 공모를 통해 작가를 선정, 본격적인 작업에 들어갔다. 참고로 이 작업 시작 이후에 대통령이 되신 분들의 동상과 기록화 제작은 앞으로도 계속 추진되어야 한다고 본다.

동상과 기록화 제작을 완벽히 하기 위해 역사학자·고증학자·복식 전문가·화가·유가족 등 전문가 및 관계인들로 자문위원회를 구성, 다양한 의견을 개진하였고, 이를 반영하여 작품을 완성했다. 그리고 대통령기념관을 만들어 대통령 기록화를 비치하고 대통령길을 조성하여 그 길의 입구에 대통령 동상을 건립하였다.

이 모든 작업이 끝난 2015년 6월 4일 준공식을 하고 역대 대통령별로 일주일씩 대통령 주간행사를 했다. 가장 먼저 개최한 주간행사가 이승만 대통령 주간행사였는데. 그날 이승만 대통령의 아들 이인수 씨의 축사 한마디가 참석자 모두를 숙연하게 만들었다.

"이승만 대통령님이 1960년 4월 하와이로 망명 가시고 54년이 되었습니다. 그런데 정부든 지방이든 민간단체든 대한민국 어디에서도 이승만 대통령을 기리는 행사가 한 번도 없었습니다. 오늘 이 행사가 처음입니다."

눈물을 글썽이며 말을 제대로 잇지 못하던 그 모습이 왠지 듣는 이들의 마음을 무겁게 짓누르고 있었다.

어쨌든 역대 대통령의 동상·기록화를 한꺼번에 모시는 이 사업은 대한민국 역사상 처음 있는 일이었다. 청남대에 세워진 역대 대통령 동상과 기록화가 보수·진보, 좌·우, 세대 간, 지역 간 갈등을 녹여 하나로 융합하고 대한민국 역사의 산 교육장으로 영원히 활용되었으면 하는 바람이다.

대한민국 임시정부 행정수반 동상·기록화 및 기념관 건립

청남대에 역대 대통령 동상과 기록화를 제작·비치함으로써 일부 계층으로부터 불만도 있었지만, 대다수 국민에게 이게 나라가 바로 나아갈 길이라는 칭찬을 더 받았다. 이에 탄력을 받아 2019년 임시정부 수립 100주년 기념사업 차원에서 청남대에 임시정부 행정수반들의 동상과 기록화를 제작, 건립해 보자는 욕심이 생겼다.

임시정부에서 대통령·국무령·주석 등 행정수반을 맡은 초대 이승만 대통령부터 2대 박은식 대통령, 3대 이상룡 국무령, 4대 홍진 국무령, 5대 이동녕 주석, 6대 송병조 주석, 7대 양기탁 주석, 8대 김구 주석에 이르기까지 총 8명의 동상을 제작하여 청남대 잔디광장에 건립하고, 기록화도 한 점씩 제작하였다. 그리고 2022년 4월 11일 임시정부 수립 제103주년을 맞아 총사업비 80억 원을 들여 상해임시정부청사의 모습을 재현한 임시정부기념관을 건립하여 기록화 등 임시정부 관련 자료를 비치하고 있다.

이로써 청남대는 10명의 역대 대통령(계속 늘어날 예정)과 8명의 임시정부 행정수반의 동상과 기록화를 전시함으로써 대한민국 근현대사의 성지로, 국민 통합과 포용의 산실로, 나라사랑 교육의 전당으로 승화 · 발전시켜 나갈 것으로 확신한다.

항일독립운동 기념탑과 충북 여성독립운동가 흉상

나는 2013년 8월 15일 청주 3 · 1공원에 충북 출신 652분의 순국선열 및 애국지사를 모시는 항일운동기념탑을 건립하였다. 또한 2020년 3월 20일 10명의 충북 출신 여성독립운동가(박재복 · 신순호 · 어윤희 · 오건해 · 윤희순 · 임수명 · 연미당 · 박자혜 · 신정숙 · 이화숙)의 흉상을 제작하여 충북미래여성플라자에 전시했다. 이로써 독립운동에 여성들의 역할도 컸다는 것, 특히 충북 여성들의 독립운동이 빛났다는 것에 대해 충북인들이 자긍심을 느끼도록 하는 계기가 되었다.

이처럼 역대 대통령, 역대 임시정부 행정수반, 충북여성 독립운동가, 충북을 대표하는 독립운동가의 동상 · 기록화를 제작하는 데는 박걸순 · 김승환 · 임동욱 · 최진 · 김양식 · 정삼철 · 장준식 · 이상은 등 각계 전문가와 박현순 · 이남희 여성가족정책관, 강성환 · 이설호 · 오유길 청남대관리사업소장의 도움이 매우 컸다.

또한 충북도는 2022년 4월 현재, 충북을 대표하는 독립운동가 11분(손병희 · 신규식 · 신채호 · 한봉수 · 이광 · 류자명 · 유인석 · 황학수 ·

홍진 · 이상설 · 홍범식 선생)의 동상을 제작, 3 · 1공원에 건립하고자 2022년 6월 현재 작업을 추진 중이다.

아픈 역사를 아프게 기록하는 것도 한 편의 역사다

2020년 5월 중순 일부 단체 회원들이 갑자기 도지사실로 찾아와 청남대에 설치된 전두환 · 노태우 두 전직 대통령 동상을 철거할 것을 요구하였다. 형법 선고를 받은 두 전직 대통령에 대해 "전직 대통령 예우에 관한 법률 위반이므로 철거하여야 한다."는 그들의 주장에 나는 "동 법률 위반이라면 철거하는 문제를 전향적으로 검토해 보겠다. 다만, 도민들의 의견을 들어 결정하겠다."라고 답변했다.

이후 청남대 전직 대통령 동상 건립의 법률 위반 여부를 행정안전부에 질의하였더니, 지방자치단체가 설치하는 동상은 동법 적용 대상이 아니라는 유권해석을 받았다. 이처럼 동상 철거의 법적 근거가 미비한 상태에서 고민하던 끝에, 동상 철거의 법적 근거를 마련하고자 2020년 7월부터 도의회와 협의하여 조례 제정을 추진해 나갔다.

그러나 이 문제가 도민들의 뜨거운 논란으로 비화하자 도의회는 11월 중순 조례발의를 스스로 철회하였고, 결국 모든 결정은 다시 도지사에게 이관했다. 이 과정에서 어느 시민이 전두환 대통령 동상을 훼손함으로써 구속되는 불행한 사건이 발생하였다.

나는 그동안 각계각층의 대표자들을 만나 다양한 의견을 듣고 고민을 거듭한 끝에 2020년 12월 7일 철거하지 않되 "사법적 과오를 적시하여 장소를 이전·존치하는 것"으로 도의 입장을 결정·발표하였다. 아픈 역사를 지우기보다는 아픈 역사를 아프게 기록하는 것도 한 편의 역사라는 논리를 내세워 보수와 진보 간 첨예한 대립 속에서 6개월여를 끌던 뜨거운 논란에 마침표를 찍은 셈이다.

[역대 대통령 동상]

이승만 대통령

윤보선 대통령

박정희 대통령

최규하 대통령

전두환 대통령

노태우 대통령

김영삼 대통령

김대중 대통령

노무현 대통령

이명박 대통령

[임시정부 행정수반 기록화]

대통령 이승만

대통령 박은식

국무령 이상룡

국무령 홍진

주석 김구

국무회의 주석 양기탁

국무회의 주석 송병조

국무회의 주석 이동녕

[항일독립운동 기념탑 , 충북여성독립운동가 흉상]

박 자 혜

오 건 해

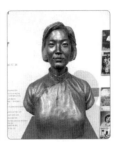

신 순 호

연 미 당

윤 희 순

어 윤 희

신 정 숙

임 수 명

박 재 복

이 화 숙

청주미래해양과학관, 충주해양박물관에서 싹트다

2019년 12월 10일 바다가 없는 충북 청주에 2020년 국립해양과학관 설립 정부예산이 국회를 최종 통과했다. 총사업비 1,046억 원, 건평 4,600평 규모의 해양과학관이 2025년 개관을 목표로 우선 설계비 25억 원이 확정됐다.

청주미래해양과학관은 '내륙에서 울려 퍼지는 파도 소리'라는 콘셉트로 조선 시대 판옥선을 모티브로 디자인된다. 여기에 4차 산업혁명 기술을 연계하여 청소년들의 수중스튜디오 체험, AR/VR 체험, 미래 직업 체험, 로봇탐험대, 해양바이오 연구, 해양생태탐사단 등이 배치되는 영상을 활용한 세계적인 해양과학관이 될 것이다.

청주미래해양과학관의 시작은 15년 전인 2004년 12월로 거슬러 올라간다. 당시 국회의원이었던 나는 "충주에 가면 바다가 보인다."라는 구호로 지역구인 충주에 250억 원 규모의 해양박물관 건립(아쿠아리움)을 위해 관련 2005년도 국비예산 15억 원을 극적으로 반영시켰다. 국비 50%에 지방비 50%를 부담하는 조건이었다. 바다도 아닌 내륙 지역인 충주에 해양박물관 예산이 편성되자, 당시 모 중앙지에서는 국회에서 잘못 편성된 대표적인 예산 중 하나로 해양박물관을 찍어 보도하기도 했다.

그러나 이처럼 기상천외한 역발상으로 국회에서 통과된 충주해양박물관은 첫 삽도 뜨지 못한 채 2006년 국비 반납이라는 비운의 삶으로 끝나 버렸다. 총사업비 250억 원 중 지방비 125억 원을 부담해야 하는데 당시 충주시가 돈이 없다며 반대한 것이다.

나는 충주시의 부담을 덜어 주고자 서울 삼성동 아쿠아리움에 지방비 부담 50% 중 30%(75억 원)를 투자하면 그에 상응하는 기간 동안 운영권을 주는 조건으로 투자를 제안하여 승낙받았다.

그리고 다시 나는 당시 이원종 도지사를 찾아가 총사업비의 10% 도비 지원을 약속받아 충주시에 국비 50%, 민자 30%, 도비 10%를 지원하여 추진할 것을 요구하였으나 잘 진행되지 않았다.

총사업비의 10%인 25억 원만 충주시가 부담하면 250억 원 규모의 시 재산(財産)이 생기고 그로 인한 관광 수입이 상당할 텐데….

이후 단양군이 2012년 총사업비 120억 원 규모의 단양아쿠아리움(민물고기전시관)을 건립하여 현재 연평균 관람객 28만여 명에 입장료 연 15억 5천만 원의 수입으로 관광 단양의 효자 종목으로 자리 잡고 있는 걸 볼 때 부럽다는 생각이 들곤 했다.

15년간 네 번의 도전 끝에 성공하다

충주 지역 국회의원 시절 못다 이룬 해양박물관이 늘 마음에 걸렸던 나는 2010년 7월 도지사에 취임하자마자 '해양과학관'이라는 이름으로 다시 추진하기 시작했다.

2011년 충북도 종합계획에 해양수산문화체험관을 반영하고 국토해양부에 예비타당성조사 대상사업 신청했지만 선정되지 못했다. 두 번째 도전도 실패였다. 2015년 3월 다시 정부의 예비타당성 조사대상에 까지는 포함했으나 2017년 3월 예타조사 결과는 불합격이었다. 세 번째 도전 역시 실패였다.

나는 도전을 멈출 수 없었다. 나는 다시 2018년 10월 정부예비타당성 조사대상 사업으로 신청하며 네 번째 도전을 시도했다. 이번에는 사업비도 1,046억 원으로 줄이고 과학관 이용가능인구(90분 내)도 1,230만 명으로 늘리며 단순한 아쿠아리움이 아닌 '미래과학관' 개념을 담는 등 준비에 만전을 기했다. 그리고 몇 가지 당위성(논리)을 정립해 대응해 나갔다.

첫째, 해양 관련 시설은 해안 지역 사람들만이 향유하는 전유물이 아니다. 오히려 내륙 지역 사람들의 공감대가 형성돼야 우리나라가 진정한 해양강국이 될 수 있다.

둘째, 헌법상 충북은 바다를 가질 권리가 있고(헌법 제10조 행복추구권, 제11조 평등권), 국가는 충북에 바다를 줄 의무가 있다(헌법 제123조 2항 국가균형발전의무).

셋째, "바다 없는 충북에 웬 해양과학관이냐?"고 묻는 사람들에게 "서울 사람들이 부산 해운대 가면 실제 바다를 구경하고 오지, 부산 해양박물관만 보고 오는 사람 있느냐?"고 반문한다. 오히려 해양과학관은 바다보다는 내륙 지방에 있어야 관람하는 사람들이 훨씬 많다는 논리다.

이러한 논리를 갖고 적극 설득하고 통사정한 결과, 2019년 12월 KDI의 예비타당성 조사에서 통과됐고 2019년 12월 마침내 2020년도

정부예산에 설계비 25억 원이 극적으로 반영되는 세기의 드라마를 연출했다.

청주미래해양과학관은 청주밀레니엄타운 내에 부지 4,700평, 건평 4,600평 규모로 해양환경관·해양어드벤처관·해양바이오관 및 해양로봇관을 건립하는 것이다. 총사업비 1,046억 원 중 국비는 971억 원, 지방비는 75억 원이지만 부지매입비는 별도로 지방이 전액 부담하여 2025년 개관을 목표로 추진하고 있다.

도(道)의 입장에서 보면 미래해양과학관은 충주까지 거슬러 가면 4수생, 네 번의 도전으로 만 15년 만에 성사된 감동의 산물이다. 미래해양과학관이 충북에 들어서기까지 고생한 당시 이장섭 부지사, 이강명 농정과장, 김수인 팀장 등 도 공무원들, 도의원, 지역국회의원들, 노영민 대통령 비서실장, 그리고 김병우 교육감을 비롯한 학부모단체 등 모든 분들의 노고에 진심으로 감사드린다.

투자 유치만이 살길이다

먼저 투자 유치에 올인하다

충북 경제를 살리는 길은 오직 투자 유치뿐이라는 생각에 나는 투자 유치에 전력을 쏟았다. 도 간부와 경제인들로 구성된 '투자 유치 전담

반'을 만들고 서울과 중국 상해에 투자 유치 사무소를 개설하여 투자 유치 활동을 적극 전개해 나갔다. 심지어는 수도권 공단에 입주한 기업들 유치를 위해 공단 부근의 중개업소와 직통 채널을 갖기도 했다.

그 결과 민선 5기 때 20조 원, 민선 6기 때 43조 원의 투자 유치 MOU를 체결하였고 민선 7기 6개월 남은 2021년 12월 말 현재 41조 원, 모두 합쳐 104조 4천억 원을 달성하였다.

민선 5·6기 동안 충북도는 투자 유치를 위해 31지구에 385만 평의 산업단지를 지정하였고, 민선 7기 동안 36지구에 593만 평의 산업단지 지정을 추진하고 있다. 이에 따라 충북의 산업단지 지정·분양면적은 전국 2위를 기록하였는데, 앞으로는 매년 100만 평 정도의 산업단지를 조성·분양할 계획이다. 특히 최근에는 국토의 허브인 오송에 204만 평 규모의 제3 국가산단을, 충주에 68만 평 규모의 바이오 국가산단을 조성할 계획이다.

투자 유치에 공짜는 없다. 나는 그동안 충북에 투자하는 기업들에게 인센티브로 보조금과 함께 공장 진입도로·공업용수·가스시설 등 기반시설을 적극 지원해 왔는데, 이것이 충북 투자 유치의 성공 요인이었다고 본다.

특히 투자 유치를 위해 헌신을 다 바친 김경용·이우종·윤재길·이차영·김창현· 맹경재·신형근·이종구 국장과 직원들, 서울 사무소 박영선·설찬교·여영구 소장 등 관계자들, 그리고 시장·군수들에게 감사드린다. 이분들의 열정이 민선 5기 이후 104조 원

맹경재
충북경제자유구역청장

을 초과하는 투자 유치의 대성공을 이끌었다.

그동안 대규모 기업들의 투자 유치를 위해 충북도가 쏟은 땀과 열정을 간단히 정리해 보고자 한다.

우진프라임 투자 유치 작업에 힘쓰다

2012년 6월, 나는 재경 충북경제인들과 서울 모 호텔에서 간담회를 했다. 일 년에 1~2회 정도 재경 충북 경제인들과 만나 투자 유치 동향 등에 관해 의견을 교환하는 자리였다. 그날 나는 경청호 현대백화점 부회장으로부터 충북 음성 출신인 김익환 사장이 인천에 있는 우진프라임 공장을 지방으로 이전한다는 정보를 듣게 되었다. 지금 지방 이전이 거의 확정 단계로 알고 있으니, 빨리 접촉해 보라는 것이다.

놓칠 수 없는 좋은 기회라는 생각에, 그 이튿날부터 바로 우진프라임 투자 유치 작업에 들어갔다. 알고 보니 우진프라임은 세계적 수준의 사출성형기 전문회사로 당시 연매출액 1,500억 원 정도의 굴지의 큰 회사였다. 그런데 이미 다른 지역에 이전키로 MOU까지 체결한 상태여서 이를 충북으로 되돌리기는 매우 어려운 상황이었다. 그러나 충북으로 이전 시 더 많은 지원을 약속하는 동시에 애향심을 자극하여 충북 보은으로 유치하는 데 성공했다.

우진프라임이 필요한 부지는 14만여 평, 투자 규모는 3,000억 원 정도였는데, 때마침 한국농어촌공사에서 보은군에 조성 중인 동부산단을 통째로 우진프라임에 분양하였고, 투자보조금과 함께 상수도·

전력 공급 등 지원시설에 195억 원을 투자하여 마침내 2014년 10월에 공장 준공식을 하게 되었다.

우진프라임은 현재 매출 규모 2,050억 원, 고용 창출 540명으로 충북의 효자 기업으로 자리 잡았다.

한화큐셀 유치, 1천억 원 위약금 변상에 서명하다

2015년 3월, 한화그룹에서 세계 최대 규모의 태양광 셀·모듈 생산공장을 짓기 위해 국내 몇 개 지역 및 말레이시아 등과 공장 부지를 협의 중이라는 정보를 입수하였다. 그런데 그해 12월 공장을 준공해 2016년 1월부터 미국 넥스트라에 1.5GW, 연간 1조 원 규모의 모듈을 납품해야 한다는 조건이었다.

사실 당시 한화그룹에서 검토 중인 말레이시아와 서산국가산단은 이미 산업단지가 완벽하게 조성되어 있어 몸만 들어가면 됐지만, 충북 산수산단은 아직 시작 단계라 각종 인허가와 공업용수 확대, 폐수처리장 증설, 대규모 전력 공급 등 기반시설이 전무한 상황이었다.

미국 넥스트라 측에서는 연말까지 부지를 제공하지 못한다면 위약금 1천억 원을 변상한다는 도지사 확약서 제출을 요구했다. 참으로 난감했지만, 나는 결단을 내렸다. 그리고 2015년 4월 말, 한화그룹과 떨리는 손으로 투자협약 MOU를 체결하였다. 사실 8개월 이내에 모든 절차를 끝낸다는 게 쉬운 일은 아니었지만, 당시 설문식 경제부지사와 맹경재 경제국장을 중심으로 T/F를 구성하여 건축인허가·환경·문화재·공업용수·폐수처리·가스·전력 등 모든 기반시설을 완공하여 이듬해 1월부터 공장 가동에 들어갈 수 있게 하였다. 불가능한 일을 가능케 한 대표적인 사례다.

2016년 1월 공장 준공식에 참석한 미국 넥스트라의 알만도 피멘텔 회장의 축사는 보는 이들에게 많은 감동을 주었다.

"저는 올해 1월부터 공장을 가동한다는 작년 4월의 충북도의 약속은 이행되리라 믿지 않았습니다. 그래서 '위약금 1천억 원을 공짜로 벌겠구나.' 하고 생각한 게 사실입니다. 그런데 실제 올해 1월 준공식을 하게 되어 정말 믿을 수가 없습니다. 위약금 1천억 원을 그냥 날려 버렸습니다(웃음)."

한화큐셀은 1차로 5,700여억 원 외에 2차·3차 공장 추가 증설로 총 1조 5,700억 원을 투자하며 충북 경제성장의 큰 기둥이 되었다. 여기서 생산되는 전력 규모가 총 1.5GW로 인구 200만 명 규모 도시의 전력 사용량과 같은 수준의 세계 최대 규모의 태양광 셀·모듈공장이라니, 나는 절로 어깨가 으쓱하고 자랑스러워진다.

증평에듀팜특구, 중부권 최대 국민휴양관광지를 꿈꾸며

증평에듀팜특구는 2005년부터 한국농어촌공사와 증평군이 MOU를 체결한 지 10년이 지나도록 사업이 지지부진, 시간만 끌어왔다. 그러던 중 2016년 5월 ㈜블랙스톤리조트가 투자
의사를 표명해 오면서 즉시 MOU를 체결하
고, 2017년 12월 착공하여 2019년 6월 일부
개장식을 하게 되었다.

이렇게 속전속결로 추진하게 된 데는 블랙
스톤 회사의 강력한 의지가 있었고, 도에서
'법과의 전쟁'을 선언하며 당시 설문식 경제부

홍성열 증평군수

지사와 맹경재 국장, 홍성열 증평군수를 중심으로 T/F를 구성 운영한
것이 주효했다.

증평에듀팜특구를 만드는 데 자그마치 33개의 인가·허가 등을 밟
았는데, 하나의 사업을 하는 데 이처럼 많은 규제가 가로놓여 있어 규
제의 장벽을 넘지 못하고 포기하는 사례가 적지 않았을 것이라는 생각
에 씁쓸함을 감출 수 없었다. 증평에듀팜특구는 앞으로 대한민국 중부
권의 최대 국민휴양관광지로 발돋움할 것으로 기대한다.

CJ제일제당 식품클러스터, 기적적인 투자협약과 착공

당초 CJ제일제당 식품클러스터는 다른 지역에 가기로 예정돼 있었
으나, 충북도의 설득으로 진천 송두산단을 조성·입주하기로 변경했
다. 당시 원형지 상태에 있던 진천 송두산단은 2015년 10월 CJ제일제
당과 투자협약을 체결하고 2017년 7월 착공하였는데, 불과 1년 11개
월 만에 착공한 것은 기적에 가까운 일이었다.

_____ 8전 8승 이시종의 비결

CJ제일제당은 진천 송두산단 내 15만 평 부지에 협력업체와 함께 총 1조 6천억 원을 투자하여 약 1,500여 명의 고용을 창출하고 있다. 앞으로도 3,000억 원을 추가 투자하여 200명의 연구인력 고용 창출을 계획하고 있으며, 현재 총매출액 8조 9,687억 원 규모로 세계 최대 규모를 자랑하는 충북의 대표적인 기업이 되었다.

항간에는 한화큐셀과 CJ제일제당이 중부고속도로를 타고 남쪽으로 내려가는 도중에 충북이 길을 막고 발걸이를 하는 바람에 충북 땅에 주저앉고 말았다는 농담이 나돌기도 했다.

SK 하이닉스, 청주 시장경제 대호황의 주역

2011년 현대 하이닉스를 인수한 SK그룹은 2017년 M15 청주공장에 15조 5천억 원이라는 천문학적인 금액을 투자하기 시작했다. 그리고 2단계로 2025년까지 10년간 총 35조 원을 투자할 계획이라고 발표했다. SK하이닉스는 충북의 최대 투자자로, 15조 5천억 원을 투자할 때 청주의 시장경제는 정말 큰 호황을 누렸다.

나는 2010 · 2014 · 2018년 도지사 후보 선거사무실로 청주 봉명동 네거리에 있는 건물을 사용했다. 2010년과 2014년 선거 때는 봉명동 등 서청주 일대 주변 식당에 점심 · 저녁 식사를 하러 가면 우리 팀이 손님의 전부였을 만큼 선거사무실 주변 골목은 썰렁했다. 그런데 2018년 선거 때는 모든 식당이 손님들로 꽉 차서 앉을 자리가 없을 정도로 그 주변이 대단한 호황을 누리고 있었다.

식당뿐 아니라 술집·여관·사우나·커피숍 등 인근 모든 가게가 대호황을 누리고 있는 것을 보고는 적잖이 놀랐던 기억이 난다. 알고 보니, SK하이닉스 공장 건축 때문이었다. SK하이닉스에서 공장 건축을 하는 데 많을 때는 노동자가 하루 1만 명씩 투입될 정도였다니 서청주 주변 일대가 대박이 나지 않을 수가 없었다. 투자 유치의 위력이 얼마나 큰지를 보여 주는 대목이다.

현대엘리베이터㈜, 세계 최대 규모로

충주 제5산단 부지 53,000평에 2,500억 원을 투자하는 현대엘리베이터㈜에 대하여 충북도 맹경재 국장, 이종구 과장을 비롯한 투자 유치 부서는 2017년부터 동향을 파악하고, 음성·충주 등 도내 유치를 위해 긴밀히 접촉하기 시작했다. 당시 현대엘리베이터㈜ 측은 원주·천안·충북을 이전 대상 후보지로 놓고 검토 중이었다.

현대엘리베이터㈜ 측이 파격적인 인센티브 및 행정지원을 제안한 충북에 이전하기로 하고 도와 음성군이 확약서를 제공하였다. 그런데 음성군에 유치하려던 부지와 관련하여 문제가 발생하자, 2019년 4월 30일 도는 다시 충주시와 함께 음성군과 동일 수준으로 지원키로 다시 재확약하면서 현대엘리베이터㈜는 충주 제5산단을 이전 부지로 확정하였다.

그리고 2019년 7월 현대그룹(현정은 회장)과 충북도·충주시 간 투자협약을 체결하였는데, 이 과정에 조길형 충주시장의 노고가 컸다. 그 후 2000년 7월 착공한 공장은 종업원 수 2,144명에 승강기 생산 규모 연 25,000대, 물류센터 및 테스트타워 등이 들어서는 세계 최대 규모의 공장이다. 그중 특히 테스트타워는 연면적 21,700㎡에 지상 41층, 지하 2층, 높이 306m의 세계 최고층으로 2023년 하반기에 완공되면 충북도·충주시의 엄청난 관광자원으로서 큰 자랑거리가 될 것이다.

투자 유치가 활발하니 경제가 좋아지네!

2011년부터 적극 추진한 투자 유치가 효력을 나타내기 시작한 해는 2013년부터였다. 2009년도 전국 대비 2.99%이던 충북 경제 GRDP 비중이 2013년에 3.16%로 치고 올라가더니, 매년 증가하여 2020년에는 3.69%까지 크게 치솟았다. 물론 당초 목표였던 4%에는 다소 미치지 못했지만, 수도권 집중 심화 및 코로나19로 인한 국내외 경제 침체, 그리고 국제 원자재 공급망 위축으로 인한 수출시장의 불확실성 등을 고려한다면 매우 괄목할 만한 성적이다.

경제성장률은 꾸준하게 최상위권을 유지하여 왔다. 2020년에는 1.3%를 기록하여 전국 2위를 기록하였다. 특히 2010년부터 2020년까지의 연평균 성장률은 4.5%로 세종시를 제외하면 전국 1위를 차지하였다. 도내 제조업 비중은 48.8%를 차지하여 전국 1위다.

고용률도 2009년도 전국 5위였으나, 2020년에는 69.0%로 3위를 달리고 있다. 2020년 구인구직배율(구인수÷구직인수)이 전국 평균은 0.45인 데 비해 충북은 0.86으로 압도적 1위를 차지하였으며, 특히 산업생산의 중심지로 떠오르는 진천과 음성은 각각 1.57, 2.46을 기록하여 전국 최고의 일자리 창출을 보이고 있다.

이러한 추세로 계속 나간다면 머지않아 '전국 대비 4% 충북 경제, 1등 경제 충북'은 반드시 실현될 것이라 확신한다.

경제가 좋아지니 인구가 늘어나네!

2020년도 충북의 GRDP 총규모는 67.8조 원으로 전국 9위를 차지하고 있다. 같은 해 충청권의 GRDP 규모는 232.3조 원으로 호남권(163.3)을 앞서고 있다.

충북은 얼마 전까지만 해도 인구에 있어 제주도 다음으로 꼴찌 2위라는 불명예를 안고 있었다. 그러던 충북의 인구가 2006년도를 기점으로 늘기 시작하더니 2007년 10월 1,521,098명이 되어 처음으로 강원도를 161명 추월하였다. 꼴찌 2위에서 꼴찌 3위로 등극하는 역사적인 순간이었다.

그 후 충북의 인구는 계속 늘어 2012년 7월 청원군 부용면 8개 리 인구 6,644명이 세종시로 편입되었음에도 불구하고 2013년 12월 말 1,600,213명이 되어 역사상 처음으로 충북 인구 160만 명대에 진입하게 되었다.

6년 후인 2019년 10월 말에는 164만 명을 돌파하는 대기록을 세웠으며, 2021년 12월 말 163만 3천 명을 기록하고 있다. 2013년 세종시 출범 이후 세종시에 편입된 부용면 6,644명과 그동안 세종시로 이주한 41,498명까지 포함하면 실제 충북 인구는 169만 명 정도 되지 않았을까 추측해 본다.

생산적 일손봉사, 농촌·중소기업 인력난 해소에 효자다

일선 농장이나 중소기업 공장에 가 보면 노동자들의 대부분은 외국인이 차지하고 있다. 특히 축산농가나 소규모 공장 같은 힘든 일자리, 즉 생산적 일자리에는 주인만 한국인이지 종업원 모두가 외국인 노동자인 경우가 대부분이다. 그렇다고 우리나라 노동자들이 다른 곳에 취업한 것도 아니다. 힘든 생산적 일자리는 기피하는 경향 때문이다.

우리나라 유휴인력(노동력)은 2016년을 기준으로 자발적 실업자를 포함하여 858만 명이라는 통계가 있다. 이들 중 연 287만 명은 기관·단체의 각종 여가활동 프로그램에 적극 참여하는 수치로, 기회만 주어진다면 생산적 노동현장에 투입할 수 있는 유휴인력이 될 것이다.

나는 그 많은 유휴인력을 생산적 일자리에 투입하는 방안을 고민하던 중 2016년 5월부터 '생산적 일손봉사'라는 사업을 본격 추진했다. 이는 유휴인력 중 한 달에 최소 1~2회 정도 농장이나 중소기업 공장의 생산적 일자리에 가서 하루 4시간 봉사하면 교통비로 2만 5천 원(처음에는 2만 원, 도와 시군이 각 50% 분담)을 지급하는 것이다.

정식 인력시장과의 충돌을 피하고자 하루 4시간, 교통비로 2만 5천 원을 상한선으로 정했고, 만약의 사고에 대비해 보험까지 가입했다. 그 결과, 2016년에 3만 명으로 출발한 생산적 일손봉사가 2021년에는 20만 명으로 대폭 늘어나 농촌과 중소기업 공장의 인력 부족을 상당 수준 해결해 주는 효자 사업으로 정착하였다. 앞으로 생산적 일손봉사를 연 50만 명까지 확대한다면 전문인력은 아니더라도 단순인력, 일반인력의 부족 문제는 거의 해결되지 않을까 기대된다.

생산적 일손봉사의 현장 사례를 소개할까 한다. 2016년 시행 첫해, 개성공단에서 저임금(야근 시 월 25만 원 정도)으로 운영하던 매스트라는 양말 공장이 개성공단 폐쇄로 제천에서 공장을 운영하고 있었다. 그런데 우리나라 고임금으로는 도저히 지탱할 수 없어 운영을 중단해야 하나 베트남으로 가야 하나를 고민하던 중, 마침 생산적 일손봉사를 긴급 투입한 덕에 회사가 다시 살아나 잘 운영되고 있다.

또 모 고추농가는 고추 가격이 폭락한 2016년, 고추를 따 봐야 인건비도 나오지 않아 고추를 수확하지 않은 채 고추가 밭에서 빨갛게 타들어 가는 걸 안타깝게 바라보고만 있었다. 이때 생산적 일손봉사를 투입하여 고추를 모두 따게 했더니 농가 주인이 "고추만 따 주는 게 아니라 고춧대까지 뽑아 줬어요."라며 고맙다고 눈물을 글썽이기도 했다.

옥천의 한 모임에서는 회원들이 돌아가며 생산적 일손봉사에 참여하고 그 대가로 받은 교통비를 모았다. 월 30만 원 정도 되는 그 돈으로 한 달에 한 번은 삼겹살 잔치를 하고, 나머지 반은 모아 두었다가 연말에 불우이웃 돕기에 참여하며 생산적 일손봉사의 모범이 되고 있다.

〈생산적 일손봉사 현장〉 최정옥 前 도 종합자원봉사센터장 등

　특히, 2020년부터 시작된 코로나19로 외국노동자가 절대 부족한 농가와 중소기업에는 생산적 일손봉사가 효자 역할을 단단히 하고 있다. 충북도는 2022년 생산적 일손봉사에 최소 22만 명 이상을 투입할 계획이다.

　생산적 일손봉사는 우선 급한 일손 부족을 해결하고 투자 유치에도 아주 큰 도움이 되고 있다. 앞으로 연 50만 명을 투입할 경우에는 인력 부족으로 인해 충북 투자를 기피하는 경우는 없을 것이라 예상된다. 이렇게 생산적 일손봉사가 성공할 수 있었던 배경에는 당시 도·시군의 담당 직원들(이혜옥 팀장, 최병희 과장 등), 종합자원봉사센터(최정옥·권석규 센터장 등), 농협 등의 적극적인 협조와 지원이 있었다.

국립소방병원(사실상 서울대병원) 유치

　충북의 의료 환경은 청주권을 제외하고 중북부·남부권은 아주 열악한 상태이다. 중환자가 발생하면, 으레 서울의 큰 병원을 찾는 경우가 다반사이다. 그러다 보니 이송 도중에 환자가 생명을 잃는 경우도 있고, 가족 등 보호자가 동행하다 보니 경제적·시간적으로 이중고를 겪기 일쑤였다. 특히 당초 허허벌판에 종합병원 없이 들어선 충북혁신도시 입주민들의 불만이 컸다. 나는 이런 현실을 외면할 수 없어서 그동안 여러 가지 대책을 고민하고 있었다.

　그러던 차 2018년 1월, 소방청에서 국립소방병원(당초에는 소방복합치유센터)을 건립한다고 후보지 공모계획이 발표되었다. 충북 혁신도시에 늘 심적 부담을 느낀 나는 눈이 번쩍 뜨였다. 이 공모에는 전국 62개 시군이 신청하였고, 소방청은 평가를 거쳐 2018년 6월 충북 음성군·진천군을 포함한 전국 14개 시군을 후보지로 1차 선정하였다.

　나는 2차 평가에 대비, 본격 준비에 돌입했다. 우선 총괄업무는 그동안 공모사업에 경험이 많은 도 경제국이 맡고, 소방본부가 실무 지원하면서, 음성군·진천군이 본격 준비에 들어가도록 했다. 수시로 자문회의를 개최하고, 도내 대형병원들과 상호협력 MOU를 체결하면서 PT 발표 준비에 정성을 쏟았다. 다행인 것은 당시 권대윤 소방본부장이 전에 소방청에서 소방병원 건립 업무를 직접 담당하던 분이었고, 송기섭 진천군수가 도중에 포기하고 음성군을 지원한다고 선언한 것이 대외적으로 큰 명분을 쌓게 되었다.

2018년 7월 12일 2차 평가 후 2018년 7월 16일 소방청은 마침내 충북 음성을 최종 후보지로 선정·발표하였다. 모두가 함성을 지르고 손뼉 치며 환영했다. 정말 감격의 순간이었다. 나로서는 충북 혁신도시 주민들, 충북 중북부 지역 도민들에게 비로소 체면이 서는 순간이었다. 1차 평가에서는 음성이 6위였는데 2차 평가에서 조병옥 음성군수의 현장심사 브리핑, 고근석 음성 부군수의 PT 발표가 큰 점수를 얻어 종합 1위가 되었다는 후문이었다.

그 후 소방병원은 예비타당성조사·설계 등의 절차를 밟고, 총 1,632억 원을 투자하여 302병상, 19개 진료과목, 5개 센터 및 연구소 건립 규모로 2025년 6월 개원할 예정이다. 여기에 더욱 고마운 것은 2022년 3월 소방병원 운영을 서울대병원에 전적으로 위탁하는 위수탁 계약을 체결하고 서울대병원 곽영호 교수를 병원장으로 임명하였다는 점이다.

이는 서울대 분당병원, 서울대 보라매병원처럼 소방병원의 이름으로 사실상 서울대병원이 들어온다는 것과 같다. 결국 전국 소방공무원은 물론 충북도민들도 쉽게 서울대병원에서 진료받는 혜택을 누릴 수 있게 되었다는 데 큰 의미가 있다.

조병옥 음성군수

이처럼 사실상 서울대병원을 유치하는 데는 조병옥 음성군수의 뜨거운 열정, 송기섭 진천군수의 통 큰 양보, 맹경재 경제국장을 비롯한 도·음성군 실무단의 준비, 권대윤 소방본부장의 가교 역할, 임호선 국회의원의 소방병원 설치법 통과 등 정치적 지원, 그리고 음성·진천 군민들의 성원이 있었기에 가능했다. 모든 분께 진심으로 감사드린다.

농업은 생명, 유기농에의 도전

「여성농업인 행복바우처」를 전국 최초로 실시하다

"대한민국의 여성은 강하다. 여성농업인은 더욱더 강하다."

여성농업인들은 농업에 종사하면서도 동시에 살림을 꾸려 나가야 하는 이중고를 겪고 있다. 그렇다 보니 여성농업인들은 평소 문화·미용·여가생활과는 거의 담을 쌓고 살아온 것이 현실이다. 여성농업인들에게 부족한 이런 부분을 국가가 채워 줘야 할 의무가 있다고 판단하여 충북은 2012년부터 「여성농업인 행복바우처」 제도를 전국 최초로 시행하였다.

바우처란 일정한 조건을 갖춘 사람이 교육·주택·의료 따위의 복지서비스를 이용할 때 정부가 비용을 대신 지급하거나 보조하기 위하여 내놓은 지불보증서를 말한다. 농업에 종사하는 만 20세 이상 73세 미만 여성농업인 3만 6천여 명에게 매년 19만 원(본인 부담 2만 원 포함)을 지급하여 여성농업인들이 영화관·공연장·미용실·사우나·화장품점 · 수영장 · 커피전문점 · 식당 등 문화생활을 영위할 수 있도록 하고 있다.

이 사업은 2012년 출발 당시부터 2015년까지는 1인당 15만 원을 지급하였는데, 그 후 점점 증액하여 2021년에는 매년 19만 원씩 지급하고 있다. 1인당 연 19만 원이면 적은 돈임에도 불구하고 여성농업인들은 엄청 고마워하고 행복해한다. 가끔 남성 농업경영인들로부터는 "우리에게는 왜 안 주냐?"는 뼈 있는 농담을 듣기도 한다. 현재 이 사업은 타 도(道)에 전파되어 9개 도에서 시행되고 있다.

쌀 사료화로 국가재정 5천억 원을 줄이다

2016년은 쌀 과잉 재고로 쌀값이 가마당(80㎏ 기준) 13만 원대 이하로 떨어져 농민들의 한숨이 깊을 때였다. 전국의 쌀 재고량은 당시 175만 톤으로 FAO(유엔식량농업기구) 권고 적정 재고량 80만 톤보다 95만 톤이 초과하여 대부분 창고에 쌓여 있었고 보관 비용만도 연 3천억 원 정도나 소요되었다.

그런데도 정부는 쌀을 사료화하는 것이 국민 정서상 용납이 안 될 것이라고 주저하면서 옥수수 사료 83.6만 톤(쌀 95만 톤 상당의 열량)을 수입해 연간 1,900억 원 규모의 외화가 해외로 유출되고 있었다. 게다가 정부가 쌀을 사서 북한에 보내면 쌀값은 안정(상승)될 텐데도 당시 남북 관계 악화로 이마저도 불가능한 상황이었다. 그러다 보니 쌀값은 계속 떨어질 수밖에 없었다.

결국 이 상태로 두면 국가는 연간 5,000억 원 정도(양곡 보관비 3,002억 원+옥수수 수입비 1,906억 원)를 손해 보게 되고, 농민들은 쌀값 하락으로 4,900억 원(정상 가격 18만 원/80㎏-현재 가격 13만 원/18 ㎏=5만 원) 정도의 손해를 본다는 계산이 나온다. 국가와 농민의 손해가 합해서 약 1조 원 정도로 추산되는 것이다.

이에 쌀 사료화를 정부에 강력히 건의했고, 나의 건의 때문인지는 몰라도 2016년 12월 14일 정부는 사료용으로 당초 쌀 10.1만 톤을 52만 톤까지 5배 이상 확대하는 정책을 발표하였다. 이로써 국가는 국고 손실을 방지하고 그 후 쌀값이 18만 원/80㎏까지 상승하며 농민들은 4,900억 원 이상의 소득 증가를 보게 되었다.

이 둘을 합치면 국가와 국민은 연간 7,500억 원 정도의 상생 이익을 누린 셈이다. 당시 정부는 쌀 사료화에 대한 국민 정서를 많이 걱정했지만, 이 걱정은 기우에 지나지 않았다.

「오리사육 휴지기제」로 AI 확산을 예방하다

우리나라는 2000년에 구제역이 발생한 이래 평균 2~3년마다 구제역이 재발하였고, AI는 최근 2003년과 2004년에 발생한 이래 거의 매년 발생하여 축산농가에 큰 피해를 주어 왔다. 특히 2010년도 구제역은 293건 발생하여 충북도의 방역예산은 372억 원이 소요되는 비극을 낳았다.

그 후 정부가 구제역 청정 지역임을 포기하고 백신주사를 허용함으로써 구제역은 점차 줄어들어, 이제는 관리 가능한 가축 바이러스 질병으로 인식되고 있다. 그런데 AI는 사정이 달랐다. AI는 주로 오리·닭에 발병되는 가축 바이러스인데, 워낙 개체수가 많아 구제역의 소·돼지처럼 백신주사를 놓는 것이 불가능했기 때문이다.

AI 발생이 극에 달했던 2016년도에는 충북의 방역 및 보상액이 자그마치 304억 원까지 치솟아 국가 및 지방재정에 막대한 부담이 되었다. 더구나 AI는 법정전염병이라 국가가 방역 및 보상을 전액 책임져 주다보니, 일부 농장에서는 방역을 소홀히 하는 등 도덕적 해이가 발생한다는 이야기도 들리곤 했다.

오랜 고민 끝에 나는 한 가지 구상을 해 보았다.

'특히 AI가 많이 발생하는 오리에 대해서는 AI가 집중 발생하는 겨울(당해 10월~익년 3월)에는 오리 사육을 제한함으로써 AI 병원 자체를 없애고, 대신 봄·여름·가을에 오리를 더 많이 사육하여 잉여분을 보관해 뒀다가 겨울철에 사용하면 어떨까?'

그래서 2017·2018년도부터 「겨울철 오리 사육 휴지기제」를 전국 최초로 시행했다. 겨울철에 오리 사육을 중단하도록 권유하고 그 대가로 일정 수준의 보상을 지급하는 제도이다. 즉, 오리 휴지 수당 815원, 종란 폐기 수당 590원, 그리고 난방비 일부를 지원해 주는 것이다.

실제 2016·2017년도에는 축산농가 85곳에서 AI 발생으로 방역비 25억 원, 보상비 236억 원, 매몰비 43억 원 등 총 304억 원이 소요된

데 비해, 겨울철 오리 사육 휴지기제를 처음 실시한 2017 · 2018년도에는 1개 농가만 발생, 방역비 1억 원, 보상금 24억 원, 매몰비 1억 원 등 총 26억 원이 소요되었다. 휴지기제 실시 전년도에 비해 278억 원의 나랏돈이 절약된 것이다.

2018 · 2019년도, 2019 · 2020년도에도 AI가 발생하지 않아 우리는 최소한의 방역예산만 사용함으로써 국고 손실을 대폭 줄일 수 있게 되었다. 겨울철 오리 사육 휴지기제는 사실상 AI 발생을 막고 국가재정을 절약하는 데 결정적인 해결 방안으로, 그 후 전국으로 확산돼 시행되고 있다.

「농업인 기본소득보장제」의 시행을 꿈꾸며

농업이란 1차 · 2차 · 3차가 융복합된 중요한 산업이다. 동시에 농업은 살아 있는 생물(生物)을 대상으로 하므로 농업 환경은 예측하기도 힘들고 사전 대비도 어려우며, 세계 농업을 꿰뚫어 볼 정도로 고도의 지식과 정보가 있어야 가능한 산업이다.

이런 시각에서 나는 가끔 이 시대에 진정한 농업인이 되기 위한 자격에 대해 자문자답해 보곤 하는데 ① 농작물 재배에 대한 분야별 세계 최고 전문가여야 하고, ② 세계의 농작물 작황을 꿰뚫어 보고 예측할 줄 알아야 하며, ③ 세계 농작물 생산 · 가공 · 판매 · 거래상황을 정확히 알아야 하고, ④ 이를 위해 외국어에 능통해야 하는 4가지 자격을 모두 갖춰야 비로소 진정한 농업인이 될 수 있다고 생각한다.

그런데 현실적으로 이러한 자격을 갖춘 농업인들이 한 명이나 있겠는가? 세계 어디에도 없을 것이다. 만약 그런 자격을 갖추었다면 신(神)이거나, 아니면 최소한 세계 대통령이 되려 하겠지 누가 농사를 짓겠는가?

현대 농업은 생물이다 보니 참으로 어려운 산업이다. 그러다 보니 그 대열에서 낙오되는 농업인들이 갈수록 더 많이 생겨나고, 그들이 점차 사회안전망의 대상으로 전락하고 있다. 실제 농촌에 가 보면 연간 순소득이 500만 원도 안 되는 농민(0.5㏊ 이하 소농)이 전체 농민의 56%를 차지하고 있는 것이 현실이다.

더구나 우리의 농가 지원 정책은 농지 면적에 비례하여 정부 보조가 이루어지다 보니 대농에 유리하고 소농에게는 불리하다. 소농은 기껏해야 연간 100~200만 원 정도의 정부 지원을 받는 데 반해 대농은 연간 수천만 원 이상을 받는다. 상공인은 소상공인·대상공인으로, 기업은 중소기업·대기업으로 차등 지원하는 데 반해 농업인만은 대체로 대농·소농 관계없이 농지 면적당 균등 비례 지원하다 보니 이런 결과가 나온 것이다.

따라서 이제는 농업인도 대농·소농 구분해 차등 지원해야 하며 그 일환으로 총소득이 기본소득에도 미치지 못하는 농업인에 대하여는 「농업인 기본소득보장제」를 시행해야 한다고 생각한다. 즉, 농업인 중 연간수입이 최저 기본소득 이하인 '한계 농업인'에 대하여는 그 차액(최저기본소득 - 해당농업인 소득)만큼은 정부가 보전해 농업인이면 누구나 최저 기본소득은 보장받게 하는 것이 바로 「농업인 기본소득보장제」의 핵심이다.

최저임금제가 적용되는 도시근로자들의 연간소득이 2,100만 원인데 반해 연간소득이 500만 원도 안 되는 '한계 농업인'들이 적지 않다는 것이 오늘의 현실이다. 우리 충북의 경우 총 7만 5천여 농가 중 예를 들어 연간 기본소득을 500만 원으로 정할 경우 기본소득 미만의 농가가 4,500여 농가나 되는 것으로 나타난다. 최근 전국 농업인단체가 주장하는 모든 농민에게 균등하게 주는 농민수당 시행으로 「농업인 기본소득제」가 주춤하고 있으나 하루빨리 도입되기를 기대한다.

농촌(農村)에서 농시(農市)로!

우리의 농촌은 도시에 비해 문화·복지·교육·여가시설 면에서 절대적으로 부족한 편이다. 농(農)자 밑에 시(市)나 도(都) 자를 쓰지 않고 촌(村) 자를 쓰는 것이 이를 대변해 준다. 또 '서울 양반, 시골 촌놈'이란 용어가 보편화된 게 오늘의 현실이다.

그래서 나는 농촌(農村)을 농시(農市)로 바꿀 것을 주장한다. 그리고 농시에는 도시처럼 각종 문화·복지·시설을 충족시켜야 한다고 생각한다. 이는 김선호 전 증평군 부군수가 2018년 선거 때 제공한 아이디어로, 나는 이를 도정에 접목해 우선 군단위 지역인 황간면·증평읍·괴산읍·매포읍을 비롯해 내수읍·옥천읍·진천읍·삼성면 등 8개 읍·면을 농시로 조성하는 것을 추진하고 있다.

그 농시에 농시 직접사업 80억 원 이외에도 농촌 중심지 활성화사업, 재해위험지구개선 정비사업, 도시재생 뉴딜사업, 행정복합문화센터, 유기농복합타운, 청소년문화의집 등 각종 시책사업을 집중적으로 투입하고 있다. 그래서 각종 문화·복지·체육시설 면에서 도시와 같은 수준의 농시를 만들고자 한다.

"농촌(農村)이여 가라, 농시(農市)여 오라!"

유기농에 도전하다, 괴산세계유기농산업엑스포

2011년 나는 세계유기농업학회(ISOFAR)의 손상목 회장으로부터 세계유기농엑스포를 충북에서 유치할 것을 요청받고 이를 본격적으로 추진해 나가기로 했다.

그동안 비료와 농약을 사용하던 관행농으로는 더 이상 웰빙을 추구하는 신세대 소비자들의 욕구를 충족시킬 수 없고, 세계 시장에 진출할 수도 없다. 또한 관행농의 농산물로는 중국의 값싼 농산물과의 가격경쟁에서 밀릴 수밖에 없다. 물론 최근 들어 비료와 농약을 제한적으로 사용하는 친환경농업이 있기는 하지만, 이 역시 언젠가는 한계에 부딪히겠다고 생각했다.

나는 당시 임각수 괴산군수와 함께 세계유기농업학회(회장 손상목)와 협약을 체결하고 2015년 9월 18일부터 10월 11일까지 24일간 충북 괴산군에서 우리나라 최초로 '괴산세계유기농산업엑스포'를 개최하였다.

그 결과 괴산세계유기농엑스포에 관람객 108만 명(일일 최대 10.4만 명), 해외 23개국을 포함 264개사의 기업·단체와 1,140명의 바이어

(해외 177명)가 참여하였다. 또한 24일 동안 교통의 오지인 괴산군에 괴산군민의 30배가 넘는 108만 명의 관람객이 다녀간 것은 정말 놀라운 기록이라 하겠다.

2015년도에 최초로 개최된 '괴산세계유기농산업엑스포'는 전국 유기농에 밝은 희망을 안겨 주었고, 유기농의 해외시장 진출 가능성을 크게 열어 주기도 했다. 더불어 국내외 유기농 전문가 학술회의를 개최하였는데, 그때 채택된 '유기농 3.0 괴산선언'은 그 후 UN에 정식 보고된 후 전 세계 유기농의 행동 지침으로 활용되고 있다.

그동안 유기농산업엑스포를 성공시키기 위해 손상목, 제럴드 라만 세계유기농학회(ISOFAR) 회장, 주택강 국제유기농업운동연맹 아시아 지역본부(IFOAM ASIA) 회장, 박경국 전 행정부지사, 임각수 전 괴산군수, 송해 선생, 전국 유기농업인 모두의 노력에 감사드린다. 특히 임각수 군수의 열정이 유기농 엑스포 성공의 절반 이상을 차지했다고 본다.

이러한 추세에 발맞춰 아이쿱(icoop)생협에서는 자연드림파크를 설

박경국 前행정부지사   임각수 前괴산군수   손상목 前세계유기농학회장   이차영 괴산군수

립하여 괴산군 칠성면에 24만 평 규모의 유기식품단지와 괴산읍에 7만 평 규모의 발효식품농공단지를 만들어 괴산 유기농의 획기적인 발전에 일조하고 있다. 괴산군은 2016년 이후 매년 괴산유기농페스티벌을 개최하여 왔으며, 2022년 9월에는 세계유기농연맹(IFORM), 괴산군(이차영 군수)과 함께 제2회 괴산세계유기농산업엑스포를 개최하여 괴산이 유기농의 메카임을 세계만방에 과시할 계획이다.

농업 살리기에 안간힘을 다해 온 주역들

농업은 구제역 · 조류인플루엔자(AI) · 과수화상병 · 아프리카돼지열병(ASF) 등 각종 질병으로부터 시달리는 데다, 기후변화로 인한 설해 · 냉해 · 홍수 · 가뭄 피해가 연례 반복되고 있다. 또한 농자재 가격 상승, 농업 인건비 상승, 농업인력 부족, 농작물 과잉생산에 따른 가격 폭락 등이 겹쳐 농업은 정말 전방위적으로 위협을 받고 있는 한계산업 같기도 하다.

그런 가운데서도 각종 농업재해 · 재난을 극복하고 농업기술 개발 · 보급, 버섯 · 수수 · 포도 · 마늘 · 수박 등 품종 개량, 카사바 · 삼채 등 아열대 농작물 보급 등에 앞장서 고군분투해 온 역대 농정국장(강길중 · 박종섭 · 조운희 · 김문근 · 전원건 · 윤충노 · 송재구 · 남장우 · 김성식 · 정경화 · 이강명 등), 역대 농업기술원장(김숙종 · 차선세 · 송용섭 · 서형호 등)과 관계자들, 그리고 각급 농업인 단체장과 농업인들의 노고에 감사드린다.

꿈의 현미경, 방사광가속기 유치

2008년 충북은 방사광가속기 유치 공모에 도전장을 냈지만, 당시 경북 포항에 뺏기고 눈물을 머금어야 했다. 그 후 방사광 가속기 추가 구축 논의가 종종 제기됐지만 2017년 2월 '국가과학기술심의회 운영위원회'에서 "대규모 예산이 소요되는 대형 가속기의 신규 구축 검토는 대전에 건설 중인 중이온가속기가 준공되는 2021년까지 보류한다."는 정책 결정으로 나는 몹시 낙담하지 않을 수 없었다.

그러나 나는 도지사에 부임 이후 역점을 두어 추진해 온 소위 6대 신성장산업 중 특히 바이오산업, 화장품 뷰티 산업, 태양광 산업, 반도체, IT 산업, 이차전지, 화학물질 산업 등이 앞으로도 세계 경쟁력을 더 확보하기 위해서는 지속해서 신성장 기술혁신을 선도해야 하고, 이를 위해서는 초대형 현미경이라 불리는 방사광가속기가 필수적으로 뒷받침돼야 한다고 판단했다. 6대 신성장 중심의 제조업 비중이 48.8%나 차지하고 있는 충북으로서는 더욱 절실했다.

2017년 5월 문재인 정부가 들어서자마자 나는 과거에는 꺼내지도 못했던 방사광가속기 추가 구축의 필요성을 청와대 · 정부 · 학계 · 업계 등에 다시 건의하기 시작했다. 그러던 중 2019년 5월, 마침 「바이오헬스 국가비전 2030 선언」을 선포하고자 오송을 방문한 문재인 대통령님께 방사광가속기 구축의 필요성을 강력히 건의하였다.

그 후 정부가 방사광 가속기 추가 구축 관련 작업을 본격 검토하고 있을 때였다. 마침 2019년 8월경 일본 아베 총리가 대한국 수출규제를 발표하였고, 이에 따라 소재·부품·장비산업 국산화를 위해서는 방사광가속기가 절대 필요하다는 데 범정부적인 공감대가 더욱 확산하였다. 마치 일본 아베 총리의 대한민국 수출규제는 충북에 방사광가속기를 구축하라는 하늘의 뜻인 것 같았다.

이에 따라 문재인 정부는 2019년 8월 소재·부품·장비 연구개발에 대한 투자 전략과 혁신 대책 수립을 위한 '과학기술관계장관회의'를 열어, 박근혜 정부가 이미 확정한 2021년까지 추가 구축 검토 보류 방침을 뒤집고, 산업계 지원을 위한 다목적 방사광가속기를 신규로 구축하기로 정부 방침을 바꾸었다.

그리고 정부는 2020년 5월 부지를 선정하고, 2020년 5월~12월 가속기 개념연구 및 예비타당성조사를 거쳐, 2021년 가속기 상세설계 및 건축설계 후, 2022년 방사광가속기를 착공, 2027년 완공하여 2028년부터 정상 운영에 들어간다는 일정으로 전국 공모에 들어갔다.

정부의 다목적 방사광가속기 유치 공모에 재도전하다

이러한 큰 흐름에 따라 과학기술정보통신부는 2020년 3월 27일, 드디어 1조 원 규모의 「다목적 방사광가속기 구축사업」 부지 유치 공모계획을 서둘러 발표하였다.

나는 과거 과기부 근무경력이 있는 성일홍 경제부지사를 책임 실무단장으로 하여 한국기초과학지원연구원(이주한 박사 외), 충북연구원(정초시 원장, 조진희 박사 외)을 비롯한 전국의 방사광 전문가들과 허경재 국장, 김상규 과 장, 변인순 팀장 등과 함 께 실무 작업을 완벽히 준비해 나갔다. 그리고 정치적 작용에 의해 또 다시 다른 지역으로 빼 앗기는 일이 없도록 노

변재일 국회의원

노영민 前대통령비서실장

영민 대통령 비서실장, 변재일 국회의원과 지역 국회의원들을 통해 배 수진을 단단히 쳐 놓으면서 또 한편으론 공정한 심사에서 좋은 점수를 받을 수 있도록 유치계획서 작성에도 온갖 정성을 쏟았다.

특히 나는 충북이 입지 조건이나 산업 여건 등에서 월등하지만, 최 소한 유치계획서 작성이 부실하여 떨어졌다는 뒷말이 나오지 않도록 12년간 '준비된 재수생'답게 최선을 다했다. 충북도가 내세운 강점은 다음과 같다.

"모든 길은 오창으로 통한다."

따라서 ① 오창은 방사광가속기 이용의 편익을 최대한 제고하고 전 국이 골고루 혜택을 받아 진정한 국가균형발전에 기여한다는 점, ② 방사광가속기 이용 희망자의 대부분이 충청권·수도권에 집적(반도체 의 84.9%, 바이오의 58.4% 등)되어 있고 대부분의 기업이 충청권에 구 축되기를 희망(81.5%)한다는 점, ③ 제공 부지(오창읍 후기리)는 기본 부지 28만㎡, 초과 부지 26만㎡로, 흑운모 안구상 편마암의 단단한 단

_____ 8전 8승 이시종의 비결

일암종이어서 지반 안정성에서 최적이라는 점을 들었다.

또 ④ 도 및 시의 지원 규모는 글로벌사이언스 타운 조성 등 정주 여건을 조성하고 전문인력 양성 등에 4,163억 원을 과감하게 지원하기로 제시했다는 점 등이다. 아울러 분위기 조성을 위해 충북뿐 아니라 충청도민 전체를 대상으로 서명운동을 펼쳐 총 186만 명(온라인 53만 명, 오프라인 133만 명)이 서명에 참여하는 놀라운 실적을 거뒀다.

드디어 2020년 5월 8일 10시 30분, 운명의 방사광가속기 평가 최종 결과가 발표되었다. 오창이 90.54점을 받아 나주, 춘천, 포항을 제치고 최종 선정되었다. 나는 발표되는 순간 전남 나주가 87.33점으로 겨우 3.21점이라는 간발의 차이로 우리 충북을 추격한 걸 보고는 간담이 서늘해졌다. 오창이 나주보다 10점 이상은 더 받을 것으로 생각했었는데 겨우 3.21점 차로 나주가 추격해 온 것을 보고는 전남이 정말 대단하구나 하는 놀라움과 존경심을 함께 느꼈다.

이날 이 시각에 도청 대회의실에서는 지역의 대표자들, 관계자들이 함께 모여 TV를 통해 정부 발표를 지켜보고 있었는데, 충북 오창이 90.54점으로 입지가 결정됐다는 발표에 우리 모두 하늘을 찌르고도 남을 만큼 크고 웅대한 함성을 질러 댔다. 충북의 미래를 보장받는 역사적 순간이었다. 나는 그 자리에서 모든 분께 감사의 의미로 큰절하기도 했다.

돌이켜 보면 다목적 방사광가속기가 충북에 유치하게 된 데는 기본적으로 하늘의 뜻을

장선배 前도의회 의장

바탕으로 충북도가 미리 준비해 온 점, 일본의 수출규제 이후 문재인 대통령님의 통 큰 결단, 노영민 비서실장·변재일 국회의원 등 국회의원들의 바람막이 역할, 그리고 장선배 도의회의장, 한범덕 청주시장, 경제계·시민사회단체의 서정진, 유철웅, 이두영 회장을 비롯한 560만 충청도민들의 뜨거운 성원의 결과라 생각된다. 모두에게 감사드린다. 특히 실무적으로 충북연구원(정초시 원장, 조진희 박사), 한국기초과학지원연구원(이주한 박사), 충북대학교(서용석 교수)와 허경재·김상규·변인순 등 국·과장들의 노고가 매우 컸다.

현재 오창 방사광가속기 건립은 한국기초과학지원연구원(원장 신형식) 오창 분원에 오창 방사광가속기구축사업단을 두어 준비하고 있다. 사업단장에 방사광가속기 분야 우리나라 최고의 권위자인 고인수 前 포항가속기연구소장을 선임하여 철저히 준비해 나가고 있다.

오창 다목적방사광가속기 조감도

_____ 8전 8승 이시종의 비결

수해(水害)를 기회로

내가 도지사를 하는 동안 2017년, 2020년 두 번의 큰 수해를 겪었는데, 수해를 기회로 만들기 위해 많은 고심을 했다.

2017년 수해, 정부 수해 복구비 지원 기준을 개혁하다

2017년 7월 16일, 청주권에는 시간당 최대 강우량 91.8㎜, 일 강우량 290.2㎜를 기록하는 집중호우가 내려 청주 시내가 물바다가 되고 오송 지하차도가 물에 잠기고 괴산댐이 범람하는 등 엄청난 수해가 발생했다. 이에 곧바로 수해 우심지역을 특별재난지역으로 선포받고자 하는 데 당시 정부의 특별재난지역 선포 기준에 문제가 있음을 발견했다.

첫째, 당시 청주시와 괴산군은 전체적으로 골고루 비가 많이 내려 청주시와 괴산군을 특별재난지역으로 선포하는 데는 큰 문제가 없었다. 그런데 청주에 인접한 보은군 등에서는 일부 읍면동이 집중호우로 큰 피해를 입었음에도 군 전체적인 피해 규모는 적어 특별재난지역 선포 대상에 해당하지 않는 것이었다.

당시 정부의 특별재난지역 선포 기준에 선포 대상 지역 범위를 시군 단위로만 선포하도록 규정되어 있었기 때문이었다. 그래서 나는 읍면동 단위로도 특별재난지역을 선포할 수 있도록 정부 기준 개정을 강력히 건의하였고, 그해 11월 2일 정부는 시군 단위 이외에 읍면동 단위로도 특별재난지역을 선포할 수 있게 개정하였다. 이는 정부 수립 후 처음 있는 대개혁이었다.

둘째, 청주 지웰홈스 아파트 등은 지하 변전실 침수로 단전·단수되어 15층 고층아파트 주민들의 생활 불편은 아주 극심했다. 또한 변전실 복구에 10억 원 정도가 소요되는데, 당시 수해 복구 지원 기준으로는 정부 지원이 불가능한 상태였다.

단독주택의 침수 피해는 지원이 가능한 데 비해, 공동주택의 지하층 침수는 '직접 주거용으로 사용 중인 주택'이 아니라는 이유에서 지원 대상이 아니었다. 생각해 보니 정부의 수해 복구 지원 기준은 우리나라에 공동주택 개념이 도입되기 훨씬 전에 만들어진 것인데, 그동안 주거 형태가 단독주택에서 공동주택으로 대거 이동했음에도 불구하고 수해 복구 지원 기준은 개정되지 않고 있었다.

나는 정부에 공동주택의 지하층 침수 피해도 지원 대상에 포함토록 강력히 건의하였고, 정부는 결국 이를 받아들였다. 정부가 충북의 건의를 받아들이도록 하는 데는 특히 도종환 국회의원의 도움이 매우 컸음을 밝힌다.

2020년 대수해, 삼탄~연박 철도 고속화 되살리는 명분

2020년 8월 집중호우로 충북 전역은 엄청난 피해를 입었다. 특히 충주·제천·단양·음성·옥천·영동 지역에 피해가 더 심했다. 피해

규모가 사망·실종 8명, 피해액 2,497억 원을 기록할 정도였다. 당시 충북의 수해 복구비도 6,985억 원으로 충북 수해 복구 사상 최대 규모였으며, 전국 복구비 3조 4,277억 원의 20%가 넘는 매머드 규모였다.

특히, 충북선철도 중 충북선철도 고속화 대상에서 제외되어 있었던 삼탄~연박 구간은 완전 유실·매몰되어 한 달간이나 철도 운행이 중단될 정도였다. 이 구간 철도는 1958년 단선으로 준공했다가 1980년 복선으로 개량했었으나 당시 예산 부족으로 철도 선형이 완전 불량한 상태였다. 삼탄~연박 간 8㎞ 선로는 강을 따라 산허리를 깎아 만든 것으로, 충북선철도 평균속도가 120㎞/h인 데 반해 삼탄~연박 간은 85㎞/h, 특히 삼탄~공전 간은 65㎞/h일 정도였다. 그러다 보니 집중호우로 이 구간이 초토화된 것은 어찌 보면 예견된 일인지도 모른다.

나는 때는 이때다 생각하고, 이 수해 현장을 방문한 김현미 국토부 장관, 정세균 국무총리 이낙연 민주당 대표 등 많은 분께 이번 기회에 이 구간에 대해 완전한 고속화 철도사업을 추진해야지, 임시로 복구했다가는 언제 또 엄청난 피해가 올지 모른다고 강력히 건의했다. 특히 충북선철도는 시멘트 등 전국 철도 화물 물동량의 30%를 차지할 정도로 국가적으로도 중요한 철도 노선임을 강조했다.

2020년 10월경 충북도의 끈질긴 설득 끝에 마침내 국토부와 기재부가 1,500억 원을 투자하여 이 구간을 충북선철도 고속화사업 대상에 추가 포함하기로 했다. 그리고 충북선철도 고속화 구간 중 삼탄~연박 구간이 가장 시급하다고 판단하여 2021년 기본·실시설계에 착수해서 2023년에는 착공하는 등 다른 구간보다 먼저 추진할 계획이다.

그야말로 '수해는 기회다'라는 것을 다시 한번 보여 준 성공작이라

하겠다. 수해를 기회로 만드는 데는 당·정·청의 강한 의지와 함께 성일홍 경제부지사를 비롯한 도의 임택수·김인·최민규 실·국·과 장 등 실무진들의 노고가 컸음을 밝힌다.

중부고속도로 확장 20년 잔혹사, 마침내 끝내다

중부고속도로가 1987년 12월 준공된 이후 음성·진천·청주·증 평·충주 등 충북 서부 지역은 많은 발전을 이루었다. 중부고속도로는 충북 입장에서 보면 기업과 인구가 증가하는 충북 발전의 대동맥이며, 국가 산업축의 입장에서 보면 서울 기점 경인축, 경부축에 이어 제3축 인 중부축을 형성케 한 중요한 고속도로이다.

그러나 대한민국 최초의 시멘트 도로로 건설된 중부고속도로는 곡 선반경이 작고 고저차가 심한 4차선으로 전국 고속도로 중 대표적인 불량 도로로 인식되어 왔다. 그래서 2001년 김대중 정부 때 중부고속 도로 음성~호법 구간 6차선 확장을 위해 예타를 실시한 결과 B/C가 1.26으로 높게 나왔고 노무현 정부 때 2006년 12월 기본 및 실시설계, 2007년 12월 도로구역 결정 후, 2008년부터 착공할 계획이었다. 아울 러 2008년 8월 중부고속도로 음성~남이 구간도 예타를 실시한 결과 B/C가 1.63으로 높게 나옴으로써 중부고속도로 6차선 확장은 아주 잘 진행되고 있었다.

그런데 2008년 2월 MB 정부는 예타 면제받고 우선 추진할 '30대 선도프로젝트'를 발표하면서 그동안 전혀 얘기가 없던 서울~세종고속도로는 여기에 포함하고 중부고속도로 확장은 제외했다. 그 후 중부고속도로 확장은 서울~세종고속도로 때문에 B/C가 나오지 않는다며 돌연 중단하였다.

만약 서울~세종고속도가 먼저 준공되면, 국가 산업의 축이 중부 축에서 서울~세종고속도로 축으로 대거 이동될 것이 우려되었고, 그럴 경우 충북의 산업 발전은 상당한 타격을 받을 것이 분명했다. 2010년 7월 도지사에 부임한 나는 서울~세종고속도로 때문에 충북 발전의 대동맥인 중부고속도로 확장을 중단한 것은 주객이 전도된 일이라며 정부 측에 강하게 항의했다.

"굴러온 돌(서울~세종고속도로)이 어떻게 박힌 돌(중부고속도로 확장)을 빼낼 수 있습니까? 새로 태어날 세자를 위해 이미 책봉된 세자를 폐위시키는 게 말이 됩니까?"

이렇게 서울~세종고속도로를 적극 반대하면서 중부고속도로 확장을 강하게 주장하다 보니 정부는 충북의 눈치를 보느라 서울~세종고속도로도, 중부고속도로 확장도 추진하지 못한 채 허송세월만 보냈다.

2014년 6월 도지사 선거 때 중부고속도로 확장 중단을 놓고 내가 새누리당에 강하게 책임을 물으면서 선거의 뜨거운 쟁점으로 부각되었다. 그 후 2015년 9월, 나는 전략을 바꾸어 정부가 중부고속도로를 확장해 준다면 충북도는 서울~세종고속도로를 반대하지 않겠다며 둘 다 추진하는 쪽으로 정부와 협상하기 시작했다.

정부는 반색하며 2015년 11월 두 개의 고속도로 사업을 다 추진하기로 발표했는데, 다만 중부고속도로 확장은 타당성 재조사를 실시하는 것을 전제조건으로 하였다. 그러면서 정부는 서울~세종고속도로는 실시설계를 추진하는 데 반해 중부고속도 확장은 타당성 재조사를 시작도 하지 않는 게 아닌가?

2017년 나는 중부고속도로 확장을 민주당 대선공약에 포함시켰고, 그 후 문재인 정부가 들어선 2017년 12월에 가서야 겨우 타당성 재조사에 들어가게 되었다. 그러나 사업비 과다 증액으로 무려 4년 동안 어려움을 겪다가 2021년 6월 30일 중부고속도로 서청주IC~증평IC 구간(15.8㎞)을 먼저 6차선으로 확장 추진하기로 문재인 정부가 최종 확정했다.

중부고속도 확장은 20년 만에 한(恨)을 푼 눈물 나는 투쟁이었다. 2001년 김대중 정부가 검토를 시작하여 2007년 12월 노무현 정부가 확정한 중부고속도 확장을 2008년 MB정부가 취소하고 2021년 문재인 정부가 다시 살려 낸 것이다. 충북도가 주장한 중부고속도로 확장은 처음 시작한 지 20년, 죽은 지 13년, 내가 도지사에 부임한 후 되살리려 시작한 지 11년 만에 이뤄 낸 길고 긴 잔혹의 역사이자 인내와 끈기로 이룬 불사조의 드라마라 할 것이다.

2021년 6월 30일 이러한 성과를 이뤄 내기까지 지난 20년 동안 힘을 모아 주신 이장섭·도종환·변재일·정정순·임호선 국회의원, 노영민 전 대통령 비서실장과 김인·이호·음치헌 등 충청북도 국·과장

그리고 도민 모두에게 진심으로 감사드린다.

충청권 메가시티,
청주도심통과 충청권 광역철도망

청주, 40여 년간 철도와 담을 쌓다

나는 충북도의 수부 도시인 청주가 교통 면에서는 타 도시에 비해 상대적으로 매우 열악하다고 판단하였다. 시내 도로망도 취약한 데다 시내를 관통하는 철도가 없다 보니 자동차 위주의 교통체계로 교통 체증이 심하고 미세먼지 등 환경문제도 심각했다.

KTX 오송역에서 청주 시내로 연결되는 철도가 없다 보니 서울역에서 오송역까지 KTX로 45분 소요되는 데 반해 청주 오송역에서 청주 시내까지 오는 데 승용차로 40~50분, 시내버스로 1시간 정도 걸리는 아이러니한 일이 발생했다. 그러다 보니 청주시민들이 서울 오갈 때는 KTX 대신 주로 승용차 내지 버스를 더 많이 이용했다.

1920년 충북선철도가 처음 개통되었을 때는 청주 시내 한복판인 상당공원 앞에 청주역이 있었다. 1968년 철도노선을 1차 이전할 때도 오늘의 청주중앙중학교 앞(구 청주MBC)에 청주역이 있었다. 그런데 1980년 충북선철도를 복선화하면서 철도 노선을 도심에서 10

km나 떨어진 도심 외곽으로 이설하다 보니 청주시는 자연스럽게 철도 외면 도시가 되었고 청주시민들은 도심철도 개념을 거의 망각하게 되었다.

물론 노선 이전 당시에는 철도가 혐오시설 내지 도시 개발의 저해 요인으로 인식되던 분위기라 한편으로는 이해되지만, 그렇다면 왜 서울역, 동대구역, 대전역, 광주 송정역 등은 지금까지 도심 한복판에 그대로 놔두고 있는가? 이렇다 보니 청주시민들은 40여 년 동안 철도와 담을 쌓고 살아온 것이다.

2019년 현재 청주역(과거 청원군 정봉역)은 이용객이 하루 평균 80명 정도로 오송역 이용객(24,000명/일)의 0.3% 수준이다 보니 '역'이라 할 수 없을 정도다. 이러한 상황에서 나는 청주에 철도를 다시 도입할 방법은 없을까 고심하던 중 청주시만의 철도로 접근하기에는 어려움이 많을 것 같아 청주~세종~대전을 연결하는 광역철도 개념으로 접근하여 청주도심통과 광역철도를 주장했다. 그래야 대외적 명분이 쌓일 것 같았기 때문이다.

민 · 관 · 정 · 시민단체가 똘똘 뭉쳐 한목소리를 내다

청주도심통과 충청권 광역철도망의 필요성에 대한 충북도의 주장은 다음과 같았다.

"국가균형발전 차원에서 수도권 일극화에 대응하는 강력한 수단이

충청권 메가시티이고, 기본 필수 사업이 청주도심통과 충청권 광역권 철도망이다. 기존 충북선 철도로는 도심과 도심을 연결하는 광역철도 기능을 대체할 수 없고, 청주시민에게는 그림의 떡으로 '청주패싱론' 만 불거질 뿐이다. 청주시민도 광역철도를 타고 대전·세종에 가고 싶다. 우리는 충(忠)도, 청(淸)도 빠진 충청권 광역철도망을 적극 반대 한다. 철도 없는 청주에 철도를 달라는 것은 청주시민의 권리이자 국 가의 의무이다. 1980년 빼앗긴 철도를 되돌려 달라!"

2017년 5월 충북도가 추진한 '신교통 수단 도입 사전 타당성 조사'에 서 미래 청주를 위해 중전철(광역철도 개념)을 도입하기로 하고, 2018 년 12월부터 이를 충청권 광역철도망 개념으로 연계·승화하여 세종, 대전, 충남과 본격 협의해 나갔다.

이장섭 국회의원   도종환 국회의원   정정순 前국회의원

2019년 4월 충청권 4개 시도는 행복청에 충청권 광역철도 사전타당 성 조사를 의뢰하였으나, 행복청은 청주도심통과 노선은 도시철도개

넘이므로 광역철도는 오송역~청주공항 간 기존 충북선 철도로 해야 한다고 주장했다.

박문희 도의회 의장   한범덕 청주시장   최충진 청주시의회 의장

2020년 11월 4개 충청권 시·도지사(허태정 대전시장, 이춘희 세종시장, 양승조 충남지사 등)는 충청권 메가시티에 합의하고 메가시티의 기본 필수 사업이 청주도심통과 충청권 광역철도라는 데 뜻을 같이하여 정부에 공동 건의함으로써 청주도심통과 충청권 광역철도는 탄력을 받게 되었다.

2021년 1월부터 충북도와 이장섭·변재일·도종환·정정순 국회의원들이 정부·여당 관계자에게 적극 건의하는 한편, 청주시(한범덕 시장), 도의회(박문회 의장), 시의회(최충진 의장)에서 건의서를 채택하고 범시민비상대책위원회(공동대표 : 유철웅·이두영·강태재·박종복·윤현우·차태환·주재구·김태진 등)가 연일 기자회견, 삼보일배 챌린지, 민·관·정 간담회, 50만 도민서명, 청와대 국민청원(65,050명 서명), 국토부·청와대 앞 1인 시위 등 다양한 방법으로 분위기를 조성해 나갔다.

이때 하나의 지역 현안을 두고 민·관·정·시민단체가 똘똘 뭉쳐 한 목소리를 낸 것은 오송역 유치 이후 처음이라는 얘기가 나올 정도였다.

유철웅 민간사회총연합회장　　이두영 충북경제사회연구원장　　박종복 충북여성단체협의회장

제4차 국가철도망계획에 대안으로 확정·발표

2021년 4월 22일 발표된 제4차 국가철도망구축계획 초안에서 오송 ~청주공항 간 노선은 기존 충북선을 활용하는 것으로 발표되었다. 이에 충북도, 청주시, 국회의원, 도·시의회, 범시민비상대책위원회 등 도민·청주시민들과 충청권 4개 시도가 벌 떼처럼 일어나 청주도심통과 노선을 다시 강력히 주장하였다.

그 결과 2021년 7월 5일 제4차 국가철도망구축계획 고시안에 "오송 ~청주공항 간 구체적인 노선계획은 청주도심경유 노선을 포함한 대안별 경제성 및 지역발전 영향 등을 고려하여 최적 대안으로 검토 추진" 한다고 수정 발표하였다. 이는 충북도 주장이 100%는 아니지만 대안

중 하나로 반영되어 당초 초안에 비하면 크게 진일보한 것이었다.

아울러 2021년 8월 국토부는 충청권광역철도를 선도사업의 하나로 선정하면서 2021년 11월 사전타당성조사 용역을 의뢰하여 충청권 광역철도망의 노선을 청주도심통과 노선으로 하느냐 기존 충북선으로 하느냐를 2022년 하반기에 사전타당성 용역 결과에 따라 결정키로 하였다.

사실 청주도심통과 광역철도망은 2017년 시작할 때는 나 자신도 반신반의했다. 그러나 그로부터 불과 4년 만에 윤석열 정부 국정과제에 반영되어 잘 될것으로 기대한다. 이는 하늘이 충북에 주신 엄청난 선물이요, 기적이라 해도 과언이 아니다.

이를 위해 도와주신 모든 분께 감사드리며, 특히 실무 작업에 노고가 많았던 성일홍 경제부지사, 신용식 기획관리실장, 김인 · 이정기 균형건설국장, 박기순 · 이혜옥 교통과장을 비롯한 직원들에게 진심으로 감사드린다.

청주공항~동탄, 대전~옥천 간 광역철도

한편 청주공항~동탄 간 광역철도는 국토교통부 출신의 전문가인 송기섭 진천군수를 필두로 심상경 진천철도유치민간위원회 위원장, 임호선 국회의원을 비롯한 위원 및 진천군민들의 노력으로 제4차 국가철도망계획에 비교적 순탄하게 반영되었다.

그리고 제4차 국가철도망계획에 최종 반영된 대전~옥천 간 광역철도는 2022년 기본 · 실시설계, 2023년 착공, 2026년 준공할 계획이다.

송기섭 진천군수   임호선 국회의원   박덕흠 국회의원   김재종 옥천군수

여기에는 박덕흠 국회의원, 김재종 옥천군수의 헌신적인 노고가 컸음
을 밝힌다.

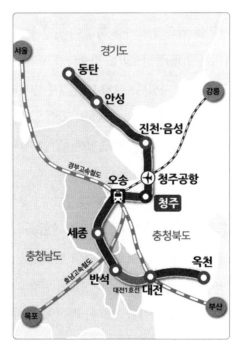

충청권, 동탄~청주공항, 대전~옥천 광역철도망

2017 전국체육대회: 충주가 유치하다

2010년 도지사에 부임한 나는 청주의 체육 인프라가 상대적으로 취약하다고 판단했다. 청주종합운동장은 국제 공인 수준 미달이었고, 청주 실내체육관은 1974년도에 건립되어 낡고 좁고 음향이 좋지 않아 큰 대회나 행사를 치르기에는 부적합했다. 청주야구장 역시 1979년 건립되어 시설이 노후되고 규모가 작아 한화이글스가 홈팀임에도 불구하고 1년에 7회밖에 경기를 치르지 않았다.

어떻게 하면 청주에 체육 인프라를 확충할 것인가 고민하던 중, 전국체육대회를 유치하여 체육 인프라를 확충하기로 마음먹고 전국체육대회를 유치 · 신청하기로 하였다. 그때 나는 청주시에 기존 사직동 종합운동장을 택지로 지목변경하여 매각하고 그 돈으로 외곽에 건립하면 큰돈 들이지 않고도 국제 규격의 종합운동장을 건립할 수 있다고 청주시에 조언하였다.

2012년 절차상 각 시군에 유치 신청을 받았더니, 청주시와 함께 충주시도 신청하였다. 그런데 청주시는 사직동 종합운동장과는 별개로 당시 대규모 예산(약 3,000억 원 정도)을 들여 별도의 종합운동장을 건립하는 것으로 하여 그중 절반을 도에서 지원해 달라고 한 반면, 충주시는 기존의 종합운동장을 매각하기로 하고 도에는 최소 금액(200억 원 정도)만 지원해 달라는 것이었다.

당시 도와 도체육회에서 두 두시를 놓고 토론이 있었는데, 이사 중 90%가 청주 출신인 도체육회에서 청주시의 과다 지원 요구에 부담을 느껴 충주시를 후보지로 선택하였다. 이에 따라 2017년 전국체육대회를 충주에서 개최함으로써 충주시는 위용을 자랑하는 멋진 종합운동장을 갖게 되었다.

U대회 유치, 충북 체육 인프라 구축을 시도하다

그 후 나는 다시 청주의 체육 인프라 확충을 위해 청주에 전국체육대회 유치를 신청하고자 했으나 순번상 2030년 이후에나 가능하다고 하여 아쉽지만 포기할 수밖에 없었다. 그래서 궁여지책으로 생각해 낸 것이 충청권 공동으로 국제대회를 유치하여 청주의 열악한 체육 인프라를 구축하는 것이었다. 이에 따라 2025년 하계유니버시아드대회와 2030년 아시안게임 유치를 시도했으나 정부의 소극적 입장으로 신청조차 하지 못했다.

2021년 2월 24일 2032 올림픽 우선 협상도시로 서울·평양이 탈락(?)함에 따라 2027 U대회 충청권 공동 유치를 다시 추진키로 하고 다음과 같은 논리로 대한체육회 및 정부 관계자들을 설득해 나갔다.

첫째, 2018 평창 동계올림픽 이후 대한민국에는 국제경기대회가 전무함에 따라 2027 U대회가 향후 10여 년 동안 대한민국 체육계에 체면을 살려 줄 것이다.

둘째, 다른 지역과 달리 한 번도 국제대회를 유치하지 못한 560만 충청인의 자존심을 살려 주고 전국 최하위권인 충청권의 체육 인프라를 확충시켜 주는 것이 진정한 국가균형발전을 이룬다는 논리를 폈다.

이에 따라 2021년 1월 4개 시도 합동의 U대회 추진단을 구성한 후, 2022년 1월 2027 하계유니버시아드 충청권 공동유치위원회(사무총장 김윤석, 2015년 광주 하계유니버시아드대회 사무총장 역임)를 설치하였다. 그리하여 2021년 6월 대한체육회에서 충청권을 국내유치신청 도시로 선정하고, 7월 문체부의 승인을 받아 8월 기획재정부에서 국제행사심사위원회 승인을 받았다.

9월 FISU(국제대학스포츠연맹)에 유치의향서를, 11월에는 FISU에 유치제안서를 제출하였다. 그리고 2022년 1월, FISU에서는 대한민국 충청권과 미국 노스캐롤라이나를 우선 협상도시로 선정하여 10월에 최종 도시를 확정할 계획이다.

U대회 유치는 청주실내체육관 신규 건립을 비롯하여 충북 체육 인프라를 구축하는 데도 큰 의미가 있다.

도시의 생명, 물과의 전쟁

'물의 도시 충주'를 꿈꾸며

물은 인간뿐 아니라 도시 생명의 기본이다. 물은 예부터 치산치수

(治山治水)를 군자(君子)의 최고 덕목으로 꼽을 정도로 국정의 핵심 의제로 부각되어 왔다. 더군다나 기후변화로 물 부족 현상이 날로 심각해져 가고 있는 가운데 UN이 2020년의 한국을 물 부족 국가로 분류하기도 했다. 더 큰 문제는 반도체, 이차전지, 태양광 등 현대 첨단산업일수록 물을 더 많이 필요로 한다는 점이다.

나는 1990년 임명제 충주시장을 할 때부터 지금까지 30여 년간 '물과의 전쟁'을 벌여 왔다고 해도 과언이 아니다. 충주댐 광역상수도 1단계(25만 톤/일)는 충주시장 때, 2단계(20만 톤/일)는 도지사 때 나의건의로 정부가 추진한 것이고 3단계(30만 톤/일)도 나의 건의로 정부가현재 검토 중이다. 또 충주댐 광역상수도 1·2단계 중 경기도로 배정했던 하루 16만 5천 톤 중 일부를 조정하여 2021년 6월 하루 11만 톤을 충북으로 추가 배정케 한 것도 나의 강력한 주장 때문이다.

그 밖에 충주시장 때 재오개터널을 뚫어 충주댐 물을 충주시내로 흐르게 하였고, 물이 부족한 청주시민들에게 미호천·무심천에 대규모호수를 만들고 수질을 깨끗이 하여 시민들에게 돌려드리는 '물의 도시청주 프로젝트'도 현재 적극적으로 추진하고 있다.

충주댐 광역상수도 1단계: 물 부족에서 벗어나다

1989년~1990년 임명직 충주시장 시절, 충주시는 괴산댐에서 내려오는 제한된 양의 물을 이용한 지방상수도를 충주시민들에게 공급하고 있었다. 지방상수도 규모래야 겨우 하루 5만 톤인 데다가 가뭄이

들면 생활용수가 절대적으로 부족하여 시장은 괴산댐관리소를 찾아가 물 좀 더 내려보내 달라고 통사정하는 게 일과였다.

그래서 나는 당시 인근 시군(중원군, 음성군, 진천군, 경기도 안성시·이천시 등)과 협의해 충주댐 물을 이용한 광역상수도 1단계(25만 톤/일)를 건의하여 2000년 완공하는 데 성공했다.

2000년 11월 충주댐 광역상수도가 준공된 이후, 바로 그 이듬해 2001년은 전국적으로 극심한 가뭄으로 많은 국민들이 물 부족에 시달리고 있을 때였다. 말로만 듣던 물 대란이 전국을 강타한 것이다. 가뭄으로 인한 물 대란은 충주도 예외가 아니었다.

그러나 먹는 물만큼은 전혀 달랐다. 충주댐 광역상수도 개통으로 그해 충주는 먹는 물에 관한 한 지상낙원이었다. 더욱 행복한 것은 그 더운 여름날 얼음장같이 차가운 상수도 물을 공급받는다는 사실이었다. 종전의 단월정수장에서 생산되는 물은 강물이라 여름에 미지근한 데 비해, 충주댐 광역상수도는 댐 밑바닥의 찬물을 공급해 주기 때문에 물이 차가울 수밖에 없었다.

갑자기 충주댐 상수도의 차가운 물이 공급되자 일부 시민들은 지난해까지는 여름에 수돗물로 샤워해도 끄떡없었는데 올해는 샤워할 수 없을 정도로 차갑게 느껴진다며 혹시 몸에 이상이 온 건 아닐까 걱정했다고 한다. 나중에 충주댐 광역상수도 때문이라는 걸 알고 안도의 한숨을 내쉬었다는 후문이다.

경기도로 배정된 11만 톤을 다시 충북으로 되돌려받다

도지사에 부임한 나는 2012년 충북 중북부 지역의 생활·공업용수 확보를 위해 다시 충주댐 광역상수도 2단계(20만 톤/일)를 건의하여 2021년 12월에 통수하게 되었다. 그리고 3단계도 건의하여 2030년에 완공할 목표로 현재 정부가 검토하고 있다.

그런데 충주댐 광역상수도 1·2단계 45만 톤 중 16만 5천 톤이 경기도로 공급되는 것이었다. 나는 공업용수가 절대적으로 부족한 충주·음성·진천·증평·괴산 등 충북 입장에서 경기도 배정 물량을 되돌려 달라고 줄기차게 요구하였다. 실제로 음성·진천·증평·괴산 지역에 기업을 유치해도 공업용수 공급이 어려워 기업이 포기하는 사례가 종종 발생하곤 했다.

마침내 2021년 6월 충북도의 끈질긴 설득으로 환경부, 한국수자원공사는 1·2단계 1일 공급량 기준 45만 톤을 48만 톤으로 3만 톤 증설하고, 경기도로 이미 배정된 16만 5천 톤 중 일부를 조정하여 2021년 6월 충북으로 11만 톤을 추가 배정하는 대용단을 내렸다. 불가능에 가까운 큰 결정을 끌어낸 것이다. 사실상 이는 11만 톤 규모의 충주댐 광역상수도(2.5단계)를 새로 만든 것이나 마찬가지다.

이 정도면 충북은 당분간 물 부족으로 기업이 들어오지 못하는 경우는 없게 되었다. 앞으로 3단계까지 완공되면 충북은 물 부족으로 생활용수 및 산업용수가 부족하다는 얘기는 영원히 사라질 것이다. 물은 현대 도시, 특히 첨단산업에 필수 인프라이기에 그동안 나는 이렇게 '물 확보'에 사활을 걸었다.

대청호 · 청남대는 억울하다
– 40년 만에 규제 일부를 해제하다

1980년 대청댐이 준공되기 전까지 지금의 대청호 일대는 상수원보호구역 등의 규제가 없어 문의~옥천까지 강을 따라 도선이 다니고 어부들이 물고기를 잡던 아주 태평한 지역이었다. 그런데 1980년 12월 대청댐이 준공되고 1983년 12월 청남대에 대통령별장이 들어서면서 그 일대가 상수원보호구역, 특별대책지역, 수변지역, 배출시설제한지역, 자연환경보전지역, 보전산지지역 등 총 7개의 중복 · 다단계식 규제지역으로 묶이게 되었다.

이 중 대청호 상수원보호구역은 면적 기준으로는 전국 최대 규모인 179㎢(급수인구 352만 명)로 팔당호 159㎢(급수인구 2,400만 명)보다 20㎢나 더 크고, 급수인구 기준으로는 팔당호보다 7.6배 더 큰 규모이다. 1일 48만 톤의 용수를 공급하는 충주댐 광역상수원보호구역이 1.7㎢인 데 반해, 대청댐 광역상수도원의 보호구역이 충주댐의 100배가 넘는 179㎢인 것을 봐도 대청댐은 억울해도 너무 억울함을 알 수 있다.

1990년에 지정된 대청댐 특별대책지역은 701㎢에다 2002년 수변구역까지 묶이어 옥천군의 경우는 군 전체 면적의 83.8%가 규제지역으로 지정되어 있다. 옥천군이 2011년 발표한 자료에 의하면 지난 30년 동안 옥천군은 9조(?) 원 상당의 피해를 입었다고 주장했다.

1980년 11월 당시 건설부는 상수원보호구역 면적을 60㎢로 제시했으나 청와대 검토 과정에서 갑자기 150㎢(지금은 179㎢)로 확대되었는데, 이는 당시 청와대에서 청남대(1983년 6월 착공, 1983년 12월 완공)라는 대통령 별장을 미리 염두에 두고 과다 지정한 것이 아니냐는 의심이 나오는 대목이다.

2003년 4월 노무현 대통령이 청남대를 대통령 별장에서 해제한 후 충북도에 이관할 때, 대청호 상수원보호구역에 대한 대폭적인 해제·축소나 청남대 운영비에 대한 국비 지원 없이 인수한 것이 아쉬움으로 남는다. 대통령 별장 때문에 과다 지정된 상수원보호구역이 대통령 별장에서 해제되면 상수원보호구역도 해제하는 것이 당연함에도 정부는 그러하지 않았다. 그 후 충북도는 인수한 청남대 관리를 위해 2004년 이후 16년 동안 818억 원(연평균 51억 원)의 막대한 지방비를 쏟아붓고 있는 데다 대청호 규제 때문에 그곳에 숙박시설, 음식점, 커피숍 하나 운영할 수 없는 실정이다.

나는 적어도 청남대에서만은 최소한의 숙박시설이 있어야 한다고 보고, 그 사전 조치로 2012년부터 68억 원을 들여 청남대에서 배출되는 오·폐수가 한 방울도 대청호로 유입되지 않도록 하수관로를 설치했다. 그리고 10년 동안 줄기차게 청남대에 숙박시설을 설치할 수 있도록 상수원보호구역 해제를 건의했다.

그러나 환경부는 요지부동이었다. 2020년도에는 교육연수시설인 '나라사랑 교육문화원'을 건립하고자 국가보훈처로부터 국비 등 180억 규모의 예산을 지원받았는데도 환경부는 동 문화원 건립에 난색을 보였다.

결국 충북도의 건의에 2021년 7월 환경부는 관련 용역을 의뢰하였고, 그 용역 결과 대청호 상수원보호구역 내에서 행위 제한의 범위를 축소 · 조정하여 나라사랑 교육문화원을 건립할 수 있도록 환경부의 상수원관리규칙 개정안을 2022년 5월 6일자로 공포했다. 이에 따라 충북도는 드디어 청남대에 나라사랑 교육문화원을 건립할 수 있게 되었다.

아울러 환경부는 2022년 1월 대청호 수질보전 특별대책지역에서 도선 운항이 가능하도록 규제 완화를 고시함으로써 옥천 지역 내에서는 도선 운항을 재개할 수 있게 될 전망이다.

이 정도의 규제를 완화하기까지 10여 년의 세월이 걸렸다.

나라사랑 교육문화원은 2021년 국가보훈처의 국비 지원을 받아 총사업비 180억 원을 들여 연면적 5,500㎡ 규모로 교육학습시설, 생활관시설, 후생시설을 건립하여 나라사랑 · 애국정신 리더십 함양의 교육 장소로 활용할 계획이다.

나라사랑 교육문화원 국비 예산 확보를 위해 당시 박삼득 보훈처장, 김유근 전 청와대 안보 2차장, 도 고근석 국장의 노고에 감사드린다. 특히 청남대에 나라사랑

박삼득 前보훈처장　　한정애 前환경부장관

교육문화원을 건립할 수 있도록 2022년 4월 상수원 관리규칙을 개정해 주신 한정애 환경부장관, 홍정기 차관, 정종선 금강유역환경청장, 이상진 금강유역물관리위원장의 결단과 충북도의 이경용 특보, 김연준 국장, 김희식 과장 등의 헌신적인 노력에 감사드린다.

물이 살아 있는 미호토피아(Mihotopia)를 꿈꾸며

쉴 곳도, 갈 곳도 마땅찮은 청주 시민들을 위해

청주는 근본적으로 물이 부족한 도시다. 청주 시내를 흐르는 무심천은 수원 거리가 짧아 수량이 절대 부족하여 대청호 물을 문의 터널을 통해 보충하고 있다. 청주 외곽을 흐르는 미호천 역시 물이 부족하여 청주지역 단위 면적당 유량(백만㎥/㎢)은 0.25로 서울(0.29), 충주(0.42), 세종(0.36)에 훨씬 못 미치고 있다. 미호천은 갈수기 때에는 1일 약 40만 톤의 수량이 부족한 데다 최근에는 미호천이 3급수로 전락한 상태이다.

그러다 보니 청주는 인구 85만 도시에 걸맞은 강(江)도, 호수(湖水)도, 수변공원도 제대로 갖춰져 있지 않고 물을 이용한 유람선 운항이나 조정 등 수상스포츠도 불가능한 상황이다. 청주시민이 주말이면 물을 찾아 세종호수공원이나 충주 남한강, 괴산 달래강을 찾는 걸 보면서 그동안 가슴이 아팠다.

2010년 내가 도지사에 부임할 당시 미호천 작천보 건설 문제로 찬반 논쟁이 뜨거울 때, 민주당 도지사인 나는 민주당과 환경단체의 4대강 반대 분위기에도 불구하고 작천보 건설에 찬성했다. 물이 없어 메마른 도시 청주에 물을 공급하여 작천보에서 무심천 중간까지 호수를 만들고 그 위에 황포돛배라도 뜰 수 있게 하자는 뜻에서였다. 그러나 당시 환경단체의 반대에 부딪쳐 작천보의 높이를 다소 낮추는 바람에 작천보의 수면이 무심천 중간까지 연결되지 못해 아쉬움이 남아 있었다.

물이 살아 있는 미호강 프로젝트

미호천은 음성군 삼성면 마이산에서 발원하여 진천, 증평, 청주를 거쳐 세종까지 연계하는 연장 89.2㎞의 하천이며, 무심천은 청주 낭성에서 발원하여 청주 도심을 거쳐 미호천에 합류되는 연장 32.57㎞의 하천이다. 이러한 미호천은 오랫동안 충북 중부권 도민들의 젖줄이며 휴식처인 동시에 삶의 터전이 되어 왔다. 주변에 비옥한 농경지와 즐비한 산업단지로 이어진 미호천은 충북 중부권 발전의 원동력이며 중부권의 역사이며 희망이었다.

그러한 미호천이 최근 3급수로 수질이 악화하고, 또한 110만 중부권 주민들이 애용하기에는 수량이 절대 부족하며 주변에 친수·여가 공간이 부족한 메마른 생태계를 유지하게 됨에 따라 미호천의 근본적 정비를 요구하는 목소리가 그동안 수없이 들려왔다. 도지사 공약, 변재일·도종환 국회의원의 공약으로 여기저기서 제기되자, 나는 마침내 2021년 9월 14일 도의 미호강 프로젝트 시안을 발표하게 되었다.

미호천을 미호강으로 격상하여 시안의 제목을 '물이 살아 있는 미호강 프로젝트, 즉 미호토피아(Mihotopia: 미호강 + 유토피아) 조성'으로 정하고 목표는 '물고기가 노닐고 철새가 날아들며 시민들이 쉬고 즐기는 미호토피아'를 만드는 것이다.

시안의 방향은 2022~2032년까지 총 6,500억 원을 투자하여 ① 미호강 수질을 현재 3급수에서 1급수로 복원하고, ② 미호강 수량(물)을 대량 확보하며, ③ 미호강 주변에 친수 · 여가공간을 만들어 시민들에게 제공하는 것이다.

이를 위해 첫째, '수질 복원' 사업에 1,450여억 원을 투자하여 9개의 인공습지를 조성하고, 청주 · 증평 · 진천 · 음성 유역에 폐수 및 하수처리시설, 하수관로, 비점오염저감시설 등 오염정화사업을 통합 · 집중 처리하며, 미호강 지류하천 15개소의 오염 퇴적토 제거, 여천보의 가동보 개량사업 등을 추진하여 미호강의 수질을 1급수로 복원하고자 한다.

둘째, '물 확보' 사업에 1,770여억 원을 투입하여 무심천으로 공급받는 대청댐 용수를 현재 하루 8만 톤에서 20만 톤으로 확대하고, 청주하수처리장에서 방류되는 1급수 수준인 하수처리수 중 하루 15만 톤을 작천보의 상류까지 가압송수하여 방류하며, 미호강 상류 지역의 노후저수지 40개소에 대한 제방 보강 및 증고(H = 2~3m) 사업을 추진함으로써 모두 합쳐 하루 30만 톤 이상의 1급수를 추가 공급하는 것이다.

또한 무심천 청주보에서 무심천 하류까지 하폭을 넓히면서 하상을 다소 굴착하면 작천보 수위가 청주보까지 이어지는 약 3.3㎞의 자연유수호(自然流水湖)를 만들 수 있게 된다. 또한 강내면 월탄리 일원에는 세굴방지용 여울공 설치로 1.5㎞ 자연유수호(自然流水湖)를 만드는 것이다. 그리하여 미호강에 두 개의 큰 호수, 즉 '물이 가득 흐르는 미호강'을 만들어 청주시민들에게 깨끗한 물을 제공하고 이곳에서 황포돛배, 윈드서핑, 수상스키 등 수상위락, 스포츠 기회도 제공하는 것이 목표이다.

셋째, '친수·여가 공간 조성' 사업에 3,290여억 원을 투자하여 정북동 일원에 역사문화 테마공원을 조성하고, 원평동 일원에 놀이시설과 식물원 등 유원지를 조성하며, 또한 오송읍 일원에 대규모 백사장(소위 미호강 명사십리)을 조성하고, 미루나무 숲 복원, 파크골프장, 역사탐방길, 자전거길 등을 조성하여 시민들에게 물 친화적 쉼터 공간을 제공하는 것이다.

그리하여 '물이 살아 있는 미호강 프로젝트'를 통해 항상 깨끗한 물이 넘쳐흐르고, 물고기와 철새가 노닐며, 사람들이 쉬고 즐기는 미호강을 시민들에게 되돌려 드리자는 취지이다. 이를 위해 2021년 12월 충북도는 '미호토피아' 마스터플랜 수립 용역을 착수하고 전문가와 시

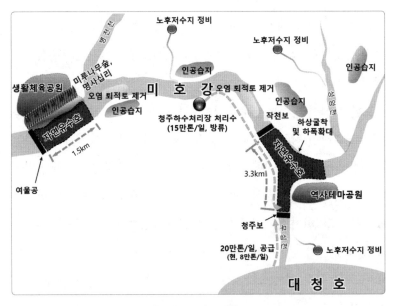

미호강 프로젝트 계획도

민들의 의견을 들어 2022년부터 본격적으로 추진해 나갈 계획이다. 아울러 미호천을 미호강으로 격상하는 문제도 정부와 협의해 나가고 있다. 미호강 프로젝트가 시작되는 데는 김연준 환경산림국장, 음치헌 도로과장, 김희식 수자원관리과장과 직원들의 노력이 컸다.

향후 충북 최대의 균형발전 과제

동부(축)고속도로와 영동~진천 고속도로 건설

그동안 충북의 균형발전 전략은 주로 청주권 대 비청주권에 초점을 맞추어 추진되어 왔다. 그러나 앞으로는 청주권 대 비청주권과 함께 충북의 서부축 대 동부축에 맞춰 균형발전 전략을 추진해야 할 것이다.

왜냐하면 최근 청주·증평·진천·음성·충주 등 수도권에 인접한 서부축은 고속(화)도로 5개 노선(경부, 중부, 중부내륙, 평택~제천, 충청내륙), 철도 5개 노선(KTX, 충북선고속화, 중부내륙, 충청권 광역철도, 동탄~청주공항 광역철도)이 개통 또는 추진되고 있어 상당한 발전을 해 온 게 사실이다.

그러나 영동~옥천~보은~괴산~제천~단양 등 백두대간에 인접한 동부축과 영동·옥천·보은~청주·진천 연결축은 고속도로·철도 등 기본 인프라(SOC)가 거의 구비되어 있지 않다. 그러다 보니 기업 유치도, 인구 유입도 잘 이루어지지 않아 만년 낙후 지역을 면치 못하고 있다.

따라서 충북의 가장 시급하고도 근본적인 대규모 균형발전 과제는 충북 동부축과 영동~진천 축을 연결하는 고속도로망을 형성하고 충청내륙고속화도로를 완성하는 것이다. 그래야 기업이 들어오고, 인구도 늘어나고, 경제도 좋아질 것이다.

동부축고속도로란 백두대간과 연접하여 충북 영동~옥천 청산~보은~괴산~충주 수안보~제천 덕산~단양 대강을 연결하는 총길이 113㎞의 고속도로망을 말한다. 이 고속도로가 개통되면 이 지역의 관광 활성화 및 기업유치 등 낙후 지역 해소에 큰 도움이 될 뿐만 아니라 충북에 남아 있는 최대 규모의 균형발전 사업이 마침내 완수될 것이다.

엄태영 국회의원

영동~진천 고속도로는 2022년 1월 28일 국토부가 발표한 제2차 고속도로 건설계획에 이미 반영되어 현재 민자 사업으로 검토되고 있으며, 동부축고속도로는 2022년 3월 정부계획과 윤석열 대통령 공약에 반영·확정되어 사업 추진에 탄력을 받을 것으로 예상된다. 특히 동부축 및 영동~진천 고속도로 추진을 위해 엄태영 국회의원, 김인·이정기·이호 도 균형건설국장 등이 많은 노력을 하여왔음을 밝힌다.

그리고 그동안 균형발전을 위해 많은 노력을 기울인 송영화·강호동·이장근·김재갑·신병대·윤재길·신필수·김희수·이창희·남일석 등 도 균형건설국장들의 노고에 감사드린다.

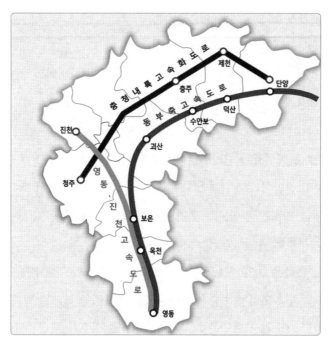

동부축 · 영동~진천 고속도로 및 충청내륙고속화도로망

아직 끝나지 않은 코로나 전쟁
– 그러나 충북 바이오 수출은 급성장

2019년 11월 중국 우한에서 처음 발생한 코로나바이러스(코로나19)가 2020년 1월 20일 우리나라에 처음 발생한 지 2년 2개월인 2022년 3월 16일, 하루 확진자 발생 621,177명을 피크(충북도는 3월 15일, 17,300명)

로 점차 감소 추세에 들어섰다.

이에 따라 2022년 4월 25일자로 사회적 거리 두기 조치는 대부분 해제되고 코로나19 감염병이 1급에서 2급으로 조정됨에 따라 코로나19 발생 2년 3개월여 만에 본격적으로 일상을 회복하게 되었다.

코로나19는 제3차 세계대전을 방불케 하는 대재앙으로 3년째 전 세계적으로 광범위하게 전파되고 사망자도 많을 뿐 아니라 현재도 계속 진행 중인 현안이라 전반적인 내용은 나중에 정부와 도에서 백서 형태로 자세히 기록할 것이므로 여기서는 생략하고, 충북의 코로나19 관련 특수 사항에 관해서만 몇 가지 기록하고자 한다.

첫째, 충북은 2020년 12월부터 선제적으로 신속항원검사 및 자가진단키트를 적극 도입하여 숨은 확진자들을 조기에 발견하는 데 큰 도움을 주었다. 이 검사 방법은 그 후 2022년 1월 정부가 채택·시행하였다. 이것은 충북 오송에 위치한 에스디바이오센서(대표 이효근, 허태영)와 수젠텍(대표 손미진) 공장 등에서 생산·공급된 신속항원검사 키트, 자가진단 키트가 있었기에 가능한 일이었다. 이에 힘입어 충북의 바이오 의약품 수출규모는 2019년 1,944억원에서 2021년 2조 5,653억원으로 12배 이상 급증했다.

둘째, 코로나19로 생계에 어려움을 겪는 소상공인 중 특히 타격을 받은 유흥업소가 소재한 건물의 재산세에 대해 1975년부터 일반 건물의 16배 더 부과하는 중과세율을 적용하는 것은 법의 형평에 맞지 않는다고 생각하여 2020년 5월부터 중대본 회의 등에서 일반 건물과 똑같이 과세할 것을 적극 건의하였다. 그 결과 2021년 2월, 정부는 유흥업소가 소재한 건물에도 일반 건물과 똑같이 재산세율을 적용하게 함으로써 유흥업소들의 46년 한을 풀게 되었다.

셋째, 나는 긴급재난지원금을 포괄적 지원 방식보다는 선별적 지원 방식 위주로 집중 지원했다. 그 결과 코로나19로 특히 피해를 많이 본 계층인 소상공인, 운수종사자, 행사·이벤트업, 종교시설, 여행업계, 공연예술인, 영세농가, 어린이집 등에 대해 5차에 걸쳐 총 2조 1,311억 원(국비 1조 8,001억, 도비 1,618억, 시군비 1,692억)을 지원하였다.

넷째, 충북도는 코로나19로 폐업의 위기를 겪고 있는 소상공인을 대상으로 체계적인 직업 전환 교육을 시범 실시하여 그동안 총 191명(재기교육 128명, 직업훈련 63명)을 교육하였고 이 중 57명을 취업시킴으로써 소상공인들에게 실질적인 도움을 주었다.

고규창 前행정부지사　　김장회 前행정부지사　　서승우 前행정부지사

다섯째, 정부는 2020년 1월 31일 세계에서 최초 발생한 중3국 우한 지역 교민들 173명을 충북 혁신도시 내 국가공무원인재개발원에 2주 간 수용토록 정부가 결정함으로써 진천·음성 주민과의 마찰이 있었으나, 송기섭 진천군수와 조병옥 음성군수의 적극적 설득으로 큰 문제

없이 원만히 해결되었다.

여섯째, 충북은 그동안 도·시군·보건소·교육청·의료진 등과 협업체제를 잘 유지하면서 비교적 일사분란하게 대응해 왔다. 특히 김장회·서승우 행정부지사를 중심으로 안석영·임택수·맹경재·이재영·이상은·허경재 재난안전실장, 전정애·김용호·박

김경배 적십자회장

중근 보건복지국장, 박준규·이수현 과장, 보건환경연구원 임종헌 원장, 김종숙·신현식 부장과 한범덕 청주시장을 비롯한 시장·군수와 시군 공무원들, 청주시 김혜련 상당보건소장과 도내 보건소장들, 교육청·경찰청·소방본부 공무원들, 감염병 거점전담병원인 충북대 병원(원장 최영석), 베스티안 병원(원장 문덕주)과 감염병 전담병원인 청주의료원(원장 손병관), 충주의료원(원장 김종수) 등 병의원 의료진들의 헌신적인 노력이 함께하였다.

특히 자가격리자 구호품 세트 지원, 자가검사키트 지원 특별모금 등 코로나 방역 지원에 김경배 적십자회장, 노영수 사회복지공동모금회장을 비롯한 관계자들의 노고가 컸다.

코로나19로 고생한 분들, 고통받은 도민들 모두에게 감사와 위로의 마음을 전한다. 코로나19는 큰 틀에서 보면 종식 단계에 들어갔고, 방역·사회적 거리두기도 대폭 완화되었지만, 아직은 완전히 끝나지 않은 계속되는 재앙인 것이다.

충북 경제, 지난 10여 년의 변화와 그 주역들 그리고 실패한 사례들

'생명과 태양의 땅 충북'의 기치 아래 지난 10여 년간 줄기차게 충북 경제를 이끌어 온 결과, 최근 충북에는 참으로 많은 혁신과 변화가 일기 시작했다.

오흥배	노영수	이두영
前청주상공회의소 회장	前청주상공회의소 회장	청주상공회의소 회장

특히 최근 비수도권이 인구 감소, 경제력 약화 추세인 데 반해 충북은 지난 10여 년 동안 인구가 9만 명 정도 증가하였고, 전국 대비 경제 비중도 2009년 2.99%에서 2020년 3.69%로 껑충 뛰어올랐으며 170여 개의 국가기관·공공기관·연구기관 등을 유치하는 등 다음과 같이 괄목할 만한 변화가 있었다.

그러나 이러한 긍정적 변화의 이면에는 오송역세권 개발, 청주공항 MRO 유치, 충주 에코폴리스 개발, 인재 육성, 시멘트세법 제정 등에서 실패하였거나 미흡한 사례들도 많았다는 점을 밝힌다.

구 분	2009년	2020년	증감률 · 비고
• 인구(만 명)	155	164	5.8%
• 지역내총생산(2015년기준 가격 GRDP)(조 원)	40.0	67.8('20)	69.5%
• 전국대비 GRDP비율(%)	2.99	3.69('20)	+0.7%
• 1인당 GRDP(천 원)	23,467	43,700천원('20)	86.2%
• 고용률(%)	64.4	69.0	+4.6%
• 실업률(%) • (전국, %)	2.1 (전국 3.6)	3.2 (전국 4.0)	+1.1%
• 신성장산업 생산			
– 바이오(억 원)	1,790('10)	19,553	전국 3위
– 태양광 셀 · 모듈(MW)	1,090('10)	11,640	전국 1위
– 이차전지(억 원)	1,191	107,172	전국 1위
– 화장품(억 원)	25,602('14)	58,667	전국 2위
– 반도체(억 원)	35,785	112,164	전국 2위
• 수출(억$)	80.8	249	208.2%
• 무역수지(억$)	31.1	178	472.3%
• 투자 유치('10.7~'21.12)(억 원)		1,044,593	
• 산업단지 면적(천㎡)	57,505	85,593	48.8%
• 제조업체 수(개)	6,680	10,431	56.2%
• 공업용수 사용량(천 톤)	26,469	66,224('19)	150.2%
• 과학기술혁신역량 • 전국순위(위)	11('13)	6	
• 정부예산확보(억 원)	2조 8,393	7조 6,703('22)	170.1%
• 도 예산 규모(억 원)	2조 4,356	6조 1,756('22)	153.5%

_____ 8전 8승 이시종의 비결

이병구	차태환	김상순	양기분
前충북경제포럼회장	충북경제포럼회장	前충북여성경제인협회장	충북여성경제인협회장

이러한 충북 경제의 대변화가 있기까지에는 이두영 충북상공회의소 협의회장과 오홍배·노영수·류인모·강성덕·김현성·한정철·심 상경·양근식·왕용래·양태식·설영건·박병욱 전현 각급 상공회의 소회장, 이상훈·이병구·차태환 충북경제포럼회장, 현일선 청주산 단이사장과 각급 산단 대표들, 윤태한 경총회장, 이상찬 기업인협회 장, 이경실·임명숙·연경희·김상순·양기분 여성경제인협회장, 김 원용·박종관·이재진·박광석·오한선 중소기업융합연합회장, 이 명훈 상인연합회장, 신희증 자동차산업협회장, 이천석·임형택 이노 비즈협회장, 오석송·류희근 오송생명과학단지 경영자협의회장, 윤 택진 중소기업회장, 이명재 무역협회 충북회장, 장현봉 리더스클럽회 장, 김태일 메인비즈회장, 윤현우 건설협회장, 강국모 한국노총 충북 지역본부의장을 비롯한 기업인·노동자들의 헌신적인 노고가 절대적 이었다.

정초시 충북연구원장   김종록 前정무부지사   설문식 前경제부지사   성일홍 경제부지사

　또한 충북도의 설문식·성일홍 경제부지사, 김종록·서덕모·이장
섭 정무부지사, 박경배·박경국·신진선·정정순·박제국·고규창·
한창섭·김장회·서승우 행정부지사, 한범덕 청주시장 등 시장·군수
와 도·시·군 실무진 공무원들의 땀방울이 있었고, 정초시 충북연구
원장, 주종혁 도정자문위원장, 홍진태 충북대 교수, 차상훈 오송첨단
의료산업진흥재단이사장, 안태성 충북창조경제혁신센터장, 남창현·
노근호 충북TP원장, 김상규 충북과학기술혁신원장, 정재황 충북바이
오산학융합원장, 연경환 기업진흥원장, 이응걸·김교선 신용보증재단
이사장 등의 경제논리 제공이 함께하였기에 가능했다고 본다. 충북 경
제의 주역들에게 진심으로 감사드린다.

제3부

충북을 넘어

대한민국의 미래를 위해

세계로 뻗어 가는 강호축 실크레일

충북선철도 고속화를 추진하다 대어(大魚)를 낚다

충북선철도는 지리적으로 보면 호남과 강원을 연결하는 대동맥 같은 노선임에도 불구하고 충북선철도가 일반철도이다 보니 속도도 느리고 불편하여 연간 이용객이 겨우 85만 명(2011년)일 정도로 턱없이 낮았다.

이에 2011년부터 나는 충북선철도 고속화사업을 국가철도망계획에 반영해 달라고 정부에 건의함에 따라, 2012년 정부가 전체 구간(청주공항~제천)에 대한 타당성 조사를 실시했는데 타당성이 나오질 않았다. 그 후 구간을 나누어 충주~제천 구간만 타당성 조사를 했는데도 타당성이 나오지 않아, 다시 청주공항~충주까지만 따로 해봐도 역시

타당성이 나오지 않았다.

여러 방면으로 타당성 조사를 시행해 봐도 소용없자, 2014년 나는 충북선 개념을 확대하여 강호축(江湖軸) 개념을 들고나왔다. 충북만의 사업으로 정부를 설득하기에는 약하다는 판단 아래 강호축이라는 국가적 차원에서 큰 그림을 그려 설득력을 높여 보자는 뜻에서였다.

'오송~제천이란 좁은 틀에서 목포~오송~제천~강릉으로 연결되는 큰 그림을 그리자. 그리고 이를 강호축, 강호선철도로 명명해 보자. 강호선철도 중 목포~오송 간은 이미 고속철도가 완공되어 있고, 제천~원주 간, 원주~강릉 간도 평창동계올림픽 등에 대비하여 고속화철도가 진행 중이므로 그 중간 구간인 오송~제천까지 충북선만 고속화시키면 아주 멋진 강호선 철도라는 그림이 그려질 것이다.'

그리고 강원~충청~호남에서 가운데 충청은 빼고 강원~호남, 즉 강호축으로 명명하는 것이 대외적으로 설득력이 있을 것 같았다. 호강축보다는 북에서 남으로 뻗는 강호축이 부르기도 편한 것 같았다.

다만, 오송에서는 호남선 고속철도와 충북선 고속화철도가 연결되고, 제천에서는 충북선 고속화철도와 중앙선 고속화철도가, 원주에서는 중앙선 고속화철도와 원강선 고속화철도가 연결되도록 연결선만 잘 구축하면 목포에서 강릉까지 환승 없이 현재보다 2시간 이상 단축되어(5시간 30분 → 3시간 30분) 타당성도 높게 나오리라 판단했다.

2014년부터 나는 강호축을 본격 주장했으나 당시 정부는 마이동풍(馬耳東風)이었다. 허탈한 마음을 달래고 있을 때 문재인 정부가 들어

섰고, 2017년 11월 대통령 직속 국가균형발전위원회 송재호 위원장을 만나는 우연한 기회가 내게 주어졌다. 기회를 놓치지 않고 강호축의 필요성을 토로했더니 송재호 위원장은 그 자리에서 '참 좋은 아이디어'라며 함께 추진하자고 흔쾌히 답변하는 것이었다.

그동안 중앙정부는 지방에서 건의하는 사업은 무조건 안 된다고 하였는데, 이번엔 거꾸로 중앙정부가 먼저 강호축을 추진하자고 할 정도이니, 세상이 참 많이 바뀌었구나 하는 생각이 들었다. 그때부터 강호축은 날개를 달기 시작했다. 그동안 경부축 위주의 국가균형발전 축과 함께 강호축이 잉태되는 순간이었다.

2017년 10월, 강호축 관련 8개 시도지사가 공동건의문을 채택하고 국가균형발전위원회와 강원 · 충북 · 세종 · 충남 · 대전 · 전북 · 광주 · 전남 8개 시도가 공동으로 연구용역을 실시하였으며, 국회토론회 · 도민보고대회 등을 수없이 개최한 끝에, 드디어 2019년 1월 29일 강호축이 국가균형발전 5개년 계획에, 그리고 그해 12월 11일 대한민국 최고의 상위계획이라 일컫는 제5차 국토종합계획에 반영되는 기적을 만들어 냈다.

충북선철도 고속화로부터 따지면 9년, 강호축이란 용어를 주장한 때부터 5년 만에 강호축이 탄생하는 순간이었다. 지방에서 제기한 아이디어가 경부축과 함께 국토 개발 양대축의 하나로 국가 최고계획에 반영된 것은 역사적으로도 드문 일이다.

강호축의 일등 공신은 누가 뭐래도 송재호

송재호 국회의원

당시 국가균형발전위원장(현 국회의원)과 이를 뒷받침한 문재인 대통령이다. 그리고 분위기 조성에 앞장선 박지원 국회의원, 김영록 전남도지사, 최문순 강원도지사를 잊어서는 안 될 것이다. 충북연구원 정초시 원장과 원광희 · 홍성호 박사, 당시 충북도 고규창 · 이장섭 부지사를 비롯한 서승우 · 이우종 기획관리실장 등 관련 직원들의 노고가 컸음을 밝힌다.

국가균형발전계획의 역사와 강호축의 의미

'강호축(江湖軸)'이란 용어는 네이버 포털 백과사전에 이렇게 등재되어 있다.

"충청북도가 2014년 최초로 제안한 초광역 국가발전전략을 말한다. 이는 반세기 가까이 경부축 중심의 국토개발정책으로 인해 소외됐던 호남과 충청, 강원 등의 강호축을 연결하는 국가발전전략이다."

강호축이란 경부축(京釜軸)에 대응하는 개념으로 강원~충청~호남의 8개 시도를 연결하는 축을 말한다.

1960년대 개발시대 이후 60여 년 동안 경부고속도로, 경부고속철도, 경부역전마라톤대회 등 각종 국가계획이 경부축(京釜軸) 위주로 짜여 있었다. 1960년대 이후 7차에 걸친 경제사회발전 5개년계획, 4차에 걸친 국토종합계획, 3차에 걸친 국가균형발전 5개년계획에 경부축은 있어도 강호축 개념과 전략은 거의 존재하지 않았다.

강호축(江湖軸)이란 용어는 2014년 내가 처음 세상에 던졌을 때까지 그 누구도 생각해 보지 않았으니 말이다. 그러다 보니 강호축은 경부 축에 비해 상대적으로 개발이 소외되어 온 것이 사실이다. 인구 · 예산 · 지방세 · 산업단지 · 도로 · 제조업체수 등 모든 면에서 경부축 대 강호축의 비율은 8 대 2 수준이다 보니, "경부축은 너무 개발되어 땅이 침하했지만, 강호축은 너무 개발이 안 되어 땅이 융기되었다."는 농담이 나올 정도였다.

또한 강호축은 지역 상호 간 교통망 부재로 소통이 단절되다 보니 강원도와 호남 지역 간에는 동창 · 친구 · 친척 · 결혼 등이 거의 단절된 상태였다. 교통의 단절이 소통과 문화의 단절에까지 비화한 것이다. 따라서 강호축 개발을 방치하는 것은 대한민국의 불행을 방치하는 것으로 생각했다.

함께 하나 되며 세계로 뻗는 대한민국을 꿈꾸며

첫째, 강호축은 '다 함께 잘사는 대한민국'을 만들자는 것이다. 그동 안 국가균형발전이 도시 대 농어촌, 수도권 대 비수도권 개념으로 추 진되어 왔다면 이제는 여기서 소외된 경부축 대 강호축 개념을 추가함 으로써 진정한 국가균형발전을 통해 '다 함께 잘사는 대한민국'을 만들 어야 한다.

둘째, 강호축은 '모두 하나 되는 대한민국'을 만들자는 것이다. 특히,

교통망 부재로 인해 호남과 강원 간에 거의 단절된 인간·문화·사업 등 관계를 소통함으로써 모두 하나 되는 대한민국을 만들어야 한다.

셋째, 강호축은 '세계로 뻗어 가는 대한민국'을 만들자는 것이다. 앞으로 강호축을 북한 금강산, 원산을 넘어 러시아 블라디보스토크로 연결하면 러시아를 거쳐 유럽으로 진출하는 대한민국의 장대한 꿈을 이룰 수 있을 것이다. 실제로 강호축 철도가 유라시아 대륙을 거쳐 유럽까지 연결된다면 소요 기간이 약 7박 8일 정도로 예상된다. 컨테이너 선박이 부산항에서 유럽까지 가는 데 소요되는 기간이 약 1개월 반 정도인 것과 비교하면 강호축 철도로 인해 훨씬 더 큰 경제적 이익을 얻게 되는 것이다.

이렇게 되면 우리는 그동안 남·서해 바다를 통한 '해양의 문'에서 실크레일을 통한 '육로의 문'을 더 추가하여 세계로 뻗어 가는 길을 두 개로 만들 수 있을 것이다. 과거 '실크로드'처럼 앞으로는 '실크레일 (silk rail)'이 한국·중국·러시아·유럽 간 무역의 중심 역할을 할 것이라 기대된다.

강호축, 국가계획에 반영되다

2014년 처음 등장한 강호축 개념이 많은 공감대를 형성하여 국가균형발전의 새로운 패러다임으로서 주목받게 되었다. 이에 따라 2019년

12월에 확정된 제5차 국토종합계획의 총괄 부문에 백두대간 국가생태 경관도로 등 주요 사업들이 대거 반영되었다.

또한 2019년 1월에 확정된 제4차 국가균형발전 5개년 계획에도 강호축이란 용어가 직접 사용되었다. 또한 2021년 6월에 확정된 제4차 국가철도망계획에서도 익산~서대전~오송 간 철도고속화, 충북선철도 고속화, 원주연결선 등이 반영되는 쾌거를 이루는 성과가 있었다.

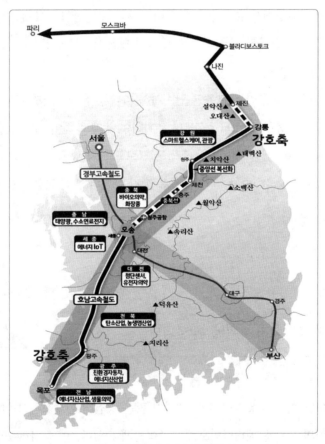

강호축 및 유라시아대륙 횡단철도망

정부 예타면제의 최대 수혜도(道)가 되다

2018년 9월 27일 나는 더불어민주당 이해찬 대표에게 강호축 개발 차원에서 충북선철도 고속화 예타면제를 건의하였다. 그런데 의외로 이 대표가 그 자리에서 즉각 검토하겠다고 약속하였고, 수일 후 2018년 10월 8일 더불어민주당 예산정책협의회 참석차 충북도를 방문한 이해찬 대표가 충북선철도 고속화를 예타면제로 추진하겠다고 발표하였다. 8년 동안 주장해도 꿈쩍도 않던 충북선철도 고속화가 무슨 천운을 만났는지 갑자기 빛을 보게 되는 것이었다.

그 후 2019년 1월 29일 충북선철도 고속화를 포함한 27개 사업 총 30.4조 원 규모의 정부 예비타당성조사를 면제받고(이 중 예타 선정 대상은 6.3조 원) 추진하는 문 정부의 역사적 결단이 발표되었다. 더욱 중요한 것은 총규모 30.4조 원 중 충북선철도 고속화(1.5조 원), 평택~오송 복복선(3.1조 원), 세종~청주 고속도로(0.8조 원), 제천~영월 고속도로(1.2조 원) 등 충북 직접 관련 사업이 5건 6.8조 원, 문경~김천 철도(1.4조 원), 남부내륙철도(4.7조 원) 등 간접 관련 사업이 2건 6.1조 원으로 모두 합쳐 12.9조 원(전체의 42.4%)이나 되어 충북이 예타면제의 최대 수혜도(道)가 되었다는 점이다.

행운의 여신이 우리 충북에 스스로 찾아온 것이다. 이 자리에 오기까지 당시 11명의 역할이 매우 컸다. 충북선철도 고속화 등 강호축 개

문재인 前대통령　　이해찬 前더불어민주당 대표　　이낙연 前국무총리

념을 처음부터 받아들인 송재호 국가균형발전위원장, 예타면제를 적
극 추진한 이해찬 더불어민주당 대표, 세종역은 없다고 잘라 말함으로
써 천안~세종 간 직선철도 대신 천안~오송역 간 복복선 고속철도를
만들게 한 이낙연 국무총리와 김현미 국토부장관, 제천~영월 간 고속
도로를 예타대상이지만 조속 추진토록 포함시켜 준 최문순 강원도지
사와 홍남기 경제부총리, 중부내륙철도를 김천까지 연장하고 더 나아
가 거제까지 남부내륙철도를 연결하는 데 공헌한 이철우 경북도지사
와 김경수 경남도지사, 세종~청주 간 고속도로를 주장한 이춘희 세
종시장, 충북선철도 고속화가 당초에는 청주공항~충주까지로만 되어
있던 것을 마지막에 제천까지 연장하도록 힘써 준 노영민 대통령 비서
실장, 그리고 최종적으로는 국가 균형발전 차원에서 역사적 대결단을
내려 준 문재인 대통령, 이상 11명은 충북선철도 고속화 등 강호축 및
충북 철도역사에 영원히 기록해야 할 은인들이다.

　나는 그 당시 은인들이 구름처럼 찾아와 충북을 도와주었다는 뜻으로
'은인자래 만복운집(恩人自來 萬福雲集)'이란 표현을 썼는데, 예타면제가

발표되던 그날(2019년 1월 29일)은 내 인생 최고의 날이었다고 회고된다.

충북, 갑자기 '철도의 왕국'으로 등극하다

앞으로 정부예타면제 사업으로 충북선이 고속화철도가 되고 중부내륙철도가 거제까지 연결되어 사실상 제2의 경부철도개념이 도입되면, 오송, 충주, 제천은 동서남북으로 철도망이 교차하는 요충지가 되어 충북은 그야말로 '철도의 왕국'으로 등극할 것으로 예상된다.

충북은 그동안 철도 소외 지역에서 앞으로 모든 철도가 충북으로 통하는 철도의 왕국으로 등극하는 셈이다. 또한, 천안~오송 간 복복선은 그동안 충북 입장에서 가장 기피하던 세종역 신설과 천안~세종~익산을 직접 연결하는 소위 호남 KTX 단거리 노선 구상이 사실상 백지화된 것이나 마찬가지이다. 충북 입장에서는 앓던 이가 모두 빠져나간 느낌이다.

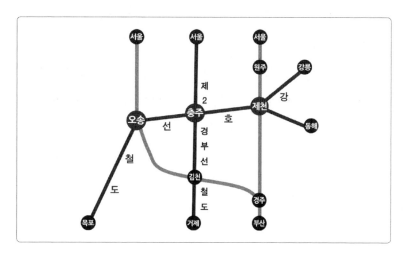

강호축의 미래 비전과 「강호축 특별법」

강호축은 대한민국의 진정한 균형발전과 미래 100년의 혁신성장을 이끌어 갈 새로운 패러다임으로 4개의 전략으로 나갈 것을 제시하였다.

첫째, 강호축에 고속교통망을 구축하는 것이다. 호남 · 충청 · 강원 지역에 7개의 철도망과 7개의 도로망을 고속으로 연결해야 한다.

둘째, 경부축이 중후장대(重厚長大)형 산업 위주라면 강호축에는 경박단소(輕薄短小)형 산업 위주로 집중 육성하는 것이다. 여기에 미래 신산업 광역클러스터, 생명건강산업 광역클러스터 등을 육성하여 대한민국의 새로운 먹거리를 책임져야 한다.

셋째, 강호축을 인문 · 자원과 연계한 국민 쉼터로 조성하는 것이다. 백두대간 국민 쉼터 조성, 백두대간 국가순환도로망 구축, 강호축 문화권 육성이 그것이다.

넷째, 장기적으로는 강호축을 남북 교류 협력의 축, 통일의 축, 더 나아가 시베리아를 거쳐 유럽을 실크레일로 진출하는 대륙의 축으로 발전시켜 나가는 것이다.

이러한 비전과 전략을 실현하기 위해 국가의 특별지원을 담은 「강호축 발전 지원 특별법(가칭)」이 이장섭 국회의원에 의해 발의되어 있다. 조속한 시일 내에 통과되길 바란다.

무예올림픽 창건의 꿈

전통문화의 뿌리, 무예를 발전시키다

이하 내용은 단순한 나의 주장으로 객관적인 역사적 사실이나 역사적 평가와는 다를 수 있음을 밝혀 둔다.

무예와의 우연한 인연이 평생 운명이 되다

무예에 관해서 대한민국, 아니 세계에서 가장 많은 관심과 노력을 기울이기로 두 번째라면 서러워할 정도로 자부심이 있는 나는 사실 무예의 '무(武)' 자도 모르고 지금도 무예에 관해서는 무단자(無段者)에 지나지 않는다.

무예와 굳이 인연을 붙인다면, 대학 시절 학교 안의 유도장을 우연히 구경하다 들어가 낙법(落法)을 두 시간 정도 훈련받은 게 전부였다. 그런 내가 무예와 인연을 맺은 건 민선 충주시장에 처음 부임하던 1995년 하반기였다.

신한승 선생·송덕기 선생을 비롯한 충주인들은 일제 강점기때 말살된 전통무예 택견을 복원하여 1983년 6월 1일 문화재청에 국가무형문화재 제76호로 지정받았다. 그리고 택견 복원의 일등 공신인 충주의 신한승 선생과 그의 스승인 송덕기 선생이 함께 인간문화재(기능보유자)로 지정받았다는 보고를 받았다.

그 후 이규학 한국택견회(현 한국택견협회) 회장이 전통택견을 전승·발전시키고자 많은 노력을 기울였고, 1995년 신한승 선생의 제자였던 정경화 선생이 예능보유자로 지정받아 열심히 택견을 계승·발전시키고 있다는 사실을 발견하곤 충주인들이 정말 자랑스럽게 느껴졌다.

그때부터 나는 택견을 전통문화로 계승 발전시켜 보자는 생각에 당시 이종근 국회의원의 힘을 빌려 국비를 확보, 1997년 5월 대한민국 최초로 택견전수관을 멋지게 건립하였다. 그 준공기념으로 제1회 전국택견대회를 당시 정경화 예능보유자·박만엽 택견전수관 부관장 지도 아래 1997년 5월 31일과 6월 1일 이틀간

이종근 前국회의원

전국 40여 개 팀 500여 명 선수가 참석하여 성황리에 개최하였다.

당시 전국에 택견을 수련하는 택견인들은 많았지만, 이들을 한자리에 모아 택견대회를 개최하는 건 처음으로, 전국 택견인들이 감동했다

故 신한승 선생(오른쪽)과 정경화 선생 택견 시연

고 한다. 그날의 대회는 택견의 위상을 한 단계 높이고 택견을 세계화
하는 첫 단추를 끼운 역사적인 날이라고 생각한다.

한국무예단체총연합회 설립과 국내 무술축제 개최

제1회 전국택견대회를 개최한 이후 나는 택견 이외에도 우리나라에
수많은 전통무예들이 전래·계승되어 오고 있음을 발견하였다. 때마
침 충주 출신인 당시 문화관광부 권혁중 사무관이 수안보 관광 활성화
차원에서 무술을 주제로 한 축제를 제안하기에, 나는 이 제안을 즉각
받아들여 1998년과 1999년 두 번에 걸쳐 수안보에서 소규모 국내무술
축제를 개최하였다. 이것이 무예축제의 시작이었다.

이 축제에는 전국에 있는 12개 무예단체의 무예인들과 관계자, 관람 객 등 총 31만여 명이 참여하였다. 양반도시로서의 자긍심이 높은 충주에서 갑자기 무술을 주제로 한 축제를 하다 보니 말도 많았는데, 다른 한편으로는 정(靜)적인 문화도시 충주에서 동(動)적인 무술을 접하게 되니 관심도 많았다. 종목별 전통무예의 고수들과 문하생들이 다 모여 처음으로 무술축제를 개최하니 열기가 매우 뜨거웠다.

이 여세를 몰아 2003년 8월, 14개 단체들로 사단법인 한국무술총연 합회(현 한국무예총연합회)를 설립하여 내가 회장에 추대된 후 2019년 3월까지 20년 넘게 회장직을 수행하였다. 그러나 실질적인 업무는 한 국 무예계 원로인 김귀진 상임부회장과 김정기 · 장만철 회장 등 무예 계 지도자분들이 이끌어 왔다. 2019년 3월 이후에는 장만철 회장과 이 현기 사무총장이 어려운 한무총의 혼란기와 과도기를 잘 수습한 후 제 6대 차병규 회장이 취임하면서 한무총은 안정적으로 정착 · 발전하고 있다. 아울러 최종표 무예신문 대표이사, 허일웅 · 김의환 명예교수 등 무예계 원로들이 대한민국 무예 발전의 기둥 역할을 해 오고 있다.

김귀진 前한무총 상임부회장   **장만철** 前한무총 회장   **차병규** 한무총 회장   **이현기** 前한무총 사무총장

충주에서 무예의 뿌리를 찾아 나서다

나는 충주에서 세계무술축제를 추진하기 위한 타당성과 논리를 정립하기 위해서는 먼저 충주와 무예와의 관계를 역사적으로 정립해 나갈 필요가 있다고 생각했다. 그래서 여러 가지 자료들을 찾아보던 중 충주에 호국무예 관련 역사적 사실들이 상당히 존재하고 있음을 알아냈다.

1253년 고려항몽전쟁에서 충주산성을 수호한 김윤후 장군, 병자호란 때 구국 공신인 임경업 장군, 임진왜란 때 탄금대전투에서 전사한 신립 장군과 8천여 병사들, 6·25 한국전쟁 때 우리 국군이 후퇴하다 최초로 승전한 김재옥 선생과 충주동락전투(이 전투에서 획득한 북한군 무기가 소련제라는 사실이 밝혀짐으로써 소련의 개입이 확실하다는 이유로 UN안정보장이사회가 UN군의 한국전쟁 파병을 결정한 것이다), 1983년 일제 강점기 때 말살된 전통무예를 국가무형문화재로 복원한 택견 등 충주는 자랑스러운 무예 역사를 많이 가진 지역이었다.

더욱이 충주는 과거 '철의 고장'이면서 '중원고구려비'라는 무예와 연관된 깊은 문화유산뿐만 아니라, 조선 시대 무예 교육기관인 '무학당(武學堂)'이 있는 곳이기도 했다. 나는 이러한 역사적 사실들만으로도 충주를 무예의 고장으로 명명하기에 충분하다고 보았다. 물론 전통적으로 양반의 도시 충주에서 무예가 처음에는 잘 받아들여지지 않았지만 나는 줄기차게 시민들을 설득하면서 무예를 밀고 나갔다.

그래서 2003년 충주 계명산 자락 마즈막재에 고려명장 김윤후 장군을 기리는 대몽항쟁전승기념탑(對蒙抗爭戰勝記念塔)을 세웠고 또 임진왜란 때 패장이란 이유로 신립장군 추모사업을 반대하던 충주 유림들을 수년간 설득하여 마침내 '신립장군과 8천고혼 위령탑'을 건립하여 매년 음력 4월 28일 위령제를 올리게 하였다.

또한 6·25전쟁 최초 승전지인 충주 동락초등학교 인근에 '김재옥 선생과 동락전투기념공원'을 조성하여 매년 7월 7일이면 동락초등학교에서 당시 동락전투에 참여했던 6·25 당시 6사단 7연대 2대대장 김종수 소령(나중에 장군이 됨)과 포병중대장 신용관 중위(나중에 장군이됨), 동락초등학교 교사로서 산속에 숨어 있던 7연대 2대대를 직접 찾아가 학교 교정에 북한군 주둔 사실을 알린 김재옥 교사의 아드님 이훈 씨와 6·25 참전용사들을 모시고 기념식을 거행했다.

임경업 장군은 이미 1967년에 임충민공충렬사 사당을 건립하여 구국의 영웅으로 모시고 있다.

세계무술축제, 신(神)이 남겨 놓은 위대한 유산

나의 관심과 열기는 여기서 끝나지 않았다. 전통무예에 관심을 두다보니 나는 세계 대부분의 나라가 그 나라 고유의 전통무예를 갖고 있음을 발견했다. 그럴 수밖에 없는 것이 세계 모든 나라들은 최초 무예로 그 나라를 건국했고, 그 무예를 호국무예, 호국사상, 민족정신, 민족혼, 전통문화로 진화·발전되어 왔다고 볼 수 있기 때문이다.

무예가 전통문화의 뿌리라는 생각이 들자, 내친김에 국내무술축제로 끝나지 않고 세계무술축제로 발전시켜 보고 싶다는 강한 욕구가 솟구쳤다. 그래서 인터넷을 검색해 보니 당시 세계 어느 도시에서도 무예를 주제로 하는 축제나 대회는 단 하나도 없다는 사실에 놀라지 않을 수 없었다. 각종 체육·음악·미술·무용·오페라·문학·영화·연극 등은 세계 수많은 도시에서 수십 년, 수백 년째 축제나 대회를 개최해 오고 있는 데 반해, 무예를 주제로 한 축제나 대회는 하나도 없다는 것이 정말 신기했다.

왜 그럴까? 곰곰이 생각해 보니 세계 각국의 무예들은 서양권 중심의 스포츠에 가려져 왔고, 특히 서양인들이 즐기는 스포츠 중심의 올림픽(Olympic Games)에 비서양권·동양권의 무예들은 잘 끼워 주지 않았던 것이다. 세계 수많은 무예 중 올림픽에 포함된 것은 겨우 유도와 태권도 두 종목뿐이다.

올림픽에서 서양인들이 잘하는 수영만 해도 배영, 평영 접영 등이 있고, 거리에 따라 50m, 100m, 200m, 400m, 800m 등으로 나뉘어 금메달이 무려 49개가 되는 데 반해 태권도는 금메달이 겨우 8개이며 중국의 우슈, 러시아의 삼보 등은 아직도 올림픽 정식종목에 채택되지도 못했다. 그러다 보니 무예를 주제로 한 축제나 대회가 제대로 자리 잡지 못한 건 당연한 일인 것이다. 나는 순간 무릎을 탁 쳤다.

"아니, 신(神)이 이 위대한 문화유산을 아직까지 남겨놓으시다니‥‥. 이건 신(神)이 우리 충주에 주신 위대한 선물이 아닌가!"

그때 그 영감이 나를 세계무술축제, 전국무예대제전, 세계무예마스터십으로 이끌었고 20년 넘게 무예 발전을 위해 혼신의 땀을 흘리게 한 원동력이 되어 주었다.

충주세계무술축제를 본격 추진하다

나는 먼저 우선 세계 각국의 전통무예들을 충주세계무술축제에 참여시키기 위해서 당시 외교통상부 반기문 차관(나중에 UN사무총장)을 찾아갔다. 당시 반기문 차관은 "세계무술축제가 바로 문화외교"라며 해외한국대사관과 주한외국대사관을 적극 연결해 주었고, 당시 외교부 문화외교국장이던 김경임 국장에게 특별 지시까지 내려 마침내 세계무술축제를 성황리에 개최할 수 있게 되었다.

제1회 충주세계무술축제는 2000년 9월 28일부터 10월 3일까지 전 세계 25개국 45개 무술단체 600여 명의 무예고수들이 대거 참석하여 성황리에 개최되었다. 무예를 주제로 한 세계축제가 지구촌에 처음 탄생하는 역사적인 순간이었다.

양반의 도시, 내륙 깊숙한 은둔의 도시 같은 충주에 갑자기 피부색이 다른 외국인들, 특히 무예인들이 대거 머물다 보니 충주 시민들은 다소 어리둥절했다. 그러나 대부분 시민은 호기심을 보였고, 특히 젊은 학생들은 영어로 소통하고 외국 선수들과 자원해 사진을 찍는 등 도시가 갑자기 국제도시화(?)되는 분위기를 자아냈다. 충주의 국제화·세계화가 처음으로 시작되는 순간이었다.

이 축제는 그 후에도 매년 또는 격년제로 실시해 오고 있다. 초창기에 세계무술축제를 기획·연출·추진한 주역인 김경인 선생과 최미

환·김운태·김진미 무
용인들 그리고 허건식
박사 등 전문가들의 노
고가 컸다. 그리고 반기
문 당시 차관과 김경임
국장의 힘이 결정적이었
다. 그 모든 분께 감사드
린다.

김경인 前충주예총회장 허건식 WMC부장

세계무술연맹(WoMAU) 창립 및 유네스코 등록

세계무술축제가 3회째 개최되던 2002년 10월 2일, 나는 이 축제에
참여하는 31개국 50개 세계 무예단체 중 26개국 28개 단체를 하나로
묶어 '세계무술연맹(WoMAU: World Martial Art Union)'을 발족하였다.

연맹 발족 당시 축제에 참여하는 모든 무술단체들이 연맹에 가입하
기로 사전에 합의했는데, 막상 발기 총회가 있기 하루 전날 밤 중국 측
이 가입 반대 의사를 표하는 것이다. 세계무술의 왕국(?)이라 자칭하
고 있는 중국이 빠진다고 하니 나는 난감해졌다. 세계무술축제에도 참
여하고 연맹에도 가입하기로 사전 약속하고 충주에 온 중국선수단 대
표들이 전날 밤 본국과 통화를 하더니 갑자기 연맹에 가입할 수 없다
는 것이었다. 그날 밤 아무리 설득해도 꿈쩍도 하지 않았다. 그래서
그 이튿날 중국이 빠진 채 26개국 28개 단체가 참여한 세계무술연맹이

창립되었고, 소병용 전 UN대사가 초대 총재에 추대되었다.

나중에 그 이유를 알아본 나는 더욱 놀랐다. 무술에 대한 자부심이 강한 중국이 충주세계무술축제 개최 10여 년 전에 세계무술대회를 개최하다가 중앙정부의 지원이 끊겨 대회를 개최하지 못했다는 것이다. 그래서 중국의 무예인들이 많은 실망감을 감추지 못하고 있을 때, 대한민국 충주에서 세계무술축제를 개최한다고 하니 무척 고맙고 반갑게 생각했고 그래서 만사 제쳐 놓고 충주무술축제에 적극적으로 참가했다는 것이다. 그런데 인구 20만의 작은 도시 충주가 한발 더 나아가 연맹까지 만들고 그 본부를 충주에 둔다고 하니 갑자기 무술의 왕국임을 자부하는 중국의 자존심이 몹시 상했다는 이야기가 들렸다.

이는 물론 확인되지 않은 소문일 뿐이다. 그래서 이듬해인 2003년 8월, 직접 중국에 가서 무술단체 대표들을 만나 세계무술연맹 가입 서명을 받았지만, 그들을 설득하여 서명받기까지 여간 어려운 일이 아니었다.

세계무술연맹은 초대 총재인 소병용 전 UN대사와 지금의 총재인 정화태 전 외교부 본부 대사의 폭넓은 대외 활동력으로 연맹의 국제적 위상도 높아졌다. 2008년 11월에는 연맹이 유네스코 NGO로 승인되고, 2009년에는 무형유산 부문 유네스코정부간위원회 실무관계 NGO 단체로 승인되었으며,

소병용
前세계무술연맹 총재

정화태
세계무술연맹 총재

2021년 4월에는 유네스코 상임자문기구로 승인받는 행운도 거머쥐었다. 이로써 세계무술연맹은 세계무술을 전승·보전하고 그 위상을 알리는 국제단체로 당당히 성장하게 되었다.

대한민국 전통무예의 계승·발전을 위해

전국체전과 쌍벽을 이루는 전국무전을 개최하다

2007년 나는 전국체육대회에 상응하는 전통무예 중심의 전국무예대회를 개최할 필요가 있다고 생각되어, 그해 9월 29일부터 3일간 충주에서 한국무예총연합회 주관으로 제1회 대한민국무예대제전(Korea Martial Arts Olympiad)을 개최했다.

2007년 당시 택견·산타·공수도·합기도·태권도·격투기 등 16개 무예종목별로 시·도 대항 겨루기 시합과 기록경기(높이차기·멀리차기·높이낙법·멀리낙법·주먹격파·손날격파 등)를 개최하여 1,500여 명의 선수들로 성황을 이뤘다. 이 대회는 그동안 무예 종목별로 난립되어 있던 각종 무예대회를 천하 평정한 종합무예대회라는 데 큰 의미가 있었다.

그 후 2008년 개최된 제2회 대회 때부터는 명칭을 '전국무예대제전(전국무전)'으로 개칭하여 충주에서 김포로, 청주로, 다시 충주로 장소를 변경하며 매년 개최(13회)해 왔고 해마다 규모가 커져 2019년에는 최대 60여 개의 무예단체 2,500여 명의 선수가 참가하였다. 그리고 '대한민국 무예명인 및 최고지도자 수여식'의 도입과 '학술세미나'의 개최로 전국무예대제전의 위상을 높여 나갔다.

그런데 안타까운 것은 전국무예대제전이 받은 국비 지원은 초창기인 2008년에 2억 5천만 원을 받아 본 것이 전부라는 점이다. 그 후 정부에 아무리 요구해도 전국무예대제전에는 단 한 푼도 지원되지 않고 있다. 무예인들의 설움과 비애는 깊이 쌓여만 가고 있다.

전국체육대회를 통하여 올림픽정신을 배우고 세계화를 꿈꾸듯이 전국무예대제전을 통하여 호국정신과 민족혼을 일깨우고 동시에 세계화를 꿈꾸는 것이 필요하다고 본다. 그래서 빠른 시일 내에 국가가 무예대제전에 적극 지원하여, 전국무전이 서양 스포츠 중심의 전국체전과 쌍벽을 이루는 대한민국 양대 축제의 하나로 발전되어 나가길 기대한다.

역사적인 전통무예진흥법을 발의 · 제정하다

2004년 6월 국회의원이 되자마자 나는 전통무예진흥법(당시 '전통무술진흥법안')을 발의했다. 대한민국에 전통무예의 계승 · 발전과 전국무예인들의 권익 보호를 위한 전통무예진흥법이 없다는 것은 대한민국의 수치요, 무예인들의 자존심 문제라 생각했기 때문이다.

처음 이 법안을 만들어 국회사무처에 제출하였더니, 국회사무처는 정부 의견을 들어야 할 마땅한 소관부처가 없다며 한 달가 고민하였다. 당시 대한민국 정부 어디에도 무예를 담당하는 조직과 인원이 없기 때문이었다. 전통무예는 대한민국을 지켜 온 호국무예인 데다 이를 계승·발전시켜 온 무예인들이 전국에 약 300만 명이나 되는데, 무예 관련 법도 없고 이를 담당하는 조직도, 인원도 정부 어디에도 없다니 기가 막힐 노릇이었다.

한 달여 고민하던 국회사무처(법제실)는 정부 의견을 듣고자 결국 문화관광부(현 문화체육관광부)로 동 법안을 이송했다. 그런데 문광부 체육국과 대한체육회에서는 일언지하에 반대 의견을 보내온 것이다.

전병헌 前국회의원

이 법안은 정부의 완강한 반대로 17대 국회 내내 계류되어 있다가 17대 국회 말인 2008년 2월, 당시 전병헌 국회의원(문화관광위원회 간사)의 힘으로, 발의한 지 4년 만에 겨우 통과되었고, 그해 3월 28일 공포·시행되었다.

오랜 진통 끝에 귀중한 선물이 힘겹게 태어난 것이다. 무예사의 입장에서 보면, 전통무예진흥법 제정은 정조대왕 때 우리나라 각종 무예와 병법을 총망라하여 발간한 『무예도보통지(武藝圖譜通志)』발간 다음의 큰 족적이라고 할 정도로 일부 학계에서는 높이 평가하고 있다.

2008년 제정된 「전통무예진흥법」에서는 전통무예에 대해 이같이 정의하고 있다.

"국내에서 자생하여 체계화되었거나 외부(국)에서 유입되어 국내에서

독창적으로 정형화되고 체계화된 무(武)적 공법(功法)·기법(技法)·격투체계(格鬪體系)로서 국가적 차원에서 진흥할 전통적·문화적 가치가 있다고 인정되는 것"

이 책에서 무예의 정의, 종류, 발생동인, 체육·스포츠와의 차이 등 내용은 세계무예마스터십위원회(2017, 2020)의 기초 자료, 『무예개론』(허건식 저), 『한국의 무예마스터들』(박정진 지음), 『한국민족문화대백과』(한국중앙연구원, 2020) 등을 참고하였다.

무예의 수난사(受難史)

유교에 가려진 조선 후기의 무예

앞에서 이미 기술하였듯이 세계 모든 나라의 건국은 그것이 부족국가든 민족국가든 호국무예·전통무예에서 비롯됐다고 봐야 할 것이다. 즉, 건국의 기본이 호국무예이고 그 호국무예가 나중에 호국정신, 민족정신, 민족혼으로 승화되어 오늘날 전통문화로 정착됐다고 본다. 따라서 무예는 전통문화의 뿌리라고 나는 주장하고 싶다. 통일신라가 화랑도·화랑정신을 기리듯 대부분의 나라는 그 나라의 호국무예를 건국의 뿌리로, 건국의 기본이념으로 숭상하고 있는 것이 일반적이다.

그런데 문무병용(文武倂用)으로 출발한 조선은 특히 후기에 들어 숭문천무(崇文賤武)의 정책에 따라 대체로 무(武)가 문(文)에 비해 천시되었던 경향을 감출 수 없다. 양반 중 문반(文班)보다 무반(武班)이, 문과 시험보다는 무과시험이 낮게 평가되었고, 핵심 관직은 문관에 치우쳤다. 조선은 유교 국가임을 선포하면서도 중국 주(周)나라 때부터 전래되어 온 6藝(禮, 樂, 射, 御, 書, 數) 중 무예에 해당하는 射(활쏘기), 御(말타기)를 소홀히 한 점이 없지 않았다.

더군다나 율곡 선생의 십만양병설을 외면한 조선 후기는 임진왜란·정유재란·정묘호란·병자호란·한일합병 등 수많은 외침의 역사였다. 그 결과 우리에게는 피로인(被虜人)·환향녀(還鄕女)·위안부(慰安婦)·강제징용(强制徵用)·친일파(親日派)·일제청산(日帝淸算)이라는 불행한 용어들이 많이 탄생하였고, 남원의 만인의총, 일본 교토의 21만여 조선인의 코무덤(비총), 삼전도비(삼전도의 삼배구고두) 등 비극적 유산들이 생생하게 남아 있는 것이다.

어찌 보면 이러한 불행한 용어나 비극적 유산들은 아마도 숭문천무(崇文賤武) 정책에 따른 무예정신의 빈곤에서 비롯된 것은 아닌지….이제 우리는 정조대왕의 무예정신을 되살려 우리의 역사를 무예적 관점에서 재조명해 볼 필요가 있다고 생각한다. 이에 한국학중앙연구원(2020)의 『한국민족문화대백과』를 참고하여 정조대왕의 무예 복원 역사에 대해 간단히 살펴보고자 한다.

정조대왕의 무예 복원

조선은 임진왜란 이후 무(武)를 강조한다는 차원에서 무예 관련 종합서들을 발간했다. 그 최초가 선조 때 발간한『무예제보(武藝諸譜)』이고 뒤이어 최기남이 이를 보충하여 만든『무예제보번역속집(武藝諸譜飜譯續集)』, 영조 때 사도세자에 의해 발간한『무예신보(武藝新譜)』가 있다.

1790년 강한 조선을 꿈꾸던 정조대왕은 훈련용 병서인『무예도보통지(武藝圖譜通志)』를 발간했는데 이는 한·중·일 무예를 그림과 해설을 넣어 설명한 무예훈련 종합본이다.『무예도보통지(武藝圖譜通志)』는 2017년 북한에 의해 유네스코 세계기록 유산으로 등재되는 행운을 얻게 되었다.

북영입소(北營入所) 명령

정조대왕은 "문(文)과 무(武)의 병용이야말로 국운을 장구하게 하는 계책"이라며 "문신들에게 무예를 연마토록 하라."는 명을 내렸다(경향신문 2019년 2월 19일자). 모든 신하에게 활을 쏘아 100점 만점에 20점 미만이면 북영입소(北營入所)토록 명(命)을 내린 것이다.

문신 정약용 선생도 북영입소 한 후 10일 만에 겨우 20점을 넘겨 출소(出所)하게 되었는데, 이때 정약용 선생이 다음과 같이 자탄했다는 기록이 있다.

"옛사람들은 육례(六藝)를 갖춰야 명색이 유자(儒者)라 했는데, 언제부터 문(文)을 귀히, 무(武)를 천히 여기게 됐다. 360일 중에 단 10일만 훈련해도 이정도인데 여태껏 뭐 하고 있었을까? 임금의 가르침을 기다린 뒤에야 비로소 배웠으니 이것이 우리의 죄이다."

무예도보통지(武藝圖譜通志)

그러나 아쉽게도 정조대왕이 1800년 48세의 나이로 일찍 세상을 뜨는 바람에 우리 무예 진흥의 역사는 다시 깊은 수렁 속으로 빠져들게 되었다.

대한민국 정부 수립 이후의 무예 진흥

1950년대에 '태권도'가 태어나고, 1983년에 충주인들(송덕기 · 신한승 선생)에 의해 '전통택견'이 복원되어 국가무형문화재로 지정되었다. 그리고 2008년 3월 28일 처음으로 '전통무예진흥법'이 제정되었으며, 2011년 11월에는 택견이 유네스코 인류무형문화유산으로 등재되었다.

2017년 정조대왕이 편찬한 『무예도보통지』가 북한에 의해 유네스코 세계기록유산으로 등재되었고, 2018년에는 씨름이 남북 공동으로 유네스코 인류무형문화유산으로 등재되면서 무예 복원과 진흥의 노력이 활발히 이루어졌다.

한편 국제적으로는 1975년 세계태권도연맹이 GAISF에 가맹되었고 2021년 3월과 4월에 세계무예마스터십위원회(WMC)와 세계무술연맹(WoMAu)이 유네스코 상임자문기구로, 그해 11월에는 WMC가 GAISF 회원으로 승인받으면서 대한민국 무예의 국제적 위상이 한층 높아졌다.

세계무예마스터십대회를 개최하다

서양 스포츠 올림픽에 가려진 비서양권의 무예들

올림픽은 서양 사람들이 자기들이 즐겨 온 서양 스포츠를 중심으로 창건한 지구촌의 대축제라 하겠다. 그러다 보니 올림픽 종목 약 33개 중 서양 스포츠가 대부분이고, 비서양권의 무예는 유도 · 태권도 단 2개 종목뿐이다. 금메달도 총 340개 중 서양 스포츠가 317개(93.2%)이고 무예는 23개에 지나지 않는다.

대한민국 전국체육대회도 마찬가지다. 100년 전통을 자랑하는 전국체육대회는 종목이 47개인데 대부분이 올림픽 종목이고 비올림픽 종목 중 무예는 검도 · 궁도 · 씨름 · 우슈 · 택견 등 5개 종목뿐이다. 그 중에서도 택견은 아직 시범종목에 머물러 있다. 따라서 전국체육대회

의 이름을 정확히 붙인다면 '한국에서 개최되는 올림픽 예선전'이라고
표현하는 것이 더 맞지 않나 하는 개인적 생각이 든다.

전국체전에는 정부와 지방자치단체가 매년 막대한 예산을 들여 개
최하고 있는 데 비해, '전국무예대제전'에는 현재 정부가 단 한 푼도
예산을 지원하지 않는다. 또한 세계 95개국에서 15개 종목 1만여 명
의 선수단이 참가한 평창동계올림픽에는 운영비에만 2.8조 원이 지원
된 데 비해, 107개국에서 20개 종목 4천1백여 명의 선수단이 참가하
는 무예올림픽 성격인 '2019 세계무예마스터십대회'에 지원된 국비는
고작 45억 원이 전부였다.

도지사가 되어 세계무예올림픽의 꿈을 실현하다

충주세계무술축제를 개최하고 전국무예대제전을 개최하면서 나는
언젠가는 무예올림픽을 창건해야 한다고 주장해 왔다. 서양 스포츠 중
심의 올림픽과 함께 비서양권 무예 중심의 무예올림픽이 함께 있어야
스포츠와 무예를 통한 진정한 세계 평화와 인류 번영을 이룩할 수 있
다고 주장해 왔다.

그러나 막상 무예올림픽을 추진하려고 보니 엄두가 나지 않던 차에
2010년 7월 충북도지사에 당선된 후, 나는 바로 평소 갈망해 오던 무
예올림픽을 충청북도가 창건해 보고자 생각했다.

그때 마침 2009년 정부는 '세계종합무예대회 학술용역연구'를 추진
함으로써 무예올림픽의 필요성과 추진 방안이 본격 논의되었고, 2012

년 10월 충북도는 '무예올림픽 기본계획 연구용역'을 확정하였다. 이를 바탕으로 충북도가 2016년 제1회 세계무예올림픽을 개최하기로 확정하고, 국제스포츠·무예계에 해박한 허건식 박사와 강성민 박사를 영입하며 나영일 서울대교수의 지도와 자문을 받아 세계무예올림픽을 본격 준비하기 시작했다.

그러나 처음부터 커다란 문제에 봉착했다. 첫째는 IOC 규정상 '올림픽'이라는 용어는 사용할 수 없다는 것이었다. 그래서 부랴부랴 대회명에 관해 전국 공모를 추진했더니, 다행히도 이원재·장재성 씨가 제안한 '세계무예마스터십(World Martial Arts Masterships)'을 대회명으로, '세계무예마스터십위원회(WMC)'를 대회 추진기구로 명명하는 멋진 용어가 탄생하였다.

둘째는 난데없이 청주에서 세계무예마스터십대회를 개최한다고 하니, 정부나 도의회, 특히 청주시민들의 공감대가 전혀 형성되지 않았다. 특히 전통적으로 직지·공예 등 문화예술을 중시하는 청주시민 입장에서 보면 무예는 '자다가 봉창 두드리는 소리'처럼 들렸을 것이 분명했다. 여기에다 언론의 부정적인 지적도 적지 않았다.

그래서 나는 올림픽과 세계무예마스터십의 차이점, 세계무예마스터십의 당위성, 지역 경제 효과 등을 정리하여 적극 홍보에 나서는 한편, 2016년 8월 사단법인 세계무예마스터십위원회(WMC: World Martial Arts Mastership Committee)를 만들어 등기를 완료하였다.

그리고 WMC는 GAISF(General Association of International Sports Federation, 국제경기연맹총연합회) 부회장인 스테판 팍스(Stephan Fox)를 비롯하여 외국인 29명 등 총 52명으로 구성하여 매년 총회를 개최

하고 있다. WMC는 GAISF 가맹 무예단체와 GAISF 비가맹 무예단체가 함께 참여하는 세계 유일의 종합무예기구로 자리 잡고 있다.

이러한 오랜 준비 끝에 2016년 9월 3일부터 6일간 청주에서 세계무예 역사에 길이 남을 '제1회 세계무예마스터십'이 개최된 것이다. 총사업비 81억 원으로 81개국 1,940명의 선수단(선수 1,265명, 임원 675명)과 IOC위원 등 80여 명의 국내외 스포츠 무예계 거장들이 참석한 첫 번째 국제대회였다.

언론의 질타를 받은 제1회 세계무예마스터십대회

2016 청주세계무예마스터십대회는 국제무예계에서는 높은 평가를 받았으나, 국내에서는 언론·도의회 등으로부터 심한 질타를 받았다. 도민들의 반응도 싸늘했다. 대회에 참가한 선수 중 8명이 잠적했다는 둥, 관중이 적었다는 둥, 관중을 동원했다는 둥, 경기 수준이 낮았다는 둥, 외국에서 온 선수들이 B급이었다는 등 온갖 비판들이 폭포처럼 쏟아져 나왔다.

올림픽이나 유니버시아드대회에는 수조 원에서 수천억 원의 예산이 투입되는 데 비하면, 겨우 81억 원의 쥐꼬리만 한 예산으로 무예마스터십을 치르다 보니 그럴 수밖에 없었다는 나의 변명은 전혀 통하지 않았다.

제2회 대회는 그야말로 대성공이었다

이처럼 제1회 대회 때 엄청난 질책을 받았음에도 불구하고 2019년 제2회 충주세계무예마스터십은 이미 국제적 약속이라 치르지 않을 수 없었다.

제1회 대회 때의 질책을 거울삼아 열심히 준비했고, 특히 대회의 위상을 높이기 위해 명예대회장에 반기문 전 UN사무총장이면서 현 IOC윤리위원장, 대회장에는 조정원 세계태권도연맹 총재, 공동위원장에는 나와 함께 스테판 팍스 GAISF 부회장, 서정진 셀트리온그룹 회장을 위촉했다.

이렇게 준비한 제2회 충주세계무예마스터십은 2019년 8월 30일부터 9일간 충주시 일원에서 개최되었다. 총사업비 150억 원으로 20개 종목(GAISF종목 9개, 비GAISF종목 11개)에 107개국 2,969명의 선수임원단(선수·감독·코치·기술임원)과 세계스포츠·무예계 주요인사 627명 등 총 4,109명이 참석한 대규모 국제대회였다.

이 대회에는 IOC부위원장 위자이칭과 IOC윤리위원장 반기문 등 IOC위원 10명, GAISF측의 회장 라파엘 키울리 등 2명, OCA위원 1명, 조정원 세계태권도연맹 총재 등 IF회장단 등 33명, 주한외교대사 21명, WMC위원 12명 등 스포츠·무예계의 세계적 거장들이 대부분 참석하였고, 15만 명의 관중이 경기장을 가득 메웠다.

이처럼 제2회 대회가 대성공을 거둔 데는 첫째 세계적인 유명 인사인 반기문 전 UN사무총장, 조정원 세계태권도연맹총재, 스테판 팍스 GAISF부회장, 서정진 셀트리온그룹 회장 등이 명예대회장·대회장·

공동위원장을 맡았기 때문이다. 그분들이 세계적 위상과 파워가 대단함을 몸으로 직접 느꼈다.

둘째는 세계무예마스터십이 하늘의 운을 타고 태어났기 때문이다. 사실 세계무예종합경기대회는 이미 세계스포츠·무예 최고기구인 GAISF 주관하에 'World Combat Games'란 이름으로 2010년 중국에서, 2013년 러시아에서 대규모로 개최된 바 있었다. 이어 2016년 페루 리마에서 제3회 대회를 개최하기로 하였는데 페루가 중간에 대회 개최를 포기하는 바람에 세계의 많은 무예인이 매우 허탈해하던 차에 대한민국 청주에서 세계무예마스터십을 개최한다고 하니 많은 관심을 두고 대거 참석한 것으로 해석된다. 결국 세계무예마스터십은 하늘의 운을 타고났다고 해도 과언이 아니다.

제2회 충주세계무예마스터십 개막식(2019년 8월 30일)
오른쪽부터 스테판 팍스 GAISF 부회장, 서정진 셀트리온 회장, 저자, 이낙연 前 국무총리, 반기문 IOC 윤리위원장 부부, 조정원 세계태권도연맹 총재, 라파엘 키울리 GAISF 회장 부부

세계무예마스터십은 무예올림픽 성격이다

프랑스가 올림픽을 창건했듯이
대한민국이 무예올림픽을 창건하자

지구촌에는 각 나라별 수많은 스포츠와 무예가 존재한다. 이 중 프랑스가 1896년 서양스포츠 중심의 올림픽을 창건하여 오늘날 지구촌 최대 규모의 스포츠 축제로 승화시켰다. 그렇다면 올림픽 종목에서 소외된 주로 비서양권의 무예들을 한데 모아 무예올림픽을 창건하는 건 당연한 것 아니겠는가? 그 무예올림픽을 대한민국이 창건해 보자고 한 것이 바로 세계무예마스터십이다.

현재 30여 개 종목을 소화하는 올림픽은 일정상 그 이상의 종목을 소화하기는 쉽지 않다. 따라서 올림픽에서 소외된 비서양권의 주요 무예 20여 종을 한데 묶어 종합경기 하는 것이 무예올림픽 성격인 세계무예마스터십인 것이다.

UNESCO와 GAISF가 인정한 국제조직

현재 20개 종목 19개 단체가 참여한 WMC는 23개국 52명의 위원으로 구성되어 있다.

· 세계태권도연맹(WT)	· 국세유도연맹(IJF)
· 세계벨트레슬링연합(UWW)	· 국제무에타이연맹(IFMA)
· 국제우슈연맹(IWUF)	· 국제주짓수연맹(JJIF)
· 국제삼보연맹(FIAS)	· 국제사바테연맹(FLSav)
· 국제합기도연맹(IAF)	· 국제카바디연맹(IKF)
· 국제펜칵실랏연맹(PERSILAT)	· 국제크라쉬연맹(IKA)
· 세계용무도위원회(WYC)	· 세계합기도연합회(WHK)
· 세계통일무도연맹(WTMF)	· 세계택견연맹(WTF)
· 세계씨름연맹(WSF)	· 세계기사연맹(WHAF)
· 세계무술연맹(WoMAU)(연무 · 기록)	

또한 WMC는 2021년 3월 UNESCO 상임자문기구로 승인받고, 2021년 11월 GAISF의 Associate member에 정식 가입된 세계 유일의 종합무예 국제조직이다.

대한민국이 창건한 세계 유일의 무예종합대회

WMC는 대한민국(충북)이 주도하여 세계문화유산(무예)들을 한데 모아 국제조직을 만들고 국제대회를 개최한 대한민국 정부 수립 이후 최초의 국제조직으로, 대한민국(충북)이 창건하였다는 데 그 의미가 크다고 하겠다.

세계무예마스터십은 무한 발전 가능성이 있다

올림픽은 대규모 시설이 필요하여 천문학적 예산(도쿄올림픽 30조 원)이 소요되는 반면, 세계무예마스터십은 올림픽과는 달리 5~7개의 실내체육관만 있으면 가능하다. 따라서 올림픽예산의 1,000분의 1정도인 2~3백억 원의 적은 예산으로도 대회를 치를 수 있기 때문에 세계무예마스터십은 아프리카, 남미 등 저발전국에서도 개최가 가능하다. 따라서 세계무예마스터십은 영속성 및 자립 가능성이 충분하다고 본다.

무예 관련 기구 · 시설의 창립과 구축

한국무예총연합회, 세계무술연맹, 국제무예센터 창립

나는 충주세계무술축제를 실행하는 조직으로 1999년 한국무술총연합회(현 한국무예총연합회 한무총)를 만들어 충주에 사무소를 두고 2003년 8월에는 사단법인으로 법인등기를 마쳤다. 초대회장은 내가 맡아 오다가 그 후 장만철 회장에 이어 현재는 차병규 회장이 맡고 있다. '한국무예총연합회'는 현재 65개 단체로 구성된 대한민국 최대 규모의 무예단체 총연합회로 자리 잡고 있으며, 특히 매년 개최되는 전국무예대제전을 전담하고 있다.

2002년 10월 발족한 세계무술연맹(WoMAU)은 2008년 유네스코 자문기구와 2009년 유네스코에 무형부문 정부간위원회 실무협력 기구로 승인되어 세계무술을 전승·보전하고 그 위상을 알리는 국제단체로서의 권한을 행사하고 있다. 이와 함께 2008년에는 세계무술연맹이 외교부 국내법인으로 등록되었으며 충주세계무술축제를 전담하고 있다. 이 또한 2021년 4월 유네스코 상임자문기구로 인정받았다.

또한 2016년 12월에는 유네스코 산하의 카테고리 II 기구인 국제무예센터(ICM: International Committee of Martial Arts)를 유치하여 충주에 사무실을 두고 국내외 무예지도자 초청·연수·국제무예학술세미나, 특히 청소년무예캠프 운영 및 국제무예시범단 운영 등의 업무를 담당하고 있다.

2021년은 WMC 최고 행운의 해

2016년 8월 발족한 WMC는 청주시에 사무소를 두고 WMC 컨벤션, 세계무예마스터십대회, 국제네트워크 등을 담당하는 세계 유일의 무예종합기구다. 이러한 WMC가 발족 6년 만인 2021년 3월 1일 유네스코 국제 체육·스포츠분야 정부간위원회(CIGEPS)의 상임자문기구(PCM: Permanent Consultative Member)로 가입·승인받았다. 이로써 WMC는 IOC, FIFA, IPC, GAISF, WADA, WHO, UNICEF 등과 함께 31개 국제자문기구의 하나가 되어 그 위상이 한층 높아졌다.

라파엘 키울리	스테판 팍스	반기문	바툴가 할트마
前GAISF회장	GAISF 부회장	IOC윤리위원장	前몽골대통령

또한 2021년 6월 11일에는 세계도핑방지기구(WADA) 가입이 승인 되었고, 2021년 11월 12일에는 국제경기연맹총연합회(GAISF)의 라 파엘레 키울리(Raffaeli Chiulli) 회장과 스테판 팍스 부회장의 도움으 로 GAISF 회원으로 승인받았다. 이에 따라 GAISF 산하의 Associate Member 24개 중 하나가 된 것이다. 이로써 WMC는 세계군인체육대 회, 패럴림픽게임, 영연방경기대회 등과 같은 반열에 서게 되었다.

2021년 10월 개최된 온라인 세계무예마스터십대회에는 몽골의 전직 대통령 바툴가 할트마(BATTULGA Khaltmaa)가 직접 참석하여 2023 년 세계청소년무예마스터십대회 개최를 몽골에서 유치하였다. 이렇듯 WMC는 2021년 명실공히 국제적으로 인정받는 유일한 세계종합무예 대회 및 단체로 자리 잡았다.

세계무예마스터십과 WMC가 이렇게 성장하기까지 라파엘 키울리 GAISF 회장, 스테판 팍스 GAISF 부회장, 반기문 IOC 윤리위원장, 조정원 세계태권도연맹총재, 유승민·이기흥 IOC위원, 서정진 셀트 리온 회장 등의 절대적인 지원이 있었다. 그리고 실무적으로 뒷받침한 고규창·한창섭·김장회·서승우 행정부지사, 이재영 무예마스터십 추진위원회 사무총장과 WMC의 최재근·백성일 사무총장, 허건식·강성민 부장 등 관계자들의 헌신적인 노고가 있었음을 밝힌다.

조정원
세계태권도연맹 총재

서정진
셀트리온 명예회장

유승민
IOC위원

이기흥
대한체육회장

무예 관련 각종 시설을 구축하다

1997년 5월 31일 당시 이종근 국회의원의 도움으로 나는 국비 지원을 받아 충주택견전수관(지금은 충주택견원)을 건립하여 전국택견대회는 물론 전통택견 체험행사 및 시민 무료 교육, 전통택견 전수자 및 지도자 교육, 전통택견 홍보를 위한 시범공연 등의 업무를 담당케 하고 있다.

2000년에 나는 충주시 칠금동 일대의 부지를 대량 매입하여 충주 세계무술공원을 조성하기 시작했다. 그 후 충주시는 세계무술공원에 무술광장을 조성하고 무술박물관, 국제무예센터를 건립하여 '세계무술의 메카'로서의 위상을 높여 나가고 있다. 세계무술공원은 2009년 2월 한때 UN평화공원으로 개명한 적이 있으나, 2011년 6월 우건도 충주시장의 용단으로 다시 세계무술공원으로 환원되는 아픈 역사도 가지고 있다.

2011년 7월 충주시는 충북도의 일부 지원으로 세계무술공원 안에 1,250평 규모의 충주세계무술박물관을 건립하여 무술 관련 자료 총 711점을 소장·전시하고 있으며, 2012년 12월 전문박물관으로 등록하여 세계 유일의 무술박물관임을 자랑하고 있다. 2020년 11월 충청북도와 충주시는 충주세계무술공원 안에 유네스코 산하의 카테고리Ⅱ 기구인 국제무예센터(ICM) 건물 개관식을 하였다. 총사업비 180억 원(국비 42.6, 도비 52.7, 시비 84.7)에 연면적 1,738평 규모의 아주 우아한 건물이다.

2020년에는 2024년 완공을 목표로 충주시 호암동에 총사업비 340억 원, 연면적 3,500평 규모의 전통무예진흥시설 건립을 시작하였다. 이 시설이 완공되면 무예전용 경기장, 무예전시실, 체험실, 훈련장 등을 갖추어 세계적인 무예 관련 종합 진흥시설이 될 것이다.

이렇듯 충북도와 충주시는 세계무예 관련 기구(조직)와 시설들을 대부분 갖추고 있어 가히 무예의 성지라 자부할 만하다.

_____ 8전 8승 이시종의 비결

세계 최초 국제무예액션영화제(CIMAFF) 개최

제2회 세계무예마스터십대회 기간 중인 2019년 8월 29일부터 5일간 제1회 충북국제무예액션영화제(Chungbuk International Martial Arts and Action Film Festival)가 충주에서 개최되었다. 웨슬리 스나입스 등 국내외 유명 액션스타들의 참석하에 치러진 제1회 충북국제무예액션영화제는 세계 최초로 무예를 주제로 한 영화제였다.

"그동안 무예 · 액션영화는 수없이 많이 제작했음에도 불구하고 무예액션영화제는 아무도 생각해 보지 않았는데, 대한민국 충북에서 이런 아이디어로 영화제를 개최하니 오히려 영화인들이 부끄럽다."

당시 영화계 일부에서는 이 같은 농담 아닌 농담도 흘러나왔다고 한다. 제1회 충북국제무예액션영화제는 20개국 51편의 영화가 상영되었고, 감독상에 장윤성, 배우상에 김래원 등이 수상하였다. 그리고 2020년 10월 22일부터 5일간 충주에서 개최된 제2회 영화제는 오프라인으로 18개국 71편의 영화, 온라인으로 51편의 영화가 상영되었고, 감독상에 홍원찬, 배우상에 오지호 등이 수상하였다.

제3회 국제무예액션영화제는 2021년 충북도 주관으로 청주에서 개최하였다. 경쟁 부문에 67개국 556편이 출품되었고, 이 중 22개국

66편의 영화가 상영되었다. 장편 최우수상은 〈인질〉(한국), 단편 최우수상은 〈RED〉(영국), 감독상은 필감성, 배우상은 장혁 등이 수상하였다.

세계적으로 무예액션 영화는 수없이 많이 제작되고 세계 도시마다 영화제는 수없이 많이 개최돼도, 무예를 주제로 한 영화제는 충북국제무예액션영화제가 처음이자 유일하다는 데서 앞으로 세계적인 영화제로 성장할 것으로 기대된다.

무예소설 문학상 공모전으로 문학의 장르를 넓히다

"옛날 중국의 유명한 소설인 『삼국지』나 『수호지』를 썼던 작가가 다시 태어나 제2회 충주세계무예마스터십을 보고 무예소설을 쓴다면, 아마도 『삼국지』나 『수호지』보다 몇십 배 더 흥미진진하고 멋진 무예소설이 나올 수 있을 것이다."

내가 종종 하곤 하는 농담이다. 그 이유는 『삼국지』나 『수호지』에 나오는 무예의 고수들은 중국무예에 한정된 고수들이고, 제2회 세계무예마스터십대회에서 금메달을 획득한 고수들은 세계 무예계의 종목별 최고 지존(至尊)들이라 그야말로 차원이 다르기 때문이다.

2019년 충북도는 제2회 세계무예마스터십대회와 함께 제1회 무예소설 공모전을 추진했다. 처음 시행하는 공모전임에도 불구하고 우수한 작품들이 많이 나왔다. 대상작인 장편소설 『백제신검』(김문주 作)은 아주 큰 호평을 받았고, 2020년 제2회 공모전에서는 이호철 작가의 장편소설 『용천검명』이 대상을 받았으며, 2021년 제3회 공모전에서는 김창식 작가의 『독도쌍검』이 대상을 받으면서 무예소설 문학상의 위상이 한층 높아지게 되었다.

김지연
前한국소설가협회 이사장

제1회 무예소설문학상 시상식에서 당시 김지연 (새)한국소설가협회 이사장은 다음과 같이 축사해 주었다.

"무예소설이라는 한 영역을 이시종 지사의 벅찬 의욕으로 소설의 한 영역으로 확대되어 감사드린다. 한국이 무예의 종주국이 되기를 바란다."

무궁무진한 미래 신성장산업: 무예문화산업

그동안 서자로 취급받아 온 무예를 전통문화와 접목하면 문무(文武)가 공존·상생·발전하여 문화의 영역이 훨씬 넓어질 것이다.

충북도에서 그동안 추진해 온 무예소설 공모전을 무예시나리오·무예만화(웹툰)·애니메이션·게임으로 넓히고 무예연극·영화에 접목하며, 무예음악·무예미술로 연계·확대해 나간다면, 무예라는 장르를 통해 문화의 영역은 훨씬 넓어질 것이다. 그리하여 무예와 문학이 함께 어우러진, 문무를 겸비한 대한민국 문화가 이뤄지기를 고대한다.

세계 무예의 성지, 충북

무예제조산업을 육성한다면

앞으로 충북이 세계 무예의 성지로 굳혀진다면 충북에서 생산된 각종 무예 관련 제품들은 '세계 무예의 성지 충북'이란 브랜드로 전 세계에 많이 보급될 것이다. 무예종목별 무예도복, 무술화, 보호구, 무기류, 무술경기용품, 무예운영 IT산업 등을 종합 구비한 무예제조산업을 육성해 나간다면 충북의 도익(道益)과 대한민국 국익(國益)에 엄청난 도움이 될 것이 분명하다.

세계 태권도 인구만 해도 1억 명이라 추정되는데, 도복 한 벌에 10만 원이라 계산해도 세계 태권도 도복 시장규모는 10조 원에 달한다. 따라서 세계 각종 무예 제조업의 세계시장은 가히 수백조 원 이상의 천문학적 규모라 할 것이다. 만약 세계 무예시장 규모를 500조 원, 이 중 무예의 성지 충북의 제품이 세계 무예시장의 3%를 점유한다고 가정할 경우, 충북의 GRDP 규모는 2020년 현재 67.8조 원, 전국 비중 3.69%에서 15조 원이 증가한 82.8조 원, 전국 비중 4.50%로 껑충 뛰게 될 것이다.

무예MICE산업(컨벤션산업): WMC가 있는 충북

올림픽은 그리스 아테네에서 태어났지만, 지금은 스위스 로잔에서

꽃을 피우고 있다. 국제올림픽위원회(IOC) 본부를 1914년 스위스의 한적한 지방도시였던 로잔으로 옮기면서 IOC 산하 각 경기연맹 사무실이 덩달아 로잔으로 이전했고, IOC 및 산하연맹 관련 각종 회의(집행위원회, 총회, 각종위원회 회의 등)를 비롯해 대회도 대부분 로잔에서 개최되고 있다. 로잔에 1년에 3만 2천여 명의 국제스포츠 관계자와 이와 관련된 기업인들의 방문이 이어지면서 로잔은 올림픽 후광 하나만으로도 먹고사는 도시가 되었다.

파리에는 유네스코 본부가 있다. 100여 개 국가의 유네스코 대사관이 파리에 자리 잡고, 유네스코 관련 크고 작은 회의가 일 년 내내 끊이질 않는다. 2차 세계대전 이후 폐허가 된 프랑스 파리 재건을 위해 유치한 유네스코 본부는 현재 3천여 명의 고용 창출에 기여하고 있다. 연간 9천만 명이 찾는 프랑스의 세계 제1의 관광도시 파리를 만들어내는 데도 유네스코가 상당한 역할을 했다고 볼 수 있다.

뉴욕에는 UN본부가 있다. 세계 모든 나라의 UN대사관이 뉴욕에 있고, UN총회 등 UN 관련 회의가 일 년 내내 뉴욕에서 개최되기 마련이다. 뉴욕이 세계 제1의 도시가 된 배경에는 UN본부도 상당한 역할을 했다고 볼 수 있다. 이처럼 큰 규모의 국제기구 하나가 유치되면 그 도시는 그것 하나만으로도 먹고사는 도시가 될 수 있다.

먼 훗날 세계무예마스터십대회가 올림픽과 쌍벽을 이루는 세계 양대 축제의 하나로 성장한다면, 세계무예마스터십위원회(WMC)가 있는 대한민국으로 무예 관련 국제기구들이 속속 이전하고, 무예 관련 각종 회의, 대회가 주로 대한민국 충북에서 개최될 것이다. 'UN이 있는 뉴욕', '유네스코가 있는 파리', 'IOC가 있는 로잔'처럼, 장기적으로는 'WMC가 있는 충북'이 나란히 명성을 얻는 영광을 누릴 수 있을 것이라 기대된다.

무예가 나아가야 할 길

'세계무예평화 충주선언'을 채택하다

특히 제2회 세계무예마스터십은 "무예로 하나 되어 함께 가자(Bridge the World, Go Together through Martial Arts)"라는 슬로건 아래 '세계무예평화 충주선언'을 채택했다. 이는 세계 무예인 모두가 세계 평화, 인류 행복 그리고 청소년·여성·장애인이 신체적·정신적 건강 증진을 향해 나아갈 비전을 담은 의미 있는 선언으로 평가되고 있다.

이 선언문은 국제무예액션영화제 참석차 내한한 세계적인 액션배우 웨슬리 스나입스, 충북대 변재경 교수 등이 개막식장에서 낭독하였다. 제2회 대회는 전 종목이 모두 종목별 국제연맹(IF)이 주관하여 국제 공식 규정을 적용 운영했고, WADA(세계반도핑기구)의 국제표준절차에 따라 도핑검사도 실시함으로써 무예마스터십이 거의 준올림픽 수준이었다는 농담이 나올 정도로 완벽했다고 자평한다. 제2회 대회는 그야말로 대성공이었다.

Chungju Declaration of World Martial Arts towards Peace

To this day, martial arts has developed into a great world cultural heritage based on traditional cultures and the history of protecting nations of the world. Moreover, martial arts has contributed significantly to the happiness of mankind and world peace by enhancing the physical and mental health of not only youths in particular but also mankind and by promoting communication and harmony between regions, generations and states.

Martial artists shall adopt the Chungju Declaration of World Martial Arts towards Peace, pledging to jointly head towards the happiness of mankind and world peace by becoming united with martial arts through the hosting of the World Martial Arts Masterships in the future.

One, martial artists will mutually respect the spirit and value of martial arts that have been safeguarded throughout the history and will together, carry forward and develop all martial arts beyond religion, race and country.

One, martial artists will take a lead in widely disseminating martial arts to many people including youths, women and the disabled as well as in elevating the spirit and value of martial arts.

One, martial artists will endeavor to eternally host the World Martial Arts Masterships, oriented towards the happiness of mankind and world peace.

We, martial artists, shall be part of Chungju Declaration of World Martial Arts towards Peace, with the initiative of bridging the world and going together through martial arts towards the happiness of mankind and world peace.

August 30, 2019

World Martial Arts Masterships Committee and martial artists of the world

세계무예평화 충주선언

왼쪽부터 웨슬리 스나입스 액션배우, 변재경 충북대 교수

무예 발전 공로로 명예박사 학위를 받으며

2018년 2월, 나는 지난 20여 년간 한국 및 세계 무예 발전에 기여했다는 공로를 인정받아 용인대학교로부터 무도·체육학 명예박사 학위를 받았다.

부끄럽기도 하고 한편 뿌듯하기도 하였다. 나에게 무도·체육학 명예박사를 준 것은 그동안 한국 및 세계 무예발전에 대한 공로보다는 앞으로 더 열심히 한국 및 세계 무예 발전에 헌신하라는 하늘의 명이라고 생각되었다. 그동안 무예에 관해서는 일면식도 없던 내가 우연한 기회에 무예와 인연을 맺고 20년 넘게 무예 발전에 혼신의 노력을 기울인 걸 보면, 이게 우연이 아니라 필연이고 하늘이 준 운명 같다는 생각이 든다.

"옷깃만 스쳐도 인연"이라는 공자님 말씀처럼, 1995년 '택견'과 옷깃을 스치고 2000년 세계 무예와 우연히 인연을 맺은 내가 이제는 국내·세계 무예계의 한 축을 담당하게 되었다는 사실이 꿈만 같다. 무예와 처음 만났을 때 "무예는 신이 대한민국에, 충주에 남겨 준 위대한 선물(유산)이구나!"라는 영감은 사실 "신이 나에게 무예를 발전시키라는 명령"이었다고 생각된다.

지난 20여 년을 돌이켜 보면 무예는 이제 시작 단계일 뿐, 가야 할 길은 아직도 멀고 험난하다. 전국체전에 상응하는 전국무예대제전, 올림픽에 상응하는 세계무예마스터십(소위 무예올림픽)을 제대로 정착시키는 일, 그리고 대한민국을 세계무예의 성지로 만들어 무예문화산업·무예제조산업·무예마이스산업으로 미래 먹거리를 창출하는 일.

이것이 무예인들이 해야 할 지상과제이자 대한민국이 가야 할 필연의 길이라고 생각한다.

영원한 지방자치와 균형발전의 길

지방자치 · 균형발전을 저해하는 걸림돌

현행 지방자치 · 균형발전의 문제점

현행 지방자치의 가장 큰 문제점은 헌법상 지방자치 관련 규정이 단 2개 조항(지방자치 규정 제정은 법령의 범위 안에서 가능하다. 지방자치 단체의 조직 · 운영도 법률로 정한다)으로 지방자치는 국가의 법령 · 법률에 종속되어 있다는 점이다. 이에 따라 국가는 그동안 지방을 규제하거나 지방에 부담을 주는 법령을 양산하였고, 지방은 국가의 충직한 시녀처럼 국가의 하부 집행기관으로 전락한 느낌이 든다.

현행 헌법상 균형발전 규정도 선언적 의미의 조항(국가는 균형 있는 국민경제의 성장과 안정을 유지한다 등)만 담고 있을 뿐이다. 물론, 1987년 헌법을 제정할 당시에는 지방자치 · 균형발전의 개념이 전무하다시피 했던 군사정부 시절이라 그럴 수밖에 없었다 치더라도, 그 후 35년의 긴 세월이 지나면서 지방자치·균형발전 등 사회 각 분야에서 엄청난 변화가 있었음에도 이러한 시대적 변화들이 헌법에 제대로 반영되지 못했다는 사실에 안타깝기 그지없다.

오늘의 지방자치·균형발전과 관련하여 현행 헌법 규정과 현실의 국민적 욕구는 상당히 괴리된 상태다. 그 괴리된 상태를 헌법 규정에 따라 지방이 아닌 국가가 일방적으로 채워 주다 보니, 중앙집권화는 더욱 가속화될 수밖에 없는 것이다. 이는 곧 '신중앙집권시대'가 본격 개막되었음을 의미한다.

2020년 충북도의 국비 보조사업은 총사업비의 70%를 차지하고, 해마다 급증하는 중앙의 공모사업은 지방을 중앙의 생각에 예속시킴은 물론 창의성 없는 행정을 수행하는 결과를 초래하고 있다. 또한 정부의 예비타당성조사 제도와 행정안전부의 투융자심사제도는 지방의 자율성을 현저히 훼손하여 결과적으로 비수도권의 불균형을 더욱 가속화하고 있다.

게다가 중앙부처는 지방자치단체에 당연히 이양해야 할 국가 권한을 이양하지 않고 지방에 중앙부처 직속의 특별지방행정기관들을 계속 만들어 직접 수행하고 있다. 이에 따라 지방에서는 지방자치단체와 국가특별지방행정기관이 같은 국민을 상대로 중복으로 경쟁하는 양상을 띠고 있다.

최근 지방자치를 저해하는 중앙의 입법 사례들

2007년 1월에 개정된 지방교육자치 관련 법은 시도 교육 집행기관으로 교육감을 주민 직선에 따라 선출한다고 규정함으로써, 지방자치단체에 일원화돼야 할 교육청을 영원히 독립된 집행기관으로 굳히는 결과를 초래했다.

2014년 1월 제정된 지방대육성법은 교육부가 지방자치단체에 지방대의 지도·감독 권한은 이양하지 않으면서 지방대 육성을 위한 재정지원 의무만 부여하였다. 이 결과 지방자치단체는 지방대학에 '돈만 대 주는 물주(?)'로 전락한 모습이다. 이는 "권한 있는 자에게 의무가 있지, 권한 없는 자에게는 의무가 없다"는 법의 정신에 정면으로 위배하는 것이다.

2020년 4월에 개정된 소방공무원관련 법은 전국 소방공무원을 국가공무원으로 변경하면서, 국비 추가 지원 없이 인건비 등을 100% 시·도가 부담토록 했다. 그리고 국가는 2017년 대비 2022년 전국 소방공무원 수를 46%나 대폭 증가시켰고, 이에 따라 인건비는 84% 증액되었는데, 이 모두를 시도가 부담토록 하였다.

소방공무원 인건비의 단 10%만이라도 국비 지원을 한다면, 소방청은 기재부와 협의를 했어야 한다. 만일 그런 과정을 거쳤다면 소방공무원 증원은 46%는커녕 단 4.6%도 쉽지 않았을 것이다. 그러나 소방공무원 인건비를 100% 지방에 떠넘겨 놨으니, 소방청은 기재부와 협의 없이 5년 사이 46%씩이나 대폭 증원한 것이다.

2020년 12월 개정된 자치경찰 관련 법은 국가기관인 시도경찰청장이 자치경찰 사무를 관장·지휘·감독하고 시도지사는 국가 자치경찰에 대해 재정 지원을 의무화하는 내용이다. 이처럼 국가기관이 자치업무를 직접 수행하고, 지방자치단체가 재정을 지원하는 제도는 세계 어디에도 없는 기이한 사례일 것이다.

2020년 12월 개정된 지방자치법은 정부와 국회에서는 32년 만의 전부개정이라고 자랑하는데, 실제 그 내용을 파악하면 놀라움을 감출 수 없다. 일반적으로 지방자치란 국가의 권한을 지방에 이양하는 지방분권이 첫째요, 지방 내에서 기관과 주민 간의 권한 배분, 즉 주민자치가 그다음이라 할 수 있다. 그런데 지방자치법 전부개정의 내용 중 지방분권에 관한 내용을 담은 조항은 없고 주민자치 내용으로 100% 채운 지방자치법 개정이다.

전면 개정된 지방자치법에는 당연히 담아야 할 지방분권 규정은 없고 지방의 조례에 위임해도 될 주민자치 부분만 세세하게 규정함으로써 주민자치가 마치 지방자치의 전부인 양 착각하게 만든 것이다.

수년 전부터 개최된 지방자치박람회는 주로 각 지방자치단체와 노인회·주민자치위원회 등이 참여하여 각종 작품 등을 전시하는 행사로, 지방자치박람회라기보다는 주민자치박람회에 가까웠다. 적어도 지방자치박람회란 각 중앙부처가 참여하여, 각 부처 장관이 지난해에는 지방에 권한·재정을 얼마나 이양했고 올해는 얼마나 더 하겠다고 보고하고 대통령이 챙기는 자리가 되어야 하지 않을까?

지방자치 · 균형발전의 걸림돌, 현행 단원제 국회

인구 면에서 충북 괴산군(37,323명)은 서울 강남구(532,577명)보다 많이 적지만, 면적에서는 충북 괴산군(842㎢)이 서울 강남구(39㎢)보다 22배나 더 크다. 그러다 보니 괴산군에는 강남구에서는 거의 다루지 않는 산불 · AI · 구제역 · ASF · 농업 · 임업 · 홍수 · 가뭄 · 설해 · 멧돼지 관리 · 도로 관리 등 각종 행정수요가 산더미처럼 쌓여 있다.

그런데도 국회의원 수는 강남구가 3명, 괴산군은 4분의 1명으로 12대 1의 비율이다. 인구비례에 의한 현행 국회의원 정수 제도의 단점이다.

제헌국회 때는 수도권의 국회의원과 비수도권의 국회의원 수가 19.5대 80.5이던 것이 점점 수도권 인구가 늘어나면서 20대 때는 56대 44(비례대표를 수도권에 포함)로 역전됐다. 앞으로 비상대책 없이 이대로 간다면 머지않아 수도권 국회의원 수는 전체의 70% 이상을 상회할 것으로 전망된다. 결국 대한민국은 '수도권 공화국'을 향해 치닫고 있는 모습이다.

균형발전 차원에서 지방대학이 수도권으로 이전하지 못하도록 하는 내용의 법안이 19대 국회에선 발의되어 소관 행안위를 통과하고 법사위에 상정되었으나, 당시 법사위 소속 수도권 국회의원들의 반대로 통과되지 못한 채 폐기된 바 있다. 20대 국회에서 동 법안이 다시 발의되었으나 수도권 국회의원들의 반대로 행안위 심사도 못 한 채 폐기되고 말았다. 21대 국회에서는 이 법안을 누구 하나 발의조차 못 하고 있다. 인구 중심의 단원제 국회가 곧 수도권 중심의 국회로 치닫는 한 단면을 보여 주는 사례다.

_____ 8전 8승 이시종의 비결

지방자치·균형발전의 마지막 보루: 국회상원제 등

지역대표형 국회 상원제가 도입돼야

이처럼 인구 중심의 단원제 국회는 중앙정부를 상대로 국정을 논의하는 국회이다 보니 당연히 중앙정부를 대변할 수밖에 없다. 결국 국회에는 지방자치·균형발전을 대변할 공식 기구가 없다는 얘기다. 지방자치·균형발전을 대변할 보루인 지역대표형 상원제 국회가 필요한 이유가 여기에 있다.

만약 지방자치·균형발전을 대변할 상원제 국회가 도입된다면, 나머지 지방자치·균형발전에 관한 세부적 제도는 상원이 알아서 처리할 수 있다. 그리고 지역대표형 상원의 수는 지역 등가성을 고려하여 시도별로 동일한 수(예 2~3명)의 상원을 두어야 한다.

지역대표형 상원제는 지방자치와 균형발전의 최후 보루라는 사실 이외에도 국론 갈등의 조정, 남북통일 대비, 입법 기능의 분산·민주화 실현, 권력의 수직적 권한 배분이라는 강력한 긍정의 힘을 발휘할 수 있다. 2019년 미국 트럼프 대통령의 탄핵이 하원에서 가결되었으나 상원에서 부결된 것은 탄핵 후 올지도 모를 미국의 심각한 갈등을 사전 제거한다는 고도의 정치적 판단으로 상원제가 가진 긍정의 힘을 발휘한 사례가 아닌가 음미해 볼 가치가 있다고 하겠다.

이제 우리는 인구 1,200만 이상의 15개 OECD 국가 중 터키와 한국을 제외한 모든 국가에서 상원제를 택하고 있는 이유를 잘 음미하여 하루빨리 지역대표형 상원제 개헌이 추진되기를 기대한다.

기타 시급히 보완·개선해야 할 지방자치·균형발전 제도들

지방자치·균형발전을 저해하는 현행 법률들은 시급히 개정되어야 한다.

우선 교육청을 시도지사 소속으로, 지방교육자치 관련 법을 개정하여 교육자치와 지방자치를 일원화해야 한다. 시도지사에게 지방대 육성을 위한 재정 지원을 부담시킬 경우, 교육부장관의 지방대에 관한 지도·감독 권한을 시도지사로 이관해야 한다. 그렇지 않을 때는 지방대 육성법에서 지방대 육성에 관한 시도지사의 재정 지원 의무 규정을 삭제해야 한다.

모든 중앙부처는 매년 권한·재정의 지방이양에 관한 기본계획을 수립하고 그 실적을 매년 국회에 보고하는 의무 규정을 지방자치법에 명시해야 한다. 그리고 주민자치 관련 내용은 지방자치단체 조례로 정하도록 대폭 위임하여 지방자치단체 자율하에 다양한 주민자치를 실시하도록 유도해야 한다.

자치경찰 업무는 국가기관인 경찰청에서 시도지사로 100% 이관하든가, 그것이 어려우면 자치경찰 용어를 '생활경찰' 등으로 바꾸어 과거처럼 경찰청이 국가 예산으로 직접 수행토록 자치경찰 관련 법을 개정해야 한다.

현행 국가공무원인 소방공무원의 인건비는 전액 국비부담으로 하고 소방운영·사업비는 광역자치단체와 기초자치단체가 분담하여 소방업무가 국가·시도·시군구가 공동 책임지도록 소방공무원 관련 법을 개정하여야 하며, 소방안전 지방세도 신설해야 한다.

그 밖에 국고보조금은 사업별 개별 보조에서 포괄 보조금제로 하고, 중앙의 공모사업은 대폭 축소하면서 남는 예산은 지방 자율의 혁신 창조사업에 포괄 보조하되, 중앙부처는 그 결과에 대해서만 심사 평가하도록 해야 한다.

예타제도 및 투융자심사제도는 대상 사업의 규모를 대폭 상향 조정하고 심사기준에 지역 균형발전 비중을 대폭 확대해야 한다. 또한 국가특별지방행정기관이나 국가지방공공기관을 지방자치단체로 대폭 이관, 일원화하여 지방 내에서 행정의 중복성·낭비성을 제거하고 주민 편의를 높여야 한다.

이외에도 지방재정 확충을 위해 지방교부세율을 상향 조정하고, 국세 대 지방세 비중을 5대 5로 상향하는 등 지방의 재정자립도를 대폭 높여야 한다.

연방제 수준의 지방자치·균형발전을 위하여

국가 발전은 중앙정부 단독 플레이가 아닌 지방자치단체와 세트 플레이가 이뤄질 때 훨씬 더 효율적이다. 또한 중앙정부의 천편일률적인 지방시책으로는 다양한 지방의 목소리, 다양한 현대 산업사회의 욕구를 충족시킬 수 없다. 오직 지방자치만이 국민들의 다양한 목소리와 다양한 욕구를 충족시킬 수 있는 것이다. 곧 다양한 지방자치의 발전이 국가 발전에 더 크게 기여한다는 논리다.

또한 국가균형발전은 비상 대책을 세우지 않는 한 달성하기 어려운 시대적 과제이다. 얼마 전 일본에서는 2015년부터 4년간 인구가 한 명도 없는 마을이 164개나 발생했고, 가까운 장래에 사라질 마을이 3,622개나 된다는 발표가 나왔다. 이는 우리나라에도 곧 닥칠지도 모를 경고 메시지로 보아야 한다.

지방의 소외는 비록 농촌뿐 아니라 지방도시에도 해당된다. 예를 들어 서울에는 지하철이 거미줄 망처럼 형성하여 지하철역만도 331개나 들어섰는데, 청주시에 지하철 1개 노선, 즉 거미줄 한 줄만 세워 달라는 데도 중앙정부는 고개를 갸우뚱하고 있다. 수도권 사람들보다 지방 사람들이 얼마나 경제적·문화적 혜택에서 소외되고 있는지를 보여주는 대목이다.

이제는 연방제 수준의 지방자치·균형발전이 시행되어야 한다. 이를 위해 지방자치·균형발전에 역행하는 현행 법률·제도를 시급히 개선하면서, 지방자치·균형발전의 마지막 보루인 국회상원제 개헌에 우리 모두 전력투구해야 할 것이다.

제4부

8전 8승의 비결

그리고 공직 50년 고백

나는 이렇게 8전 8승의 기록을 세웠다

인생의 갈림길에서 민선 충주시장에 도전하다

실무자가 만든 지방자치를 직접 실험해 보자!

나는 어릴 적부터 수줍음을 많이 타서 남들 앞에 나서는 것을 두려 워했고, 학교에 다닐 때도 회장을 해 본 적도, 하려고 시도한 적도 없 었다. 나중에 커서 선거직을 꿈꿔 본 적도 없었다. 이처럼 평소 선거 와는 거리가 멀다고 생각한 내가 선거판에 뛰어든 것은 나 자신도 이 해가 안 되고, 또 8전 8승의 기록을 세운 것은 더더욱 이해가 안되는 부분이다. 이런 내가 어찌하여 선거판에 뛰어들게 되었을까?

1995년 6월, 내 나이 49세 때 평생 처음으로 충주시장 선거에 뛰어 든 것은 당시 내무부 지방자치기획국장, 지방자치기획단장 때 실무작 업을 총괄 준비한 민선지방자치 실시 모델을 내가 직접 나가서 실험해 보고 싶다는 욕구 때문이었다. 일종의 책임감의 발로라고나 할까?

그리고 그동안 내가 쌓은 인맥과 갈고닦은 능력으로 내 고향 '잠자는 충주'를 '움직이는 충주'로 만들고 싶다는 강한 애향정신이 불끈 솟았다. 이 두 가지 요인이 나를 민선시장 선거판으로 끌어들인 것이라 하겠다. 그런데 막상 출사표를 던지려니 선뜻 용기가 나지 않았다.

'충주시장 자리는 비록 임명제이지만 5년 전에 이미 했는데 민선이지만 충주시장으로 또 간다는 게 다소 어색하지 않을까? 물론 임명제 충주시장은 시군 통합되기 전이고 지금은 충주시와 중원군이 통합된 통합 충주시장 자리이지만…. 직업공무원 한 지 이제 겨우 23년인데 벌써 그만둬? 그래도 차관까지는 해 보고 나가야 하는 거 아닌가? 선거와는 거리가 먼 내가 선거에 나가 당선될 수 있을까? 게다가 선거 치를 돈도 없잖아. 만약 나갔다가 떨어지면 완전 거지가 될 텐데, 한참 어린아이들은 어찌하고….'

선거에 나가면 안 된다는 생각들이 나를 압도했다. 게다가 최형우 장관도 '내무부 국장이 도지사나 청주시장도 아니고 작은 도시인 충주시장이냐?'며 나가지 말라고 말렸다. 그러나 다른 한편에서는 선거에 나가야 한다고 권유하는 분들도 많았다. 특히 한양수 전 충남도지사는 고향에 가서 내 땅을 차지하라는 충언을 해 주었고, 서울에 사는 충주 고향의 절친인 이홍배 · 김태수 사장 등은 자신이 선거를 책임지겠다며 호언장담하기도 했다. 그러자 막연하지만, 용기가 불쑥 샘솟았다.

'여기 더 있어 봐야 몇 년 더 못 있고 또 기껏해야 차관 정도 하고 끝날 텐데…. 우선 충주시장 나갔다가 기반 닦아서 나중에 국회의원 하면 되지 않을까? 막연한 기대지만 그래도 나머지 인생을 길게 보고 새롭게 설계해 봐야지. 그동안 내가 준비한 지방자치를 실험도 할 겸, 4개 부처, 4개 시도를 떠돌아다니며 쌓은 경험과 인맥을 총동원해 잠자는 고향을 발전시켜 보는 것도 보람 있는 일 아닌가. 이것이 나를 낳아주고 이만큼 키워 준 고향에 대한 보답이 아니겠는가?'

마침내 내린 결단, 새로운 세상에 도전하다

1995년 3월, 나는 긴긴 고민 끝에 선거에 나가기로 최종 결정을 내렸다. 새로운 세상에 도전해 보자! 그러고는 즉각 사표를 던졌다. 그리고 1995년 3월 31일 자로 23년 5월간의 직업공무원 생활을 접고 당시 김용태 내무부장관께 이임 신고를 한 후, 6월 27일 실시되는 충주시장 선거를 위해 즉시 충주로 내려가기로 했다.

그런데 이게 웬일인가? 장관께 이임 신고를 하고 사무실에서 짐을 싸 들고 집으로 들어오자마자, 나는 그날부터 평생 앓아 보지 않았던 심한 열병을 앓기 시작했다. 고열에 이부자리가 순식간에 다 젖을 만큼 땀이 비 오듯 쏟아졌다. 병원에 가 봐도 이유를 모른다며 해열제 정도만 처방해 주는 게 전부였는데, 아무 효험이 없었다.

한 열흘 정도 꼼짝없이 방에서 앓아누웠는데, 정말 기력이 다 빠지고 죽을 것만 같았다. 걷는데 다리가 휘청거리고 몸무게가 5㎏ 정도는 빠졌다. 그 바람에 나는 모든 일정을 10일 늦출 수밖에 없었다. 나는 1995년 4월 4일이 되어서야 짐을 꾸려 아내와 함께 간신히 충주로 내려오게 되었다.

지금 생각해 보면 아마도 그 열병은 평생직업 공무원을 강제로 떼어내는 데 따른 진통이었던 것 같다. 사표를 내자마자 잘못 선택한 게 아닌가 하는 생각에 밀려오는 회한, 황야에 내버려진 것만 같은 고독과 스트레스가 심한 열병으로 나타난 게 아닐까.

겁 없이 뛰어든 첫 번째 충주시장 선거

1995년 4월 나는 최형우 장관의 권유로 민주자유당 후보로 나오게 되었는데 막상 민주자유당에 입당하고 나서 지역 상황을 보니 충주 분위기는 온통 자민련(자유민주연합) 일색이었다.

더군다나 충청권의 맹주 JP의 바람이 회오리쳐서 "부지깽이라도 자민련 후보만 내세우면 무조건 당선된다"는 분위기가 팽배했다. 더구나 정달영 자민련 시장 후보의 탁월한 친화력과 모교인 충주고 동문회 바람이 겹쳐 나는 풍전등화(風前燈火)와도 같은 신세가 되었다. 더욱 힘든 것은 당시 충주 지역 국회의원이 자민련 소속이라는 사실이었다.

이처럼 무서운 각종 바람 앞에서 나는 간신히 당선되었는데 내가 당선되었던 이유는 대체로 세 가지로 요약된다.

첫째, '일하는 시장, 움직이는 충주'란 구호를 내걸면서 그동안 고속도로 하나 없는 충주시민의 숙원인 중부내륙고속도로를 시장 후보 1호 공약으로 내세운 것이다. 물론 중부내륙고속도로 착공은 그동안 두 분의 대통령이 공약한 것인데도 안 되었는데, 감히 시장 후보가 공약으로 내건다는 게 말이 되느냐는 비난도 있었지만, 밑질 때 밑지더라도 한번 믿어 보자는 시민들의 기대가 매우 컸기에 반신반의하면서도 나를 찍어 준 것이 아닌가 생각이 든다.

둘째, 1989~1990년 임명직 충주시장(당시는 중원군과 통합되기 이전)하는 동안 열심히 일한 나의 공(功)이 시민들에게 깊게 각인되어 덕(德)으로 돌아온 것 같다. 특히 1989~1990년 임명제 충주시장을 하는 동안 1990년 9월 대홍수 때 긴급대피명령을 내려 수천 명의 목숨을 구했고, 정부예산을 대거 끌어들여 대대적인 수해 복구로 충주시를 천지개벽시켰던 것이 시민들에게 깊게 각인되어 있었던 게 아닐까.

셋째, 당시 자민련의 거센 바람 속에서도 자민련 이종근 국회의원이 자민련 시장 후보 공천을 미루고 미루다 겨우 선거 20여 일 전에야 정달영 씨를 후보로 결정했다. 그 때문에 자민련 후보가 큰 힘을 발휘하지 못했다고 본다.

넷째, 당시 충주시민들에게 인기가 높았던 이석의 전 충주시장이 불출마한 것이 큰 도움이 되었다.

1995년 6월 27일 5명의 후보로 치러진 선거 결과는 총유효표 101,092표 중 민자당 이시종 42.05%(42,514표)로 평생 첫 선거에서 영광스럽게 승리했다.

전폭적인 신뢰 속 압승으로 장식한
두 번째 시장선거

두 번째 시장선거에 무소속으로 출마하다

1998년 두 번째 시장선거에서 나는 무소속으로 출마했다. 당시 몸담고 있었던 민자당이 신한국당으로 바뀌고 다시 한나라당으로 바뀌는 과정에서 지구당에서 실무 처리를 제대로 못 하는 바람에 나는 자동으로 당적이 소멸한 상태가 되었다. 그런 상황에서 무소속으로 출마해도 충분히 승산이 있다고 판단되어 굳이 한나라당에 입당하지 않았다.

당시 나는 민선 1기 시장을 하는 동안 전격적으로 충주시민의 최대 숙원이었던 중부내륙고속도로를 극적으로 착공시켰기 때문에 나의 인기는 하늘을 찌를 정도로 높았다. 두 분의 대통령도 공약했다가 지키지 못한 중부내륙고속도로를 시장이 착공시켰으니 칭찬이 자자할 수밖에 없었다.

더군다나 "충주하면 사과, 사과하면 충주"라는 캐치프레이즈로 충주시 입구에 사과나무 가로수길을 만들어 충주사과를 명품화시키는 등 잠자던 충주를 흔들어 깨우기 시작했고, 여기에 시민들은 모처럼 희망을 품기 시작한 것이다.

당시 선거 구호였던 "1등 시장 1등 충주", "21세기 충주를 준비하는 시장"이란 구호는 당시 충주시민을 절망에서 희망으로, 과거에서 미래로, 조용한 도시에서 움직이는 도시로 탈바꿈하고자 하는 열망을 반영한 것이라 하겠다.

　더욱이 당시 자민련 후보는 민선 1기 때 내가 첫 부시장으로 모셔온 류병현 전 부시장이다 보니, 나는 심정적으로 매우 불편했다.

　물론 당시에 류 후보의 뛰어난 행정경험과 폭넓은 인맥, 그리고 류 후보의 모교인 충주고 및 자민련 바람과 자민련 김선길 국회의원(해양수산부장관 역임)의 지원으로 류병현 후보의 위세가 만만치 않았지만, 그 위세가 나의 업적인 중부내륙고속도로 착공이라는 큰 벽을 넘지는 못했다.

　1998년 6월 4일 2명의 후보로 압축된 선거 결과는 총 유효투표 89,453표 중 예상대로 이시종 62.15%(55,599표)로 압승을 거두었다.

내 인생 최대의 오판, 국회의원 출마를 접다

1997년 12월 대통령선거, 내 인생 최대의 오판

　당시 대통령 후보로 한나라당의 이회창 후보, 새정치국민회의 김대중 후보, 국민신당의 이인제 후보 3파전이었을 때다. 나는 충주시장으로서 충주시의 예상 득표율을 이회창 70%, 김대중 20%, 이인제 10%로 추정하였다. 내 주변의 누구에게 물어봐도 이회창 후보가 70% 이상은 될 것이라는 대답이었다.

그래서 철석같이 믿었는데, 막상 개표해 보니 이인제 34.70% 1위, 김대중 33.36% 2위, 이회창 29.86% 3위로 나타나는 걸 보고 나는 경악하고 말았다. '내가 민심을 잘못 읽었구나, 나에게 해 주는 주변의 말들을 다 믿으면 안 되겠구나!' 깨달으며 깊이 반성했다.

당시 이인제 후보 측은 운동원도 별로 없고 활동도 아주 미미했는데도 충주에서 이인제 후보가 34.70%로 1위를 기록했다는 것이 지금도 잘 이해되지 않는다. 어쨌든, 이때 나의 최대 오판은 나에게 좀 더 저변층으로 깊게 파고들라는 하늘의 경고와 교훈으로 생각하기로 했다.

2000년 국회의원 선거, 출마를 접다

1998년 두 번째 시장에 당선되고 난 후 2000년이 다가오자 주변에서 국회의원에 출마하라는 권유가 많았다. 나가기만 하면 당선은 맡아 놓은 것이라며 부추기는 사람들도 많았다. 물론 나도 기회가 된다면 국회로 방향을 바꿔 진짜 정치를 하고 싶다는 생각이 있었다.

그렇게 내가 국회의원 출마를 저울질하고 있을 때, 처음에는 내가 국회의원에 출마하면 당선될 거라며 출마를 권유하던 사람들이 많았지만, 시간이 갈수록 그 수가 점점 줄어들고, 나중에는 나에게 출마를 포기하라고 권유하는 사람들이 더 많아졌다. 급기야는 나의 친한 친구들, 가까운 집안들까지도 "길게 보고 돌아가라", "한 템포 쉬었다 가라"며 출마를 포기하라는 권유가 늘어 갔다.

나는 결국 자의 반 타의 반으로 국회의원 출마를 포기했다. 급할수

록 쉬어 간다는 옛말처럼 나는 어렵게 출마를 접고야 말았다. 마음은
몹시 쓰렸지만, 다음 4년 후를 기약하며 쓰린 가슴을 달랠 수밖에 없
었다. 결국 나는 국회의원 출마를 포기하고 나서 새천년민주당의 이원
성 후보와 한나라당 한창희 후보의 대결을 한발 비켜서서 가벼운 마음
으로 관전하였다.

본선보다 당 공천이 더 힘들었던
세 번째 시장선거

2002년 6월 시장 3선 도전을 앞두고 당시 무소속이었던 나는 옛날에
몸담았던 민자당의 후신인 한나라당으로 복귀하여 당 공천을 받기로
결심했다. 당시 충주 지역 정서는 한나라당이 대세였다. 그러나 한나
라당에는 시장 공천을 받기 위해 이미 입당한 거물급인 김호복 전 대전
지방국세청장이 굳게 버티고 있었던 데다 그의 지지 기반도 만만치 않
았다.

당시 시장에 당선되기 위해서는 무소속으로는 불가능하고 한나라당
공천을 받는 것만이 유일한 대안이라고 판단했다. 매우 위험한 발상이
었지만, 나는 '호랑이를 잡으려면 차라리 호랑이 굴에 들어가라'는 속
담처럼 2002년 2월 한나라당 중앙당 영입케이스로 복당했다.

그리고 나는 중앙당에서 나를 영입했기 때문에 공천은 중앙당에 맡

기자고 주장했고, 다른 측에서는 경선을 주장하여 합의점을 찾지 못했다. 결국 한나라당 충주지구당은 경선 여부를 지구당 운영위원회의(60명)에서 결정키로 하였다.

드디어 운명의 날인 2002년 2월 27일, 충주지구당 운영위원회가 열렸다. 오전부터 개최된 위원회는 열띤 마라톤 토론 끝에 밤늦어서야 경선 여부에 대한 찬반 투표를 실시하였다. 투표 결과, 60명의 운영위원 중 2명의 불참 속에 찬성 대 반대가 29대 29라는 동수가 나왔다. 결국 경선(안)은 지구당에서 부결되어 중앙당에서는 나를 시장 후보로 전략공천하기로 교통정리했다.

지금도 생각하면 아찔한 순간이었다. 나에게 닥친 최대의 위기를 간신히 막아 낸 위험천만한 순간이었다. 당시 하성대 운영위원장이 회의를 주재하였는데, 운명의 여신은 결국 내 손을 들어준 셈이 되었다. 그러나 경선에서 29 : 29 동수로 나올 만큼 현직 시장의 간담을 서늘하게 한 김호복 전 대전지방국세청장은 참으로 정치력이 대단하고 훌륭한 인물이었음에 틀림없다.

한나라당 공천을 받은 나는 비교적 어렵지 않게 본선거에서 승리할 수 있었다. 2002년 6월 13일 3명의 후보로 치러진 투표 결과는 유효 82,592표 중 이시종 56.67%(46,811표)로 이번 역시 나의 승리로 마감했다.

거듭되는 변신 속 힘들었던
첫 번째 국회의원 선거

두 개의 큰 벽을 넘다

2004년 4월 15일 치러지는 충주 지역 17대 국회의원 선거는 이원성 현 국회의원의 불출마로 무주공산 상태였다. 2002년 12월 충주시민의 최대 숙원사업이자 나의 최대 역점사업이었던 중부내륙철도가 국회 예결위 마지막 문턱에서 좌절되며 큰 충격을 받았던 나는 이를 해결하기 위해서는 국회로 진출할 수밖에 없다는 생각을 강하게 갖고 있었다.

그런데 그런 의지를 실현하는 데는 두 개의 큰 벽을 넘어야 했다. 첫째는 임기 4년으로 뽑아 준 시장직을 중도 하차하는 벽이었고, 둘째는 한나라당에서 열린우리당으로 당적을 변경하는 데 따른 철새론의 벽이었다. 큰 위험부담이 따르는 벽 두 개를 넘어야 했다.

그러나 나는 중부내륙철도를 포함한 더 큰 충주 발전을 위해서는 시장 사퇴도, 열린우리당 입당도 불가피하다는 지역발전론을 내세워 국회의원 출마를 향해 행군해 나갔다. 우선, 2003년 12월 5일 시장직 사퇴와 내년 총선 출마를 공식 발표하고 12월 6일 충주시의회에 시장직 사퇴를 통지한 후 12월 17일 자로 시장직을 공식 사퇴했다.

2004년 1월 15일 자로 한나라당을 탈당하고 열린우리당에 입당하였다. 이제 중앙정치를 하는 데 있어 처음 선택하는 정당은 젊은이들이 함께하는 정당, 미래가 보이는 정당을 선택 기준으로 했고, 그런 정당은 열린우리당이라고 보았기 때문이었다.

막상 열린우리당에 입당하자 열린우리당 충주지구당의 일부 인사들의 반발이 있었지만, 2004년 2월 13일 열린우리당 중앙당은 나를 단일후보 지역으로 발표, 공천을 확정했다.

이시종을 뽑으면 전철 타고 서울 간다

이처럼 숱한 고비를 넘고 넘어 본선거가 시작되자 나는 솔직히 시민들에게 고백했다.

"시장을 중도 사퇴한 것은 잘못입니다. 시장 임기를 끝까지 채우는 것이 중요하다는 것, 저도 충분히 인정합니다. 그러나 서울 가는 전철(중부내륙철도)을 추진하지 못한 채 시장 임기만을 채우는 것보다는, 중도 사퇴하더라도 서울 가는 전철을 추진하는 것이 충주 백년대계를 위해 훨씬 더 중요합니다. '이시종을 뽑아 주면 전철 타고 서울 갑니다!' 시장 사퇴도, 열린우리당 입당도 오직 충주 발전, 중부내륙철도를 위한 것입니다."

이러한 나의 간절한 호소가 시민들의 마음을 파고든 것은 분명했다. 다만 선거 도중에 열린우리당 의장의 노인 폄하 발언으로 여론이 들끓자, 나는 충주시 노인회장을 찾아가 회초리 한 단을 드리며 종아리를 걷어 올리고 "이 회초리로 대신 저를 때려 주십시오."라며 용서를 빌기도 했다.

국회의원 첫 선거는 본선까지 가기에는 참으로 엄청난 위험부담이 따랐다. 시장 중도 사퇴, 한나라당 탈당, 열린우리당 입당 및 국회의원 공천이라는 네 번의 변신에 대한 대가를 나는 톡톡히 치를 수밖에 없었다.

물론 당시 충주에는 한창희 후보의 젊음과 패기, 탁월한 언변, 훤칠한 인물로 한창희 바람이 상당히 일고 있었다. 그러나 당시 노무현 대통령 탄핵정국으로 열린우리당에 대한 동정표와 서울 가는 전철에 대한 시민들의 기대가 나를 승리로 이끌었다.

2007년 4월 15일 3명의 후보로 치러진 선거 결과는 총 유효투표 89,463표 중 이시종 후보 51.59%(46,155표)로 여유 있게 승리할 수 있었다.

이겼지만 사실상 진
두 번째 국회의원 선거

친구지간인 윤진식 전 장관에 맥을 못추다

2008년 초는 이명박 대통령의 취임으로 민심이 한나라당 일색으로 돌아가는 분위기였다. 더욱이 과거길로 영남권 문화의 영향을 많이 받

＿＿＿＿ 8전 8승 이시종의 비결

는 충주 지역의 경우는 더욱 그러했다. 거기에다 이명박 정부의 실세로 소문난 윤진식 전 산자부장관이 한나라당 국회의원 후보로 출마한다는 소문이 퍼지자 시민들의 기대는 매우 컸고, 나는 바짝 긴장하지 않을 수 없었다.

그러면서도 나는 윤 전 장관이 친구지간(고교동창)인데 설마 나에게 도전까지 하랴 하며 내심 아니기를 바랐다.

그러나 그것은 나의 희망일 뿐, 윤 전 장관은 그해 3월 3일 한나라당 후보로 공천받아 3월 6일 출마 기자회견을 하고 말았다. 나는 참으로 난감해졌다. 친구끼리 경쟁한다는 것도 불편했고, 윤 후보의 위력이 만만찮을 것 같아 겁도 났다. 민심이란 원래 요동치는 '생물' 같아서 언제 어떻게 돌변할지 모를 일이었기 때문이다. 피할 수만 있다면 피하고 싶은 선거가 시작된 것이다.

선거가 시작되자 윤 후보의 위력은 역시 예상보다 더 대단했다. 윤 후보는 시민들의 눈길을 끌어당기는 대규모 공약을 지속해서 쏟아냈다. 우선 '충주는 항구다'라며 대운하를 공약으로 내세웠다. 서울~충주~부산 간 대운하를 만들어 대규모 컨테이너선이 다니고 충주가 항구가 된다니, 내륙 지역인 충주시민들에겐 신선한 충격으로 다가왔다.

그 공약에 민심은 요동치기 시작했다. 거기에다 윤 후보가 내세운 세계적인 물류기업 유치, 한국민속촌 수안보 이전 건설 등의 공약은 충주 민심을 발칵 뒤집어 놓기에 충분했다.

윤 후보의 위력이 정말 대단하다는 걸 느꼈다.

그래도 3월 중순까지의 여론조사에 따르면, 이시종 대 윤진식은

50~59 대 25~20으로 내가 한참을 앞서가고 있었다.

윤 후보의 위력에 풍전등화 신세가 되다

선거운동이 본격 시작되자, 충주 지역 선거는 전국적으로 초미의 관심의 대상이 되었다. 언론에서는 연일 "인생 여정이 비슷한 40년 지기 친구 간의 일전, 왕의 남자와 지역 기반이 튼튼한 토박이 이시종의 대결" 등의 기사로 세간의 화제를 뿌렸다.

그러나 윤 후보의 엄청난 위력 앞에 나의 지지 기반은 풍전등화처럼 아무런 힘을 쓸 수 없었다. 나의 대표적인 선거공약인 서울 가는 전철 완성(철길)은 윤 후보의 항구(물길) 앞에 맥을 추지 못했다. 많은 사람이 윤 후보 쪽으로 대거 몰리는 모습이 눈에 띄었다. 우리 진영은 손발다 내려놓고는 윤 후보 측의 선거운동을 관전하는 구경꾼 신세로 전락한 느낌이었다.

그래서 나는 선거공보에 이 시대상을 빗대어 신경림 시인(충주生)의 「바위」라는 시를 올렸다.

바람이 한곳에서만 불어온다
바람이 온통 한곳으로만 쏠려간다
사람들이 모두 한곳으로만 몰려간다
떼밀리고 엎어지면서 뒤질세라 달려간다
바위만이 어깨 내밀어 길을 내주고 있다

밟히고 차이면서 말없이 엎드려 있다

그 얼굴에 웃음이 서글프다

그 얼굴에 웃음이 아름답다

더더욱 나를 충격에 빠뜨린 것은 박정희 전 대통령의 둘째 따님이 충주에 내려와 선거 기간 내내 경로당을 찾아다니며 윤 후보 지지한다는 소문이었다.

그런 상태에서 둘째 따님이 충주 시내 많은 경로당을 찾아가 인사했다고 소문이 퍼지니 효과는 100%, 내 표는 추풍낙엽처럼 날아가는 것 같았다.

의리를 지키려다 수천 표를 잃다

더욱이 불행한 것은 야당 후보가 통합민주당 이시종 후보 이외에 민주노동당 후보, 창조한국당 후보, 평화통일가정당 후보로 난립하여 있었다는 점이다.

거기에다 투표 2일을 앞두고 당시 충주MBC 마지막 TV 토론에는 군소 후보들은 빼고 윤진식 후보와 이시종 후보 둘만이 초청됐다. 이에 군소 후보들이 반발하며 TV 토론을 취소하라고 MBC 앞에서 농성을 벌였다. 나에게는 TV 토론에 참여하지 말라고 압박해 왔다.

나는 참으로 난감했다. 한참을 고민하던 나는 야당 후보들끼리 이미 연대한 상태이니 의리를 지키는 게 중요하다고 판단하여 MBC 토론회

불참을 통보하였다. 그러면 내심 TV 토론이 무산될 거라 기대했는데 막상 그 시간에 TV를 켜 보니 이시종 후보의 빈자리에는 명패만 놓여 있고, 윤진식 후보 혼자 1인 토론회를 개최하는 것이 아닌가?

아뿔싸! 윤 후보의 단독무대가 되다 보니 주어진 시간 내내 윤 후보는 혼자서 일사천리를 달린 것이다. 군소 후보와의 의리를 지키려다 큰일 나는 것 아닌가 싶어 TV를 쳐다보는 내내 후회가 밀려왔고, 속은 까맣게 타들어 갔다. 우리 진영에서도 모두 기가 죽어 있었다. 아마 그때 내가 잃은 표가 어림잡아 수천 표는 되었을 것이다. 선거 일주일 전 여론조사는 불과 5~10%밖에 차이가 나지 않을 정도여서 수천 표는 당락에 영향을 줄 큰 표였던 것이다.

1,582표 차이로 간신히 이기다

투표를 마치고 개표 시작 전, 나는 그래도 이길 것이라 자부하고 모 인사와 느긋하게 저녁을 먹고 있었다. 그런데 저녁 8시 넘어 선거캠프에서 전화가 왔다. 시내 곳곳에서 내가 지고 있다는 소식이었다. 우리 캠프 사무실에 와 있던 TV 카메라도 내가 질 것을 예상하고 윤 후보 사무실로 다 이동했다는 것이다.

이럴 수가! 밥 먹던 숟가락을 놓고 사무실로 달려가 보니 개표 종반까지도 내가 계속 지고 있었다. 얼굴이 새파래지고 식은땀이 났다. 그렇게 개표 종반까지 지고 있던 내가 마지막 순간에 부재자 투표와 고향 주덕읍에서 표가 많이 나온 덕분에, 이를 뒤집고 겨우 1.95%,

　　　　_____ 8전 8승 이시종의 비결

1,582표 차로 간신히 이겼다. 선거사무실 요원들, 내 아내도 한숨을 쉬고 있었다. 부재자 투표와 고향 주덕읍이 나를 살린 것이다.

2008년 4월 9일 5명의 후보로 치러진 투표 결과는 총 유효투표 81,488표 중 이시종 48.04%(39,147표)로 나타났다. 2위와 겨우 1.95%, 1,582표 차로 신승했는데, 이번 선거는 정말 하늘이 도와준 것 같았다. 내가 이기긴 했지만, 내용적으로는 진 선거였다. 윤진식 후보의 엄청난 위력을 실감한 뼈아픈 선거였음이 틀림없다. 투표가 하루만 연장됐으면 내가 질 수도 있었다는 당시 후문에 나도 전적으로 공감했다.

자의 반 타의 반 떠밀려 나간
첫 번째 충북도지사 선거

깊은 고민 끝에 출마를 결심하다

2009년부터 나는 충주 지역 국회의원으로서 민주당충북도당위원장을 맡고 있었다. 당시 도당위원장의 가장 큰 임무는 2010년 6월 지방선거에 당선 가능성이 있는 후보를 물색하는 것이었다.

특히 도지사 후보로 나는 청주 지역 국회의원들을 대상으로 의사를 타진해 보았는데, 민주당 국회의원 세 분 모두 사양하였다. 그래서 그

밖의 비정치인을 대상으로 물색해 보았으나 야당이라 그런지 모두 꺼리는 분위기였다.

그런 가운데 2009년 연말이 다가오다 보니 당시 청주 지역 민주당 국회의원들이 되레 나보고 도지사에 출마하라고 종용하였다. 나는 인구가 많은 청주 지역 출신이 도지사 후보로 나와야 한다고 완곡하게 거절했으나, 이시종이 청주고등학교 출신이니 해 볼 만하다며 강력히 권유해 왔다.

나는 깊은 고민에 빠졌다. 민주당 도당위원장으로서 만약 민주당 도지사 후보를 내지 못한다면 그 책임을 면치 못할 것이다. 그렇다고 충주 출신인 내가 나가기에는 수적으로 불리할 것 같았다. 또한 재선을 노리는 당시 한나라당 정우택 지사는 인물도 좋고 언변도 좋고 나이도 젊어, 도민들로부터 인기가 상당히 높았다. 내가 현 정우택 지사와 싸운다는 건 마치 계란으로 바위를 치는 것과 다름없어 보였다.

더구나 나는 2004년 충주시장을 중도 사퇴하고 국회로 진출하여 충주 지역에서 비난이 있었는데, 이번에 또 국회의원을 중도 사퇴하고 도지사로 출마한다면 나는 충주시민에게 두 번씩이나 죄를 짓는 꼴이 될 것이다.

그러나 여러 가지 변수를 고려한 끝에 나는 드디어 2010년 2월 11일, 출마를 선언했다. 그 이유는 첫째, 민주당 도지사 후보로 나갈 사람이 마땅찮으니 도당위원장인 나라도 나가는 게 당의 체면을 세우고 도당위원장의 책무를 다하는 것이라는 책임감에서였다.

그리고 세종시 원안 사수를 위해 도지사는 반드시 민주당에서 차지해야 한다는 당위성이 있었고, 내무부 출신인 나로서는 평소 가져왔던

_____ 8전 8승 이시종의 비결

도지사의 꿈을 이번 기회에 실현하고 싶다는 개인적인 소망도 있었다. 그래서 낙선하더라도 도지사 출마를 결심하게 되었다.

요지부동의 정우택 아성에 고전을 면치 못하다

출마 선언은 용감하게 했지만, 여론은 좀처럼 내 편이 아니었다. 정우택 현 지사의 현직 프리미엄과 인기가 만만찮았다. 여론조사도 2010년 1~2월에는 대체로 정우택 대 이시종이 7 대 3 내지 6 대 4였다. 4월 들어 조금 나아졌다고 해도 10% 내외의 차이가 났고, 5월에도 더 이상 좁혀질 기미가 보이질 않았다.

그 좋은 국회의원 자리 버리고 왜 도지사에 나왔냐며 나를 진심으로 걱정해주는 사람들이 많았다. 더구나 2010년 3월 26일에는 천안함 피격사건이 터지며 민주당에는 치명적인 분위기였다. 그러나 나는 한편 믿는 데가 있었다.

첫째, 세종시 원안 사수에 열망이 큰 청주권 시민들은 잘하면 내 편이 될 수 있다는 점. 둘째, 그래도 내 뒤에는 청주고 동문회가 있고 충주시민들이 있으니 청주·충주 두 군데에서만 이기면 다 이긴다는 생각. 셋째, 청주·청원 통합에 목말라하는 시민들에게 내가 과거 내무부 시절 시군 통합의 전도사(?)였다는 점. 넷째, 서민도지사 이시종의 프레임으로 선거판을 이끌어 가면 다수의 서민들은 내 편이 될 수 있다는 점이 그것이었다.

이러한 전략으로 나의 참모들과 당에서는 정말 열심히 선거운동을 해 주었다. 당시 선거캠프 책임을 맡았던 주재선 선대위원장은 기득권층과 교류가 많은 편이었는데, 낮에 나가 그들을 만나 보면 "이시종은 100전 100패"라며 하루빨리 이시종 선대위원장을 그만두고 나오라며 야단들이었다고 전하기도 했다.

그래서 참모회의 때면 그는 늘 기가 죽어 있었는데 하루는 나를 따라 대학촌·술집·음식점·전통시장 등을 다니며 서민들 반응을 보니 기득권층과는 많이 다르다는 걸 알고 그다음부터는 신이 나서 서민층을 상대로 선거운동을 했다고 술회하기도 했다.

선거 때면 기득권층과 서민층 사이에는 상당한 괴리가 있다는 사실을 직감한 것이다. 표는 결국 서민층에서 나온다는 지극히 단순한 원리를 확인한 셈이다.

무모하게 도전했던 선거

선거운동이 시작되자마자 노영민 국회의원의 아이디어는 화룡점정이었다. 2010년 3월 26일 천안함 사건으로 민주당 분위기가 싸늘해져 있을 때, 노영민 의원이 도내 민주당 모든 후보(도지사·시장·군수·도의원·시군의원)에게 노란 바탕에 "세종시를 지켜 주세요"라는 플래카드를 일제히 게첨하고 홍보 어깨띠를 두르도록 한 것이다. 이런 전략은 당시 천안함 사건 때문에 가라앉았던 충북도 전체의 분위기를 세종시 이슈로 반전시키는 결정적 계기가 되었다.

2010년 6월 2일, 3명의 후보가 경합한 선거 결과는 극적으로 이시종의 승리로 막을 내렸다. 그것도 총 유효투표 683,110표 중 내가 51.22%(349,913표)를 얻어 2위와 5.31%, 36,297표 차이를 벌린 것이다. 모두 예상을 깨고 뒤집었다고 야단들이었다.

결국 청주시에서 53.2%, 충주시에서 61.9%로 크게 득표함으로써 전체적으로 5.3% 차이로 이긴 것이다. 특히 민주당 홍재형·노영민·변재일·오제세·이용희·정범구 국회의원을 비롯한 민주당 당원들이 헌신적으로 도와주었고, 청주고 동문회가 똘똘 뭉쳐 도와주었다. 충주시민들은 조직적으로 타 시군을 다니며 운동해 주었고 나의 혈연인 전이의씨 문중·일부 종교계에서도 많이 도와줬다. 그래서 나는 당시 민주당 이외에 청고당·충주당·전의이씨당 등 여러 개 정당(?)의 연합공천을 받은 사람이라고 자부했다.

그렇더라도 너무 위험한 장사를 한 것만은 틀림없다. 아무리 내가 선거 불패라고 하더라도 ① 국회의원직을 버리고, ② 인기 절정인 현직 도지사를 상대로, ③ 객지나 다름없는 청주 등 10개 시·군민들에게, ④ 그것도 보수가 강한 충북에서, ⑤ 더군다나 여당도 아닌 야당 신분으로 표를 달라고 나선 것은 지나고 보니 너무 무모했던 것 같다. 솔직히 당시 '세종시 이슈'가 워낙 컸기 때문에 내가 간신히 이기긴 했지만, 조직·인물·당 지지도 면에서 보면 내가 진 선거나 마찬가지였다.

죽어도 피하고 싶었던
두 번째 도지사 선거

오십 년 지기 친구와 6년 만의 리턴 매치

2014년 도지사 선거가 임박했을 때 윤진식 국회의원이 도지사에 출마하리라고는 나는 상상도 못 했다. 실제 그런 소문이 돌 때, 나는 속으로 그런 일은 절대 없을 것이라고 확신하고 있었다. 그런데 그건 나의 희망 사항일 뿐, 2014년 2월 16일 윤 의원은 새누리당 후보로 도지사 선거 출마를 공식 선언했다.

나는 정말 윤 의원과의 재대결만은 피하고 싶었지만, 운명의 여신은 그렇게 놔두지 않았다. 나는 그 어떤 선거보다도 더 힘들고 괴로운 선거를 치를 수밖에 없었다.

도민 여론은 새누리당이 2배 이상 압도적

2014년 4월 13일 충청매일(리얼미터 의뢰)의 여론조사 결과는 새누리당 48%, 새정치민주연합 23.9%로 나타났다. 새누리당의 박근혜 대통령 마케팅도 만만치 않았다. 나는 당시 현직 도지사였지만 새정치민주연합의 낮은 정당 지지도 때문에 고전하는 상황이었다.

2014년 3월 4일 동 여론조사를 보면 이시종 대 윤진식은 48.3% 대 42.3%로 6% 차이밖에 나지 않았다. 4월 중순, 내가 새정치민주연합

후보로 확정되어 본격적인 선거운동에 돌입하자마자 4·16 세월호 어객선 침몰사고가 발생했고 선거운동도 동반 침몰했다. 여야 모두 선거운동을 잠정 중단할 수밖에 없었다.

'충북의 딸 박근혜를 살려 주세요'가 '세월호 분위기'를 압도하다

세월호 침몰사고로 민주당 분위기가 다소 유리하게 흐르는 듯하더니, 시간이 조금 지나자 박근혜 대통령이 불쌍하다며 "충북의 딸, 박근혜를 살려 주세요"라는 여론이 들끓어 새누리당 분위기가 압도적이었다. 충주에서 그동안 6번 선거 때마다 나를 적극 지지해 주던 중년의 여성 한 분에게 내 참모가 부탁했더니, 그분 첫마디가 "아니여, 이번에는 박근혜를 살려야 해." 하더라는 것이다.

2008년도 국회의원 선거 때 나는 박근령 씨 위력 때문에 혼이 났는데, 이번에는 박근혜 대통령 위력 때문에 맥을 못 추는 형국이 되자 내가 그분들과 전생에 무슨 악연이 있었나 하는 엉뚱한 생각도 해 보았다.

치열한 공방 속 여론조사는 근소한 차이로 좁혀 오다

선거운동이 본격 시작되자 새누리당은 공격에 날을 세웠다. 오창에 있는 일본계 모 기업체에서 배출되는 디클로로메탄이 발암물질이라며, 이런 발암 폭탄을 이시종이 유치해 왔다고 공격했다. 당시 국제암연구소에 의하면 디클로로메탄은 커피·전자파 등과 함께 발암 가능물질(2B그룹)이지 발암 확인 물질이나 발암 추정 물질과는 다르다고 주장해도 이시종이 유치한 모 기업체의 디클로로메탄이 발암물질이라는 공격은 급속도로 먹혀들고 있었다. 이에 나도 반격에 나섰다.

"새누리당 중앙당이 공약한 제2경부고속도로(세종~서울)가 건설되면 충북의 대동맥인 중부고속도로의 확장이 어려우니, 제2경부고속도로 공약을 취소하라. 중부고속도로 확장이 우선이다. 그리고 새누리당은 세종시 수정안에 대해 사과하라."

선거운동 중반인 5월 29일 청주·충주MBC 마지막 여론조사에서는 내가 겨우 3.4%의 근소한 차이로 앞서고 있었지만, 정당 지지도는 여전히 새누리당 50.9%, 새정치민주연합 28.0%로 나타나 투표 마지막 날에도 뒤집힐 수 있는 위험한 상황이었다.

2.07% 차이로 신승하다

2014년 6월 4일 3명의 후보로 치러진 선거 결과는 총 유효투표 725,857표 중 이시종 49.75%(361,115표)로 2위와의 격차가 겨우 2.07%, 14,963표에 지나지 않았다. 간담이 서늘했다.

특히 두 후보의 고향 충주에서는 이시종 46.86%, 윤진식 51.50%로 내가 윤 후보에게 4.64% 차로 진 것으로 나타났다. 윤 후보의 엄청난 위력 앞에 나는 시종 방어만 하고 시달리다가 선거가 끝난 것 같았다. 윤 후보가 역대 대통령들의 두터운 신임을 받은 중앙정치권의 큰 인물로 성장한 이유를 이번 선거를 통해 확인할 수 있었다. 윤 후보는 역시 그 위력이 대단하고 존경스럽다는 생각이 다시금 들었다.

이번 선거가 새누리당의 높은 지지도, 박근혜 대통령 마케팅, 윤 후보의 위력 등으로 내가 고전을 면치 못했지만 그래도 굳이 내가 이긴 이유를 꼽는다면, 민선 5기 4년 동안 ① 세종시 원안을 사수한 업적, ② 청주·청원 통합 실현, ③ 초·중등 무상급식 실시, ④ '경제 1등도 충북' 공약 등이 나름 유효했다는 점이라 하겠다.

특히 '전국 대비 4% 충북 경제(인구는 3%), 도민 4만 불 시대, 투자유치 30조 원, 수출 200억 불 달성, 일자리 40만 개' 등의 경제 목표 제시는 이시종을 오히려 '경제통 이미지'로 부각하는 데 큰 역할을 했다고 자평한다.

당 경선이 치열했던
세 번째 도지사 선거

경선에서 권리당원이나 일반 도민이나 여론은 비슷하다

2017년 하반기가 되자 오제세 국회의원은 2018년 6월에 있을 도지사 선거에 나가기 위해 본격적으로 움직이기 시작했다. 당시 오 의원은 더불어민주당 도당위원장을 겸하고 있는 데다 4선 국회의원이 될 만큼 은근한 친화력, 부지런함, 성실함 등 특유의 매력이 있어 나는 경선 과정에서 어려움을 많이 겪었다.

그러면서 오 의원은 내가 역점을 두고 추진해 온 무예마스터십, 강호축 등에 강하게 반대하며, 후배인 오 의원에게 도지사 자리를 물려주어야 한다고 주장했다. 이에 대해 나는 가급적 대응을 자제했다.

그러나 4월 11일~13일 권리당원 및 도민 여론조사에 의한 경선 결과는 이시종 63.5%로 내가 승리하는 결과를 가져다주었다. 일반 여론조사나 권리당원 여론조사에는 큰 차이가 없다는 것도 발견했다. 이런 결과는 아마도 현직 도지사 프리미엄이 컸기 때문이라고 해석해야 할 것이다.

	이시종
· 권리당원	60.17%
· 일반 도민	61.89%
· 합계	61.03%
· 최종	63.50%

※ 최종은 현역 국회의원 출마에 대한 10% 감산 적용

_____ 8전 8승 이시종의 비결

'강호축'에 묻힌 '세대교체론'

2018년 5월 16일, 나는 예비후보 등록을 마치고 도지사 3선 출마를 공식화했다. 선거사무실은 청주 봉명동 사거리 신한은행 빌딩에 차렸다. 민선도지사 5기·6기 선거를 치른 곳에다 다시 차렸다. 그런데 특이한 점은 민선 5기·6기 선거 때는 선거사무실 주변 식당들이 썰렁했었는데, 민선 7기 선거 때는 인근 SK하이닉스 공장 증축 공사로 호황을 누리고 있는 것이다. 대규모 투자 유치의 효력을 내 눈으로 실감하면서, 나는 '투자 유치 참 잘했구나!' 하며 내심 흐뭇했다.

선거가 본격 시작되면서 나는 '강호축 완성'과 '1등 경제 충북 완성(전국 대비 4% 충북 경제, 1인당 도민소득 4만 달러 등)'을 대표적인 2대 공약으로 제시했고, 자유한국당의 박경국 후보는 '꽃대궐 프로젝트'를, 바른미래당의 신용한 후보는 '세대교체 젊은 도지사'를 내세웠다.

상대 후보 측에서는 나의 대표 공약인 강호축에 대해 문제를 많이 제기해 주었는데, 나는 오히려 내심 반가웠다. 도민들이 잘 모르는 강호축을 상대 후보들이 적극 홍보해 준 꼴이 되었고 결과적으로 강호축은 도지사 선거를 거치면서 엄청난 홍보 효과를 거두어 날개를 달고 훨훨 날아가는 꼴이 되었기 때문이다.

나중에 강호축이 제5차 국가균형발전 5개년계획, 제4차 국토종합계획에 반영된 것은 선거 때 뜨거웠던 강호축 논란이 효자 역할을 톡톡히 해 준 덕분이 아니었나 생각된다. '강호축' 논란은 나에게 불리할 것이라 예상했던 '세대교체론'을 오히려 묻히게 만든 꼴이 되었다.

또한 선거는 나의 능력보다는 당시 문재인 대통령과 민주당의 인기

절정에 힘입어 순조롭게 진행되었다. 더군다나 투표 전날 싱가포르에서 개최된 북미 정상회담은 이번 선거의 최대 하이라이트였다. 평화와 번영의 새싹이 움트기 시작했다며 한반도가 들썩였기에 득표에 절대적 도움이 됐다고 본다.

낙승을 예상했음에도 마음이 아픈 선거

이처럼 낙승이 예상되는 선거임에도 불구하고 나는 처음 선거처럼 최선을 다했고, 언제나처럼 이번에도 투표 전날 밤 12시까지 밤거리를 다니며 표를 호소했다.

2018년 6월 13일, 3명의 후보로 치러진 선거 결과는 총 유효투표 766,451표 중 이시종 61.15%(468,750표)로 나타났다. 1998년 6월 4일 충주시장 선거 때 단둘이 나와 내가 얻은 62.15%보다 이번 선거에 셋이 나와 얻은 61.15%가 사실상 더 값지고 더 많이 득표한 결과가 아닌가 생각된다.

그러나 이번 선거는 마음이 몹시 아픈 선거였다. 우선 나와 함께 사무관 때부터 동고동락해 온 오제세 국회의원과 경선을 치른다는 게 괴로웠고, 나의 후배이면서 한때 행정부지사로 나와 함께 도정을 펼쳐왔던 곧고 정직한 자유한국당 박경국 후보, 그리고 젊은 기백으로 전도가 양양한 고교후배 바른미래당 신용한 후보와 맞붙어 경쟁한다는 것이 매우 부담스러웠다.

이분들에게 정말 미안한 마음을 전한다.

[역대 선거 개표 결과]

구 분	선거 인수	유효 투표수	이시종 득표수(%)	소속 정당	후보자 수	2위와의 표차(%)
제1회 충주시장 선거 ('95.6.27)	144,061	101,092	42,514 (42.05)	민주자유당 (여당)	5명	8,389 (8.30)
제2회 충주시장 선거 ('98.6.4)	151,815	89,453	55,599 (62.15)	무소속	2명	21,745 (24.31)
제3회 충주시장 선거 ('02.6.13)	154,380	82,592	46,811 (56.67)	한나라당 (여당)	3명	22,649 (27.42)
제17대(충주)국회의원 선거 ('04.4.15)	152,966	89,463	46,155 (51.59)	열린우리당 (여당)	3명	13,182 (14.74)
제18대(충주)국회의원 선거 ('08.4.9)	157,660	81,488	39,147 (48.04)	통합민주당 (야당)	5명	1,582 (1.95)
제5회 충북도지사 선거 ('10.6.2)	1,183,811	683,110	349,913 (51.22)	민주당 (야당)	3명	36,267 (5.31)
제6회 충북도지사 선거 ('14.6.4)	1,261,119	725,857	361,115 (49.75)	새정치 민주연합 (야당)	3명	14,963 (2.07)
제7회 충북도지사 선거 ('18.6.13)	1,318,186	766,451	468,750 (61.15)	더불어 민주당 (여당)	3명	241,379 (31.49)

하늘이 도와주다
은인자래 팔복운집(恩人自來 八福雲集)

도와주신 분들이 모두 하늘

나는 평소 선거와는 거리가 먼 사람이라고 생각했다. 어릴 적에 비교적 내성적이었던 데다, 돈도 없고 혈연·지연·학연도 약하고, 신언서판(身言書判)도 별 볼 일 없다고 스스로 생각해 왔다.

그런 내가 1995년 48살에 처음으로 충주시장 선거에 출마한 이후, 시장 3번, 국회의원 2번, 도지사 3번 등 8번의 선거를 한 번도 쉬지 않고 내리 당선되었는데, 아무리 생각해 봐도 내 능력으로는 믿기지 않는 일이다. 왜 그럴까 하고 곰곰이 생각해 보면 하늘이 도운 것이라는 답변 이외에는 달리 말할 게 없다. 그러면 나를 도와준 '하늘'이란 대체 무엇일까?

그 하늘은 그동안 나를 위해 헌신 희생한 수많은 동지들, 공무원들

그리고 시민·도민들이라 생각한다. 오직 나를 당선시키기 위해 자신을 희생하며 헌신 봉사한 수많은 동지들, 지역 발전을 위해 나한테 꾸지람을 마다하지 않고 밤새워 일해 준 공무원들, 그 뒤에서 나를 지켜보며 속으로 응원해 준 시민·도민들! 그들이 곧 하늘(人乃天)이라고 생각한다. 그중에서도 특히 나를 위해 희생한 몇몇 분들을 소개한다.

내가 충주시장·도지사 할 때 오랫동안 서울사무소장 직책을 맡아 정부예산을 확보하느라 너무 고생한 나머지 위암에 걸려 59세 이른 나이에 세상을 먼저 떠나간 박영선 소장.

충주시장 할 때 나의 충직한 비서실장을 오래해서 그런지, 내가 떠난 이후 십수 년 동안 찬밥 신세로 지내다 한 많은 공직생활을 마감한 (마지막에는 조길형 시장 때 국장이 됨) 과묵한 돌부처 김상하 실장.

민선 충주시장 1기·2기 선거 때 기획·총괄 업무를 담당하며 밤새워 일하면서 나에게 처음으로 선거를 가르쳐 주었던 김근홍 사무장과 김대중·정상교·권순철·연제호 씨 등 청년 보좌진들.

1995년 내무부 국장 시절이었던 나를 충주시장 선거에 끌어들이고 내리 8번 선거 때마다 선거 기획, 로고송, 선거 공보, 유세 등 선거 과정에 깊숙이 관여한 백발의 노신사 이홍배 사장과 낙향한 김태수 사장.

민선 충주시장 1기 때부터 시작하여 8번 선거 끝날 때까지 줄곧 선거조직·대외협력 업무를 헌신적으로 수행하였으나, 그토록 바라던 시의원 한번 못 해 보고도 불평 한마디 안 하는 김종국 사장과 보수·기득권층 속에서 나를 홍보하느라 진땀을 흘린 류득열·강성삼·송석호·정성석·이한걸·박승진 등 친구들과 충주 병중·덕신초 동문들.

충주시장 재직 시 시청 실무 총괄 국·과장으로서 중부내륙고속도로 · 중부내륙철도 등 대규모 국책사업들을 유치하고 그 후 선거 때마다 정확한 판단력으로 멘토 역할을 충실히 해 준 김동환 보좌관과 조운희 실장을 비롯한 국과장들.

국회의원 선거 2번, 도지사 선거 2번 도합 4번 선거의 실무총괄을 맡아, 질 뻔했던 선거를 이기는 선거로 역전시킨 일등 공신이었으나 도지사 2번째 선거를 끝으로 내 곁을 떠나간 탁월한 능력자 백상진 보좌관, 국회의원 · 도지사 선거 때마다 조직 총괄 책임을 맡아 조직에 화합과 활력을 불어넣어 주었던 이영규 보좌관, 그리고 선거 때면 식음을 전폐하고 밤새워 기획 업무를 맡아 준 김문종 · 채문영 · 황명구 · 최형익 · 김진오 보좌진들.

김종국 사장

3번의 도지사 선거 때 소위 청고당(청주고등학교 동문회)을 이끌어 가며 보수 · 기득권층 속에서 갖은 수모를 감내하면서도 도와준 주재선 동문과 이상수 등 청주고 39회 동창들을 비롯한 수많은 청주고 동문들.

또한 도지사 선거 캠프의 총괄 책임을 맡아 지는 선거를 이기는 선거로 역전시킨 남기창 · 신방웅 · 주준길 · 유영화 · 한장훈 · 김광수 · 노영우 · 임진숙 · 변민수 선대위원장 등과 민주당의 이용희 · 홍재형 · 변재일 등 국회의원과 당원 동지들, 특히 충주지역 민주당의 한백현 · 오겸수 · 이상식 등 고문과 한창희 · 우건도 · 맹정섭 · 박지우 등 위원장과 당원 동지들.

충주시장 재직 시 측근에서 가장 많이 고생한 한복교 · 박광희 · 정대훈 · 김상하 · 임동묵 비서실장, 비서진들과 국 · 과장들, 도지사 재

_____ 8전 8승 이시종의 비결

직 시 밤낮이나 주말 없이 보좌한 신찬인 · 이차영 · 김용국 · 이학재 · 조병옥 · 전원건 · 이재영 · 박해운 · 신형근 · 박기윤 · 한충완 · 장인수 비서실장과 비서진들, 실 · 국 · 과장들, 김진식 · 남창현 · 이경용 특별보좌관과 보좌관들……

결국 나의 8전 8승의 비결은 우연한 기회에 은인들이 저절로 찾아와 나를 8번씩이나 도와준 덕분(恩人自來 八福雲集)이라 하겠다. 그 은인들이 나에게는 하늘이고 나의 8전 8승을 만들어 주었다고 생각한다. 내가 선거를 치르지 않았다면 행복하게 지냈을 이분들에게 나는 마음의 빚을 무겁게 지고 있다. 평생을 두고 갚아야 할 빚, 저승에 가서라도 꼭 갚아야 할 빚을 진 수많은 분에게 한없이 고맙고 한없이 미안하다는 생각뿐이다.

그리고 각종 선거에서 나 때문에 정치적 꿈을 제대로 펼쳐보지 못한 경쟁후보들에게 나는 항상 마음의 큰 빚을 지고 있는 것이다. 이 자리를 빌려 용서를 빈다.

선거에 달인은 없다 - 최선이 달인이다

나의 선거 좌우명들

"선거는 '운7 기3' 이라지만 '기3'을 다하는 자에게만 '운7'이 따라온다."

'기3'을 다하는 것은 결코 쉬운 일이 아니지만 '기3'을 다하지 않은 자에게는 '운7'은 절대 따라오지 않는다. 최선을 다해 '기3'을 다하는 것, 그것이 곧 선거의 달인이다.

"진실이 최대의 무기다. 그리고 가장 비정치적인 것이 가장 정치적이다."

늘 진실을 갖고 밀고 나가면 그것이 언젠가 최대의 무기가 되고 나중에는 가장 정치적일 수 있다. 화려한 정치적 언어 수사는 우선은 달콤하지만, 생명력이 짧고, 비정치적인 진실은 우선은 쓰지만, 생명력이 길다.

"쌀 한 톨 한 톨 주워 담는 심정으로 표를 구하라."

영·호남이나 수도권과는 달리 충북은 바람이나 쏠림현상이 별로 통하지 않는 곳이다. 그래서 나는 쌀 한 톨 한 톨 주워 쌀 한 가마니를 채우는 심정으로 표를 하나씩 하나씩 구해 나갔다. 선거운동 마지막 날 밤의 몇 백 표가 당락을 결정한다는 절박한 심정으로 나는 선거운동 마지막 날 밤 12시까지 거리를 누비고 다녔다.

"돈 없는 선거 대신 몸으로 선거운동을 해 줄 일당백의 참모들을 구하라."

1995년부터 시행된 선거공영제는 나에게 선거에 나갈 용기를 가져다주었다. 그 이상 돈을 쓰지 않았고 쓸 돈도 없다 보니 나에게는 자연스레 선거법 위반 사례가 거의 없었다. 법정 선거비용 이외의 부족한 부분은 일당백의 참모들이 몸으로 때워 나갔다. 만약 선거공영제가 실시되지 않았더라면 그리고 참신한 참모들이 없었더라면, 나는 선거에 나갈 엄두도 못 냈을 것이다.

"태어날 때부터 '타고난 정치인'은 없다."

그렇다고 태어날 때부터 '타고난 비정치인'도 없다. 누구나 정치인이 될 소질을 갖고 태어났다. 정치적 목표를 세우고 거기에 자기 체질을 맞추려 노력하면 누구든 정치적 체질로 바뀔 수 있다. 누구나 의사, 변호사, 군인, 경찰, 농업인이 될 수는 없지만, 의사, 변호사, 군인, 경찰, 농업인 등 누구든 정치인이 될 수 있는 것이다.

"유권자가 누구든 과소평가해서는 안 된다. 그렇다고 누구든 과대평가 해서도 안 된다. 특히 의리가 있는 서민 유권자를 내 편으로 만들어라."

한 사람이 몇 백 표 가졌다는 사람 믿지 말고, 한 표도 안 가졌다고 무시하지 마라. 오히려 서민들이 의리가 강하고 다만 몇 표라도 갖고 있으니 서민들을 집중적으로 공략해야 한다.

"유권자와 대화 시, 듣기 : 유권자 칭찬하기 : 내 말하기의 비율을 80 : 10 : 10으로 하라."

유권자는 나(후보자)에게 많은 얘기를 할 때 기가 살고, 칭찬받을 때 호감을 느끼기 시작한다. 그러면 유권자는 그 주변에 나를 칭찬하는 얘기를 수십 명에게 하고, 그 수십 명은 다시 그 주변 수십 명에게 그 얘기를 전달하기 일쑤다. 유권자 1명을 내 편으로 만들면 결국 수천 명의 지지자를 만들게 된다. 만약 그 반대로 내가 말을 많이 하면 그 유권자는 반대편에 서서 결국 수천 명의 반대자를 양산하기 쉽다.

"유권자와 대화 시 항상 나를 낮추어라."

유권자에게 '내가 왕이니 나를 따르라'고 하는 것이 아니라 '당신이 왕이니 내게 한 수 가르쳐 주십쇼' 하고 나를 낮출 때 유권자가 진심을 다 털어놓는다.

"유권자와 대화 도중 휴대폰으로 다른 사람과 통화하지도, 메시지를 주고받지도 말아라."

나에게는 전화나 메시지 오는 사람보다 바로 앞에 있는 유권자가 최고 귀한 손님이고 최대의 귀한 고객이다. 오직 내 앞에 앉은 유권자에게만 집중하는 모습을 보일 때, 그 유권자는 나를 신뢰하기 시작한다.

"모든 선거에 완승은 없다. 대체로 1~2%로 당락이 결정된다."

유권자에게는 견제 심리가 있게 마련이다. 후보자가 아무리 강해도

60% 이상 지지받기는 어렵고, 또 아무리 약해도 40% 정도의 지지는 받게 되어 있다. 특별한 차이가 없으면 모든 선거는 1~2% 차이로 당락이 결정된다. 그리고 그 1~2%는 선거운동 마지막 날 밤에 결정된다고 생각하고 마지막 날 밤 12시까지 최선을 다하라.

"중도를 잡아라."

후보자의 소속 정당이 보수든 진보든 후보자는 반드시 중도층을 내 편으로 끌어들여야 한다. 보수정당 후보라고 보수 자체만을 확장하거나, 진보정당 후보라고 진보 자체만을 확장하는 데는 한계가 있다. 따라서 보수정당 후보는 중도 진보층을, 진보정당 후보는 중도 보수층을 겨냥한 공약을 과감히 제시하고 이를 행동으로 보여 주어야 한다.

그럴 때 혹시 상대 당의 거센 바람(역풍)이 불어와도 버틸 힘이 생기는 법이다. 노무현 대통령 후보가 중도 보수를 겨냥해 공약한 기업 규제 완화나 법인세 인하라든가, 박근혜 대통령 후보가 중도 진보를 겨냥해 내세운 경제 민주화나 복지 확대 등이 대표적인 예라고 할 수 있을 것이다.

"지난 선거 때 반대편에 섰던 사람들을 이번에는 반드시 내 편으로 만들어라. 그렇지 않으면 두 번째 선거는 '당선 반, 낙선 반'이고, 세 번째 선거는 '무조건 낙선'이다."

[반대표 방치 시 예상되는 표의 흐름(단순 논리)]

1회 선거	2회 선거	3회 선거
• 찬성　60%	• 찬성의 지속 50% • 반대로 전환 10%	• 찬성의 지속　42% • 반대로 전환　8% • 반대의 지속　10%
• 반대　40% ↓ • 찬성　60%	• 반대의 지속　40% ↓ • 찬성　50% • 반대　50%	• 반대의 지속　40% ↓ • 찬성　42% • 반대　58%
↓	↓	↓
당 선	당선 반 낙선 반	낙 선

※ 기존 찬성표의 20% 정도는 다음 선거 때 반대로 전환(가정)

캐치프레이즈와 로고송이 한몫하다

시대 상황을 반영한 역대 캐치프라이즈

선거 때면 늘 그 시대 상황을 반영한 선거 캐치프레이즈를 대중의
입장에서 대중의 언어로 만들어 유권자에게 던지려고 노력했다.

1995년 제1회 충주시장 선거 때 충주시는 정말로 저발전 낙후 지역
이었다. 고속도로, 서울 가는 철도, 광역상수도 등 기초생활 시설들이

제대로 정비되어 있지 않은 '잠자는 도시'나 마찬가지였다. 이런 상황에서 "일하는 시장, 움직이는 충주"란 선거구호는 많은 공무원과 시민들에게 시장이 직접 발로 뛰어 충주 미래에 대한 기대감을 심어 주었다고 생각한다. 그때부터 일하는 시장의 지휘 아래 '잠자는 충주'가 '움직이는 충주'로의 변화를 위해 꿈틀대기 시작한 것은 분명하다.

1998년 제2회 충주시장 선거 때, 충주시에 처음으로 중부내륙고속도로가 착공되면서 충주 발전에 대한 충주시민의 희망이 꿈틀대기 시작할 때였다. 그래서 내친김에 내건 "1등 시장, 1등 충주"라는 구호는 '전국에서 일 잘하는 1등 시장이 되어 1등 충주를 만들겠다.'는 뜻으로 시민들에게 자존심을 회복하고 기대를 하게 한 구호였다.

2002년 제3회 충주시장 선거 때, 충주시에는 많은 변화가 일어나기 시작했다. 중부내륙고속도로 완공, 국도 4차선 개통, 쓰레기매립장·화장장 완성, 광역상수도 준공, 충주사과 등 기틀 사업들이 상당 부분 착공 또는 완공되어 가고 있었다. 이때 내건 "우뚝 세운 충주, 번영하는 100년"이란 구호는 충주시가 마치 한반도 한가운데 깃발을 우뚝 세운 성장하는 도시가 될 듯한 기대감을 시민들에게 만들어 주었다.

2004년 제17대 국회의원 선거 때, 충주시민의 가장 큰 숙원사업이 서울 가는 전철(중부내륙철도) 착공이었다. 그래서 "이시종을 뽑으면 전철 타고 서울 간다"라는 구호는 시민들에게 기대감을 갖게 한 매우 신선한 충격을 선사했다.

2008년 제18대 국회의원 선거 때, "서울 가는 전철 완성"이란 구호는 상대 후보의 "충주는 항구다"에 밀리고 가려져 크게 빛을 보지 못했다. 그 결과 선거 내내 나는 고전을 면할 수 없었다.

2010년 제5회 충북도지사 선거 때, 충청북도는 세종시 원안 사수 여부가 주요 쟁점으로 떠올라 있었다. 이때 전도적으로 "세종시를 지켜주세요."란 구호는 당시 모든 지방선거(도지사, 도의원, 시장·군수, 시의원, 군의원)에서 민주당 승리의 대미를 장식했다.

2014년 제6회 충북도지사 선거 때, 충북 경제는 전국 대비 3%대 벽을 간신히 넘어설 때였다. 이때 전국 대비 4% 충북 경제를 내세우며 "경제 1등도 충북"이란 구호는 4차 산업혁명을 향한 충북의 대변신·대혁신을 예고한 것으로 시의적절했다고 본다. 당시 이 구호에 대해 비경제통인 이시종의 구호가 경제 공약에 관해 오히려 압권이었다고 평가하는 사람들도 많았다.

2018년 제7회 충북도지사 선거 때, "강호축의 완성"이란 구호는 아주 획기적이었다. 더군다나 이 구호를 갖고 상대 후보들이 문제를 제기해 더 많이 홍보하게 된 것이 나로서는 얼마나 고마운지 모른다. 도지사 선거 과정을 통해 강호축이란 개념은 오히려 도민·국민들 모두에게 깊이 인식되었고 결국 그 이듬해 국가계획에 반영되는 대행운을 안게 되었다.

대중의 마음을 파고든 로고송

아울러 나는 비교적 경쾌하고 신나며 진취적인 음악으로 로고송을 만들어 대중의 마음을 파고 들어가려고 노력했다.

시장선거 때는 주로 동요 〈앞으로 앞으로〉, 〈아기염소〉 등을 개사하여 사용했고, 민선 도지사 5~7기 동안 나는 클론의 〈월드컵송〉을 개사하여 사용했는데, 유세차를 타고 이 노래를 틀어 놓으면 길 가던 사람들이 걸음을 멈추거나, 가게 안에 있던 사람들이 밖으로 나와 어깨를 흔들며 신나게 춤을 추는 장면을 수없이 목격했다. 환호성까지 지르며 춤을 추던 광경이 지금도 눈에 선하다.

[역대 선거 구호 · 브랜드 · 로고송]

구 분	선거구호/ 슬로건	후보 브랜드	로고송
제1회 충주시장 선거 ('95.6.27)	일하는 시장, 움직이는 충주	새충주 건설의 불도저	앞으로 앞으로 아기염소 빨간마후라
제2회 충주시장 선거 ('98.6.4)	1등 시장 1등 충주	21C 충주를 준비한 시장	〃
제3회 충주시장 선거 ('02.6.13)	우뚝 세운 충주, 번영하는 100년	높은 파도를 만난 충주호의 노련한 선장	〃
제17대 (충주)국회의원 선거 ('04.4.15)	이시종을 뽑으면 전철 타고 서울 간다	충주가 키울 사람 나라를 키울 사람	앞으로 앞으로
제18대 (충주)국회의원 선거 ('08.4.9)	서울 가는 전철 완성	충주, 당신을 위해 몸 바치겠습니다	앞으로 앞으로 샤방샤방 독도는 우리땅 샘표 간장송
제5회 충북도지사 선거('10.6.2)	세종시를 지켜 주세요	서민도지사 이시종 도민의 종 이시종	클론의 월드컵송 등
제6회 충북도지사 선거('14.6.4)	경제 1등도 충북	영충호시대의 리더 행복도지사	〃
제7회 충북도지사 선거('18.6.13)	강호축의 완성	시종일관 일꾼 도지사	〃

오직 일로써 선거 운동을 다하다

정치보다는 행정이 먼저

선거보다는 일이 먼저

나는 처세술로 표를 쫓아가기보다는 일로써 표가 쫓아오기를 기다렸다. 일의 성과 없이 열심히 구걸만 한다고 표가 오는 게 아니라, 일의 성과가 있을 때 표는 저절로 찾아온다는 생각으로 선거에 임한 것이다. 그래서 선거보다는 죽어라 열심히 일한 것이 표로 연결되었다고 생각한다.

대부분의 유권자는 현명하여 누가 우리의 진정한 일꾼인가를 놓고 무척 고민한다. 한 표를 행사하는 데 수개월 또는 선거 기간 내내 고민하고 또 투표장에 들어가서까지도 고민을 거듭한 끝에 한 표를 행사하는 것이 일반적이다.

이념보다는 실용이 먼저

정치나 행정의 궁극적 목표는 국민(도민·시민)을 잘살게 만드는 일이다. 국익·도익·시익에 도움이 된다면 나는 누굴 찾아가 무릎을 꿇든, 설득을 하든, 마다하지 않았다.

정부가 남한강 수변구역 및 충주댐 광역상수원 보호구역 지정 시 충주시민의 생존권을 위해 지정 범위를 최소화하고자 투쟁을 마다하지 않았다.

또 2019년 7월, 일본의 대한국 불산, 포토레지스트, 폴리이미드 소재 수출 제한에 대응하여 도의회가 「일본 전범기업제품 공공구매 제한에 관한 조례」 제정 추진 시 전국 최초로 국익 차원에서 재의를 요구하여 조례 제정을 저지한 바 있다.

2020년 청남대 전직 대통령 동상 중 전두환·노태우 전 대통령 동상에 대한 일부 시민단체의 철거 요구에 도익 차원에서 끝내 설득하여 동상을 지키기도 했다.

그리고 강호축을 국가계획에 반영한 일 등은 좌·우, 여·야 등을 뛰어넘어 국익·도익·시익을 앞세운 실용주의 노선을 택한 사례라 하겠다. 그 실용정신이 오늘의 충북을 과거 농업도에서 첨단산업도로 탈바꿈시킨 원동력이 되지 않았나 생각한다.

과거 · 현재보다는 미래가 먼저

나는 정치 · 행정을 하면서 미래 10년, 50년 후에 국가 · 도 · 시가 어떻게 변할지를 예측하고 그 대비책을 찾는 데 많은 시간을 보냈다. 그 예측이 항상 맞는 것은 아니지만 그래도 나는 그런 노력을 끊임없이 펼쳐 왔다. "충주계명산 이론", "전철 타고 서울 갑시다", "생명과 태양의 땅 충북" 등은 충주시장, 도지사로서 한참 먼 미래를 내다본 캐치프레이즈였다.

나는 대한민국이 과거 조상들이 남긴 유산을 발굴하는 것도 중요하지만, 100년, 1000년 후 우리 후손들에게 남겨 줄 유산들을 지금 우리 세대가 만들어야 한다고 주장한다. 그래서 먼 훗날 후손들에게 남길 자산을 지금 우리 세대가 만드는 일에 심혈을 기울였다. 강호축, 세계 무예마스터십 등이 그 대표적인 사례라 하겠다.

모든 문제는 근본을 개혁해 나가다

나는 어떤 문제가 생겼을 때 그 표피적인 수술에 만족하지 않고 그 원인을 찾아 근본을 대수술하는 방향으로 행정을 펼쳐 왔다.

이를 위해 먼저 임명제 충주시장 때 충주 지방상수도 하루 5만 톤을 개량하려다가, 충북 전체와 미래를 보고 아예 하루 25만 톤 규모의 충주댐 광역상수도 1단계를 추진토록 건의하여 오늘날 충북 중북부 지역 산업 발전의 원동력을 만들어 냈다.

그리고 민선 충주시장 때 오늘날 서충주 산업단지 한가운데로 지나가는 중부내륙고속도로 노선을 우회 변경하면서 북충주IC를 만들어 충주 북부 지역 주민들도 고속도로의 혜택을 볼 수 있도록 하면서 오늘날 충주 발전의 젖줄인 서충주 신도시를 온전하게 탄생케 한 일 등은 근본을 개혁해 나가는 나의 결단이었다고 생각한다.

반드시 해야 할 것은 끈기 있게 물고 늘어지다

내가 1997년 4월 어느 날, 충주 김영호 어르신(2017년 작고)이 내게 불쑥 던진 철도 아이디어를 국토종합계획에 반영하고 정부예산을 확보하여 끝내 24년 만에 중부내륙철도를 개통케 한 일, 2004년 국회의원 선거공약으로 내세운 충청내륙고속화도로를 20여 년 만에 개통(2023년 예정)케 한 일, 2008년 사망 선고받은 중부고속도로 6차선 확장사업을 11년 동안 싸워 2021년 부활시킨 일, 2010년 도지사에 부임하여 시작한 충북선철도 고속화를 9년 만에 국가계획에 반영시킨 일, 청남대에 나라사랑 리더십 교육문화원 설립을 위해 11년 동안 건의하여 2022년 5월 6일자로 환경부 상수원 관리규칙을 개정토록 한 일 등은 참으로 길고 긴 잔혹의 역사이자 모진 고난의 행군이었다. 그리고 인내와 끈기의 성공작이었다고 평가한다.

이처럼 내가 끈기를 갖고 대규모 사업들을 성공시킬 수 있었던 것은 다행히도 시민·도민들께서 내가 오랫동안 그런 일을 할 수 있도록 시장·국회의원·도지사 자리에 뽑아 줬기 때문으로 감사드린다.

새로운 기회를 만드는 힘

위기를 기회로!

1990년 9월 충주가 제방 붕괴로 엄청난 수해를 입었을 때 '위기는 기회다'라는 생각에 충주 시내를 둘러싼 모든 제방(9.9㎞)을 당시 국비 200여억 원을 유치하여 높이 2m, 넓이 20m의 규모로 둑 높이기함으로써 충주를 수해시 제방 붕괴로부터 영원히 사라지게 했다.

또 1991년 당시 충주시청 화재 발생으로 부산시 재무국장으로 좌천되어 있던 위기의 1년 동안, 당시 부산의 40여 년 숙원사업이라는 컨테이너세(연 700억 원~1,000억 원 × 15년)를 만드는 데 혼신을 다하여 그해 연말 컨테이너세 관련법을 기적처럼 통과시키기도 했다.

2020년 8월 충북 북부 지역에 엄청난 폭우로 충주 삼탄~제천 연박 간 충북선 철도가 완전히 매몰·붕괴되었을 때, 당초 충북선철도 고속화사업 구간에서 제외되었던 사업비 2,200억 원 규모의 이 구간을 국가계획에 다시 반영시켜 착공토록 한 일 등은 위기를 기회로 만든 대표적인 사례들이다.

역발상의 힘

2019년 청주에 해양과학관 유치가 끝내 성공한 것은 '역발상' 덕분이었다. "바다 없는 충북에 무슨 해양과학관이냐?"는 것이 정부 관계자의 일반적인 생각이었지만, 나는 이를 뒤집어 충북에 바다를 달라며 "서울 사람들이 바닷가에 가면 실제 바다를 보지, 바다는 안 보고 해양과학관만 보고 올 사람이 있겠는가? 그러나 바다 없는 충북에 해양과학관을 만들면 충북을 찾는 서울 사람들이 충북해양과학관 구경하러 떼로 모인다."라고 역발상의 논리를 펼쳤다.

2010년 사방에 둘러싸여 있는 도청 철제담장 울타리를 철거할 때도 많은 사람이 걱정했지만, 막상 철거하고 보니 오히려 시위도 줄고 도난 등의 우려도 전혀 없을 뿐 아니라 도민들의 도청 출입이 훨씬 자유롭게 되어 실(失)보다는 득(得)이 훨씬 컸던 것도 역발상 일환이라고 생각된다.

오늘보다 내일을 위해 기반시설에 집중 투자하다

나는 오늘의 도민들에게 사탕을 나눠 주기보다는 내일의 세대(후손)들을 위해 사탕나무 심는 일을 적극 권장했다. 사탕을 나눠 주는 게 당장의 인기는 있겠지만, 나는 지금 당장 인기는 없더라도 미래를 위해 사탕나무를 심는 쪽을 권했다.

코로나19로 폐업 위기에 놓인 소상공인들을 대상으로 영원히 먹고살 수 있는 직업전환 훈련, 1,300여 청년들에게 각각 매월 일정액 (도·시군 + 기업 + 본인부담)을 적립하여 5년 후 5천만 원 정도의 결혼 자금 목돈을 마련해 주는 결혼공제사업, 전국 최대 규모인 824억 원의 인재양성재단의 장학기금 조성, 재경 충북 출신 대학생 336명을 수용하는 동서울학사 건립, 도시 유휴 노동인력('21년 20만 명)을 중소기업 및 농촌에 활용하는 생산적 일손봉사 등은 충북 100년 미래를 위해 사탕나무 심는 대표적 사례들이라 하겠다.

집단민원에 정성을 다하면 나중에 몰표를 받는다

쓰레기매립장, 화장장, 산단 조성, 도로 확장 등 공공사업을 추진할 때, 나는 으레 발생하는 집단민원의 한복판으로 들어가 정면 대응하고 설득하여 끝내 민원을 해결하였다. 민원인들이 청사에 들어와 농성할 때면 항상 따뜻하게 보온장치를 만들어 드렸고, 아침 해장국을 함께 먹기도 했다. 그러다 보니 "싸우면서 정든다."는 옛 속담처럼 그다음 선거 때면 늘 그 지역에서 몰표를 받곤 했다.

충주에서 취약한
혈연 · 지연 · 학연을 일로써 극복하다

충주의 변두리 지역인 주덕읍에서 태어난 나는 초등학교는 주덕의 작은 덕신초등학교를, 중학교는 내가 졸업하자마자 폐교된 충주사범병설중학교를 다녔고, 고등학교는 충주가 아닌 청주고등학교를 다녔다. 그러다 보니 충주 선거 때면 지연, 학연에 매우 취약했다. 또한 우리 집안 전의(全義) 이씨는 비교적 희성에 가까웠다. 그래서 선거가 닥쳐오면 늘 기가 죽어 있었고, 한때 나는 충주에서 학연을 만들고자 늦게나마 충주고나 충주농고에 입학하는 방법은 없을까 고민한 적도 있었다.

선거 때만 되면 "누구는 충주에서 고등학교를 나와 월급 타면 충주에서 쓰는데, 이시종은 청주에서 고등학교를 나와 월급 타면 청주 가서 다 쓴다네!" 하는 터무니없는 소문이 경로당에서 자주 돌기도 했다. 그래서 나는 이를 극복하고자 더 열심히 일함으로써, 나의 취약한 3연(혈연 · 지연 · 학연)을 일로써 극복하기 위해 노력했다.

그러나 도지사 선거 때는 혈연·지연·학연의 덕을 많이 봤다고 생각된다. 당시 나는 민주당 이외에도 청주고당·충주지역당·전의이씨당 등 여러 정당의 연합 후보라는 농담이 나오기도 할 정도로 3연의 덕을 톡톡히 봤다.

공직 50년, 못다 한 고백

나는 중앙공무원들에겐 가장 큰 빚을 진 '빚쟁이'

나는 1971년 10월 사무관으로 공직을 시작하여 2022년 6월 도지사로 끝날 때까지 장장 만 50여 년을 정치인·행정인을 오가며 쉼 없이 달려왔다.

임명직으로 23년, 선거직으로 27년이며, 국회의원으로 6년, 행정인으로 44년을 하였으니 대한민국 공직사(史)에서 전무후무한 기록일 것이다. 옛날로 따지면 국가의 녹(祿)을 가장 오래 받은 사람이 되었는데, 그렇게 되기까지 중앙부처와 도·시군 공무원들, 도민·시민의 도움이 절대적이었다고 생각된다.

나는 지난 50년간 도·시군 공무원과 함께 중앙부처를 밥 먹듯 찾아가 열심히 구걸해(?) 국가 예산을 많이 가져와 낙후되었던 충주와 충북에 투자해 왔다. 즉, 나는 중앙부처, 도·시군 공무원들에게 가장 많은 빚을 진 '채무자 이시종'이었다는 얘기다.

여기서 다 기술할 수 없지만, 기획재정부, 국토부, 산업부, 과기부, 보건복지부, 중소벤처기업부, 농림부 등의 그 많은 공무원이 내게 베풀어 준 빚이 오늘의 충북 발전에 큰 기틀이 되었고 나의 최상의 선거 운동이 되었으며 나를 최장수 정치·행정인으로 만들어 준 원동력이 되었다고 생각한다. 늘 감사한 마음뿐이다.

우선 주요 SOC만 놓고 볼 때 개략적으로 충주시장 시절 7조 원 정도, 도지사 시절 27조 원 정도의 국가 예산을 지원받았으니(받을 예산도 포함) 가히 짐작할 만하다. 물론 이 예산은 도내 시장·군수, 도·시군 공무원, 지역 국회의원들과 함께 이뤄 낸 공동 작품임을 밝혀 둔다.

[도지사 재임 시 중앙 공무원들이 도와준 대규모 사업들]

구 분	주요 사업	기간	사업 규모	사업비 (억 원)
고속도로	• 제천-영월 고속도로	19~30	L=29.0km	11,955
	• 중부고속도로(서청주-증평) 확장	18~30	L=15.8km	2,560
	• 중부고속도로 리모델링	20~24	L=76.8km	1,568
	• 영동-진천 고속도로 유치(민자)	21~	L=75.2km	38,231
국도	• 세종시-청주시	11~16	L=10.0km	1,595
	• 오송-청주공항	15~19	L=4.7km	1,420
	• 충청내륙고속화도로	16~23	L=57.8km	8,596
	• 제2충청내륙고속화도로	16~23	L=72.6km	9,267
철도	• 중앙선(원주~제천) 복선전철	03~22	L=44.1km	11,895
	• 중부내륙철도(이천~충주~문경)	05~23	L=96.1km	25,302
	• 천안~청주공항 복선전철	14~22	L=56.1km	8,216

구 분	주요 사업	기간	사업 규모	사업비 (억 원)
철도	• 충북선 철도 고속화	19~26	L=87.8km	12,807
	• 대전~옥천 광역철도	17~26	L=20.2km	490
	• 충청권 광역철도 (청주도심 경유 대안)	21~31	L=51.6km	34,904
	• 동탄~청주공항 광역철도	21~31	L=78.8km	22,466
산업단지	• 오송제2생명과학단지	07~21	3.28km²	9,323
	• 오송제3생명과학국가산업단지	17~27	6.75km²	33,910
	• 충주바이오헬스국가산업단지	17~27	2.24km²	5,661
	• 충북 오송 화장품산업단지	19~25	0.794km²	2,667
	• 청주 에어로폴리스2지구	13~22	0.411km²	1,025
	• 제천 제3일반산업단지	12~18	1.12km²	1,957
	• 옥천 테크노밸리산업단지	16~21	0.35km²	517
	• 증평 도안2농공산업단지	19~22	0.13km²	177
	• 진천 케이푸드밸리산업단지	15~19	0.83km²	1,400
	• 음성 성본산업단지	13~19	1.98km²	3,583
기타	• 청주 밀레니엄타운 개발사업	16~21	588,196m²	2,590
	• 다목적 방사광가속기	21~27	빔라인 10기	10,454
	• 미래해양과학관	20~24	15,175m²	1,046
	• 충북 청주전시관	15~23	39,725m²	2,088
	• 청주실내빙상장	18~20	6,697m²	275
	• 유네스코국제무예센터	17~20	5,736m²	180
	• 청남대나라사랑 리더십 교육문화원	21~23	6,017m²	180
	• 국립소방병원	20~24	32,814m²	1,971
	• 충북학사 동서울관	17~19	9,514m²	465.7
	• 공공기관·연구기관 유치	10~21	174개	

동료 공무원들에겐 일반 시킨 '짠돌이'

　나는 평생 동료 공무원들에게 엄청난 일들을 주문했다. 상식을 벗어난 엉뚱한 일, 기상천외한 일들을 마구 시켰다. 이는 동료 공무원들뿐 아니라 이를 접한 중앙공무원들조차도 불만을 자아내게 하였다. 그래도 이러한 일들을 끝까지 밀고 나가 성공하여 도민들의 박수 소리가 들리면 동료 공무원들은 역사의 한 페이지를 장식했다는 성취감으로 자긍심이 높아진 것은 사실이다.

　그러면서 나는 동료 공무원들에게 항상 도민 수준에 맞춰 생각하고 행동하도록 주문했고, 나 자신도 모범을 보였다. 식사는 가급적 칼국수·보리밥으로 하고 골프는 도지사에 부임한 후 아예 접었다. 비행기는 3등석(이코노미석)을 이용했다. 사실 나도 고급요리 먹을 줄 알고 골프도 칠 줄 알고 비행기도 비즈니스석을 탈 수 있지만, 도민들 눈높이에 맞추려고 부단히 노력하다 보니 그럴 수밖에 없었다. 그러다 보니 동료 직원들의 불만이 이만저만 아니었을 게다.

　한번은 서울 출장 갔다가 밤늦게 돌아오는데 배가 출출하여 라면을 먹고자 오창휴게소를 들렀다. 그런데 전에 4,000원 하던 라면값이 6,500원, 5,500원, 5,000원으로 값이 대폭 올라 손이 떨려 가장 싼 5,000원짜리 김치라면을 직원들과 함께 시켜 먹은 적이 있었다.

　지금 와 생각하니 직원들이 나를 속으로 얼마나 '짠돌이'라고 욕했을까 싶어 부끄럽다. 도지사에게 주어진 업무추진비도 매년 다 쓰지도 못하면서…. 그래도 다행인 것은 도민들, 동료 공무원들이 칼국수든

보리밥이든 라면이든 불평 없이 함께 자리해 주는 게 미안하면서도 한 편으로는 고맙다는 생각이다.

가족들에겐 무관심한 '빵점짜리 가장'

선거가 끝나면 주변 사람들은 으레 나에게 "이번 선거는 후보님보다 사모님과 아들 따님들이 다 했어요."라고 말한다. 맞는 말이다. 어찌 보면 나는 일만 하고 선거운동은 가족들이 다 한 것 같다는 생각이 든다.

내 가족들의 튀지 않고 잘난 체하지 않는 성격, 조용하고 은근하면서도 선거운동은 열심히 하는 스타일, 소박하면서도 서민적인 생활방식이 특히 충북도 유권자들에겐 '매우 호감'으로 비춰졌을 것이라 생각된다.

더욱이 지금까지 여권도 없이 평생 외국 한번 구경해 보지 못한 나의 아내, 학교 다닐 때 외국 유학 한번 해 보지 못한 채 국내파로 남은 나의 세 자녀가 유권자들에겐 검소함의 상징으로 비춰졌을 것이다.

그런 '검소함'은 나의 강요와 무능에서 비롯된 것으로 내 선거에는 도움이 되었겠지만, 가족들에겐 '빵점짜리 가장'이란 원망을 받기에 충분한 일이다. 그런 우리 가족들에게 고마움과 미안함이 교차하여 마음 한구석이 찡한 느낌을 감출 수 없다.

나의 가족들

내가 다시 인생을
시작한다면?

　나는 가끔 공직 50년을 후회할 때가 있다. 남들이 보면 배부른 소리를 한다고 비난할지 모르겠지만…. 만약 내가 다시 인생을 출발한다면, 나는 어떤 사람이 되어 있을까? 아마도 멋진 농촌개혁 운동가가 되지 않았을까 싶다.

　나는 가끔 1966년 고등학교 졸업 후 농업에 뛰어들었을 때를 떠올리며 중간에 이를 포기한 나의 선택을 후회하곤 한다. 당시 나는 내 나름의 '부농발전 5개년계획(2차 5개년계획이 끝나면 2,000만 원 정도의 재산이 형성되는 것으로 계산)'을 수립하여 야심차게 추진하고 있었는데, 중간에 대학에 간다고 이를 포기한 것이 잘못 선택한 것이 아닌가 하는 생각이 들 때가 간혹 있다.

　그때 나의 '부농발전 5개년계획'은 그 후 정부가 추진한 새마을사업·농촌근대화사업과 맥을 같이한 사업들이었다. 만약 내가 대학을 포기하고 '부농발전 5개년계획'을 그대로 밀고 나갔다면, 나는 당시 모범 새마을지도자를 거쳐 동네 이장이 되고 농촌 근대화의 기수가 되었을지도 모른다. 그래서 명예와 부를 함께 얻어 사회공헌사업도 하고, 자식들 유학도 보낼 수 있었을 텐데…. 그러지 못한 것이 가끔 후회된다.

그러나 그것은 하나의 망상일 뿐, 나는 임명직 23년, 선거직 27년을 후회 없이 보냈다. 오직 지역 발전, 특히 충북 경제를 위해 한 우물만 열심히 팠고 그 결과 최근 몇 년 동안 충북 경제성장률을 전국 1·2위로, 전국 대비 충북 경제비중은 2.99%(2009년)에서 3.69%(2020년)로 급상승시킨 것에 자부심을 느낀다. 그래서 그런지 몰라도 지난 2022년 2월 KBS청주방송국이 실시한 「이시종 12년 도정운영 평가 여론조사」에서 도민들은 나에게 긍정 62.3%(부정 30.2%, 모름 7.5%)라는 압도적 지지를 보내 주었다.

이 62.3% 지지도는 그동안 8번 선거 중 내가 얻은 최다 득표율(1998년 충주시장 선거 62.15%, 2018년 충북도지사 선거 61.15%)보다 더 큰 최고의 지지율이기에 공직 50년 마무리하는 나의 발걸음이 한결 가볍고 유종의 미를 장식하는 나의 마음 또한 뿌듯하다.

다만 너무 오래 공직에 있다 보니 후배들, 심지어는 아들뻘 되는 후배들이 차지할 몫을 빼앗은 것 같아 늘 미안하고, 함께 일한 공직자들에게 너무 많은 일을 주문해 고생시켜 드린 점에 더더욱 미안할 뿐이다. 이 자리를 빌려 용서를 빈다.

생각해 보면 임명직 23년, 선거직 27년은 칼날 위에 서서 걸은 위험한 긴 여정 같았다. 만인들에 노출된 새장 속의 새처럼 초긴장의 연속이었다. 분수에 넘치는 무거운 짐을 짊어지고 50년 넘게 오르막 고갯길을 한 번도 쉬지 않고 걸어온 지게꾼 같았다. 맡긴 돈도 아닌데 돈 달라고 중앙에 찾아가 평생 떼만 쓴 구걸인(?)의 표상 같았다.

그러다 보니 나는 나 자신 이외에는 가족, 친척, 친구, 주변의 누구 하나 제대로 챙겨 주지 못하고 오직 나만 생각하는 에고이스트가 되어 버렸다. 이제 나는 공직을 마치면, 그동안 챙기지 못했던 주변 분들을 돌아보면서 50년 갇혀 있던 새장에서 탈출하여 자유를 찾아 훨훨 날고 싶다!